"十三五"高等院校应型人才培养规划

物流系统规划与设计

（第2版）

主　编　朱耀勤　王斌国　姜文琼
副主编　祝　慧　陈向东　张奎霞

北京理工大学出版社
BEIJING INSTITUTE OF TECHNOLOGY PRESS

版权专有　侵权必究

图书在版编目（CIP）数据

物流系统规划与设计 / 朱耀勤，王斌国，姜文琼主编. —2版. —北京：北京理工大学出版社，2018.8重印
ISBN 978-7-5682-0213-8

Ⅰ. ①物…　Ⅱ. ①朱…　②王…　③姜…　Ⅲ. ①物流−系统工程　Ⅳ. ①F252

中国版本图书馆 CIP 数据核字（2017）第 000200 号

出版发行 / 北京理工大学出版社有限责任公司
社　　址 / 北京市海淀区中关村南大街 5 号
邮　　编 / 100081
电　　话 / （010）68914775（总编室）
　　　　　（010）82562903（教材售后服务热线）
　　　　　（010）68948351（其他图书服务热线）
网　　址 / http://www.bitpress.com.cn
经　　销 / 全国各地新华书店
印　　刷 / 三河市天利华印刷装订有限公司
开　　本 / 787 毫米×1092 毫米　1/16
印　　张 / 15.5　　　　　　　　　　　　　　　　　　责任编辑 / 钟　博
字　　数 / 365 千字　　　　　　　　　　　　　　　　文案编辑 / 钟　博
版　　次 / 2018 年 8 月第 2 版第 2 次印刷　　　　　　责任校对 / 周瑞红
定　　价 / 38.00 元　　　　　　　　　　　　　　　　责任印制 / 李志强

图书出现印装质量问题，请拨打售后服务热线，本社负责调换

前 言

随着经济全球化进程的日益加速和科学技术的迅猛发展，物流的效率对经济运行的质量和效益的影响日益显著，物流管理这个"第三利润源泉"正在中国改革的热土上喷涌而出，现代物流已成为国民经济中的一个新兴产业，正在迅速发展。

物流系统作为一个时域和地域跨度很大的系统，涉及众多领域，是一个包括诸多要素在内的复杂系统。随着物流实践的不断深入，物流系统在各个领域的作用越来越突出。物流系统要想有效地、低成本地为用户提供高效服务，必须将现有的资源进行有效整合，而这又需要科学合理的规划与设计。系统理论和管理信息系统的发展，为物流系统的规划与设计提供了重要的理论依据和技术支持。本书借鉴系统理论的分析方法，基于现代物流的发展实践，理论联系实际，系统阐释了物流系统规划与设计的基本方法。

本书主要从系统分析与设计的角度，从战略分析与需求分析入手，应用复杂系统的建模分析与设计的方法对物流系统的总体结构与功能进行系统化的点、线、面分析，突出物流系统全局总体设计与各个物流子系统局部详细设计的思路。本书共分十章，内容包括物流系统的概述，物流系统的分析、设计、评价，以及生产系统，物流系统、物流节点、物流园区规划，物流配送、物流运输规划，网络系统、物流系统仿真，物流系统建模。本书沿着系统的主线，按照理论、方法及应用的知识框架与结构，对物流系统规划与设计的内容作了全面的分析和阐释。本书的具体内容包括：第一、三章介绍物流系统规划与设计的基本理论和基本方法，由朱耀勤编写；第二章介绍物流系统的战略规划与设计，由王斌国编写；第四章介绍物流节点选址与布局设计，由陈向东编写；第五章介绍物流园区规划与设计，由祝慧编写；第六、七章介绍物流系统配送与运输规划设计，第八、九章介绍物流系统建模与设计和仿真，由姜文琼编写；第十章介绍物流系统评价，由张奎霞编写。全书由朱耀勤修改统稿。书中所编写案例，来自公开出版的书籍和期刊，以及部分学生的科研论文，在此对有关著者表达诚挚的谢意。由于作者水平有限，书中的错漏之处在所难免，敬请读者和同行批评指正。

本书可作为物流管理、物流工程、管理科学与工程、工商管理等专业的本科生教材和专业学位研究生教材，也可作为物流管理、物流工程领域的专业技术人员的参考书。

编　者

目 录

第一章 物流系统和规划设计 …………………………………………………… (1)
  第一节 物流系统概述 ………………………………………………………… (2)
  第二节 物流系统的模式与要素 ……………………………………………… (8)
  第三节 物流系统规划与设计的内容与阶段 ………………………………… (13)
  第四节 物流系统规划与设计的目标和原则 ………………………………… (15)

第二章 物流系统战略规划与设计 …………………………………………… (23)
  第一节 物流系统战略规划与设计 …………………………………………… (26)
  第二节 物流战略环境分析 …………………………………………………… (30)
  第三节 物流战略方案的制定 ………………………………………………… (33)
  第四节 物流战略的实施与控制 ……………………………………………… (37)

第三章 物流系统网络规划与设计 …………………………………………… (46)
  第一节 物流系统网络概述 …………………………………………………… (50)
  第二节 物流系统网络的结构 ………………………………………………… (53)
  第三节 物流系统网络的规划与设计 ………………………………………… (55)
  第四节 物流系统网络的组织设计 …………………………………………… (61)
  第五节 区域物流系统网络规划与设计 ……………………………………… (63)

第四章 物流节点选址与布局设计 …………………………………………… (75)
  第一节 物流节点概述 ………………………………………………………… (76)
  第二节 物流节点的选址 ……………………………………………………… (77)
  第三节 物流节点的布局设计 ………………………………………………… (84)

第五章 物流园区规划与设计 ………………………………………………… (94)
  第一节 物流园区概述 ………………………………………………………… (95)
  第二节 物流园区选址 ………………………………………………………… (101)

第三节 物流园区的规划分析 …………………………………………（103）
第四节 物流园区规划与设计 …………………………………………（106）

第六章 物流系统配送中心规划 ………………………………………（114）
第一节 配送中心概述 ……………………………………………………（115）
第二节 配送中心规划的原则与程序 …………………………………（120）
第三节 配送中心的选址与布局 …………………………………………（126）
第四节 配送中心的设施与设备规划 …………………………………（135）

第七章 物流运输系统规划与设计 ………………………………………（142）
第一节 物流运输系统概述 ………………………………………………（144）
第二节 物流运输方式的优化组合 ………………………………………（147）
第三节 物流运输决策 ……………………………………………………（149）
第四节 多式联运系统规划与设计 ………………………………………（156）

第八章 物流系统建模与优化 ……………………………………………（162）
第一节 物流系统建模概述 ………………………………………………（163）
第二节 物流需求预测 ……………………………………………………（168）
第三节 运输工具的选择 …………………………………………………（184）
第四节 现代物流仓储决策 ………………………………………………（188）
第五节 物流设施规模定位与平面布局问题 …………………………（199）

第九章 物流系统分析与仿真 ……………………………………………（208）
第一节 物流系统分析 ……………………………………………………（209）
第二节 物流系统仿真 ……………………………………………………（214）

第十章 物流系统评价 ……………………………………………………（220）
第一节 物流系统评价概述 ………………………………………………（221）
第二节 物流系统评价的指标与步骤 …………………………………（222）
第三节 物流系统评价的方法 …………………………………………（224）
第四节 物流系统模式 ……………………………………………………（227）
第五节 物流运作流程 ……………………………………………………（231）
第六节 物流系统模型设计 ………………………………………………（235）

参考文献 …………………………………………………………………（242）

第一章

物流系统和规划设计

教学目标

要求学生掌握物流系统的概念和模式，物流系统规划设计的内容、原则和目标，物流系统工具的应用。

学习任务

了解各国关于物流系统的定义、物流系统设计的基本模式；了解物流系统常用的技术工具和设计原则；掌握物流系统的概念、物流系统的构成要素、物流系统设计的原则和常用方法。

案例导入

浙江某药品生产商工厂设在杭州，该生产商的产品共有五大类。该生产商拟建设一个大型现代化药品分拨中心，规划面积为8万平方米，为江浙沪地区药品销售商提供配送。主要运输方式为铁路和公路。可选地为3个：上海，是长三角地区的核心，客户集中，且交通网络发达，长三角地区大中型城市都有铁路运输线，但上海地价高，且土地取得较为困难，上海地区公共仓库租金及人工、管理费偏高；南京，处于南北交通枢纽位置，公路及铁路网络较发达，对苏北及安徽市场有较好的辐射性，地价相对优惠，但浙东地区客户配送通道不够通畅；杭州，是工厂所在地，相对前两个地点，对南部市场有较好的辐射性，但缺乏快速的南北通道，对北部市场的服务能力弱，地价偏高，不过它离制造工厂近，可直接通过扩大工厂的总成品库而成，有利于降低总库存水平。[提示：考虑药品类的特点，该物流中心需要设计冷库（区）、恒温库（区）]

1. 设计要求
（1）设计报告；
（2）物流中心平面布置图（标明功能分区名称、各分区面积、主通道）；
（3）课程设计总结、心得；
（4）报告与图纸必须为打印稿。

2. 设计流程

1）基础资料收集与调研

设计基础资料的收集渠道与调研方法。

2）需求分析

（1）物流中心服务市场或客户分布；

（2）需求的主要服务种类；

（3）需求结构或需求特点（需求批量、批次及货物的特殊要求等）；

（4）其他。

3）物流中心选址

用定性方法、多因素打分法或层次分析法（AHD）为物流中心选址。如果用定性法请阐述选址理由，如果用后两种方法请写出评分因素、权重并打分。

4）布置设计

确定各业务要素所需要的功能区及占地面积，应用课程知识方法，选择布置方法，进行总区域布置规划及主要设施布置规划。[注意物流园区或大型物流中心多种方法的联合应用；对于物流园区和大型物流中心应考虑内部道路的规划，还要考虑将来可能发生的变化，可留有余地（预留面积）]

5）设备选型

在系统规划设计阶段，由于厂房结构方案尚未成型，物流设备的规划主要以需求的功能、数量、选用的形式等内容为主。

6）信息系统规划

信息系统规划包括配送中心信息系统的功能、流程和网络结构。

第一节 物流系统概述

在自然界和人类社会中，任何事物都是以系统的形式存在的。每一个要研究的问题或对象都可以看成一个系统，人们在认识客观事物或改造客观事物的过程中，用综合分析的思维方式看待事物，根据事物内在的、本质的、必然的联系，从整体的角度进行分析和研究，这类事物就被看作一个系统。

现代物流系统是一个整合的系统，使用系统和整体的观点来研究传统物流问题。现代物流是一个动态的、复杂的系统组合，各环节如果没有共同的规划可以遵循制约，各自独立发展，就可能产生"效益背反"、低水平重复建设等问题。

随着现代科学技术的迅猛发展，物流服务水平和物流成本已经成为影响经济发展和投资的重要因素。为实现社会经济的可持续发展，人们必须用系统的观点、系统的方法来对物流系统进行整体规划与优化设计，从而实现物流效率化、合理化。

一、物流系统的概念和内涵

1. 系统的概念和分类

1）系统的定义

系统主要指由一组功能相互关联的要素、变量、组成部分或目标组成的统一的整体。系统的思想来源于人类长期的社会实践。人类很早就有了系统思想的萌芽，主要表现在对整体、组织、结构、等级、层次等概念的认识。可以说，人类自有生产以来，时时都在同自然系统打交道，也时常依据生存需要建立一些人为的系统，以增强人与自然相适应的程度。人们不仅用自发的系统观点考察自然现象，并且还基于这些概念去改造自然。人们从统一的物质本原出发，把自然界当作一个统一体，也就是说，人类在社会实践中已经自觉和不自觉地在使用系统的思想改造自然、促进社会发展了。

"系统"一词来自拉丁语"Systema"，有"群"和"集合"的含义。20世纪40年代以来，在国际上"系统"作为一个研究对象引起了广泛的注意。近年来，虽然国内外学者对系统科学展开了深入而广泛的研究，但由于研究的历史不长，以及现实系统的复杂性和不确定性，目前国内外学者对系统的定义还没有统一的说法，下面仅列举其中几个具有代表性的定义。

（1）在《韦氏大词典》中，"系统"一词被解释为：有组织的和被组织化了的整体；结合着整体所形成的各种概念和原理的综合；由有规则、相互作用、相互依赖的诸要素形成的集合等。

（2）奥地利生物学家、一般系统论的创始人贝塔朗菲把系统定义为：相互作用的诸要素的综合体。

（3）日本工业标准《运筹学术语》中对系统的定义是：许多组成要素保持有机的秩序向同一目标行动的体系。

（4）我国著名科学家、系统工程的倡导者钱学森认为：系统是由相互作用和相互依赖的若干组成部分结合而成的具有特定功能的有机整体，而且这个系统本身又是它所从属的一个更大的系统的组成部分。

2）系统的特征

由于各种系统的结构不同，所以其功能也是不大相同的，但是可以根据各种不同系统本质的、共同的功能特征，概括出系统的以下几个特点：

（1）整体性。系统的整体性主要是指系统各要素之间不是简单地叠加在一起，各要素之间根据一定的逻辑关系相互协调，各要素都必须服从系统的整体性。

（2）相关性。整体性确定系统的组成要素，相关性则表明各要素不是孤立工作，它们之间相互联系、相互作用、相互影响。要做到这一点，系统必须有一定的有序结构。

（3）目的性。系统具有各个要素集合在一起的共同目的，而人造系统通常具有多重目的。例如，企业的经营管理系统，在有限的资源和现有职能机构的配合下，其目的就是完成或超额完成生产经营计划，实现规定的质量、品种、成本、利润等指标。

（4）环境适应性。环境是指系统以外的事物（物质、能量、信息）的总称，系统所处的环境就是约束条件，所以系统时时刻刻存在于环境之中，与环境相互依存。对于物流系统而言，根据系统的目的，有时增加一些元素，有时删除一些元素，也存在系统的分裂和合并，所以研究物流系统要用发展的观点。

3）系统的分类

系统是以不同的形态存在的。根据生产和反映属性的不同，对系统可以进行各种各样的分类。

（1）自然系统和人造系统。自然系统是指系统内的个体按自然法则存在或演变，产生或形成一种群体的自然现象与特征，如海洋系统、矿物系统、生态系统、大气系统等。人造系统是指系统内的个体根据人为的、预先编排好的规则或计划好的方向运作，以实现或完成系统内各个体不能单独实现的功能、性能与结果，如工程技术系统、经营管理系统、计算机系统、教育系统等。实际上，很多系统是自然系统与人造系统相结合的复杂系统，因为许多系统是由人运用科学力量，认识并改造自然系统的结果，如交通管理系统（ATMS）。随着科学技术的发展，出现了越来越多的人造系统。

（2）开环系统和闭环系统。开环系统是指系统内部与外部环境有能量、物质和信息交换的系统。它从环境输出，而且系统状态直接受到环境变化的影响。大部分人造系统属于这一类，如社会系统。闭环系统是指与外界环境不发生任何形式交换的系统。它不向环境输出，也不从环境输入，专门为研究系统目的而设定，如封存的设备。

（3）实体系统和抽象概念系统。实体系统是指以物理状态的存在作为组成要素的系统，这些实体占有一定空间，如自然界的矿物、生物，生产部门的机械设备、原始材料等。与实体系统相对应的是抽象概念系统，它是由概念、原理、假说、方法、计划、制度、程序等非物质实体构成的系统，如管理系统、法制系统、教育系统、文化系统等。近年来，人们逐渐将抽象概念系统称为软科学系统，它日益受到重视。 以上两类系统在实际中常结合在一起，以实现一定的功能。实体系统是抽象概念系统的基础，而抽象概念系统又往往对实体系统提供指导和服务。例如，为了实现某项工程实体，需提供计划、设计方案和目标分解，对复杂系统还要用数学模型或其他模型进行仿真，以便抽象出系统的主要因素，并进行多个方案分析，最终付诸实施。在这一过程中，计划、设计、仿真和方案分析等都属于抽象概念系统。

（4）静态系统和动态系统。静态系统是其固有状态参数不随时间变化的系统。现实生活中的实体网络系统、建筑结构系统、城市规划布局系统都是静态系统。它属于实体系统。动态系统是系统的状态变量随时间而改变的系统，一般都有人的行为因素在内，如服务系统、生产开发系统等。

（5）黑色系统、白色系统和灰色系统。黑色系统是指只明确系统与环境的关系，但是对于系统内部的结构、层次、组成元素和实现机理却一无所知。白色系统是指一切都很明朗化，既明确系统与环境之间相互作用的关系，又明确系统内部结构、元素和系统特征。黑色系统和白色系统是相对的。例如，对于一个计算机管理系统，从用户的角度分析，其属于黑色系统。用户只需要知道如何应用，不需要知道系统的设计和运行。但对于开发人员，他们对系统的运行和内部结构非常了解，所以对于开发人员其就是一个白色系统。灰色系统是指知道或明确部分系统与环境的关系、系统结构和实现过程。在现实生活中，灰色系统是存在形式最多的一种系统，它也是人类面临和研究的主要对象。

2. 物流系统概述

随着计算机科学和自动化技术的发展，物流系统也从简单的方式迅速向自动化演变，由手工物流系统、机械化物流系统，逐步发展为自动化物流系统、集成化物流系统和智能化物流系统，并出现了物流计算机管理与控制系统。其主要标志是自动物流设备，如自动导引车（Automated Guided Vehicle，AGV）、自动存储-提取系统（Automated Storage/Retrieve System，AS/RS）、空中单轨自动车（SKY-Rail Automated Vehicle，SKY-RAV）、堆垛机（Stacker Crane）等。物流系统的主要目标在于追求时间和空间效益。物流系统作为社会经济系统的一部分，其目标是获得宏观和微观经济效益。宏观经济效益是指一个物流系统作为一个子系统，对整个社会流通及国民经济效益的影响。微观经济效益是指该系统本身在运行活动时所获得的企业效益，是活动本身所耗与所得之比。

1）物流系统的定义

物流系统是一个系统，因为它具有一般系统的特征。物流系统是指在一定的时间和空间里，由所需位移的物资、包装设备、装卸搬运机械、运输工具、仓储设施、人员和通信联系等若干相互制约的动态要素所构成的具有特定功能的有机整体。物流系统由产品的包装、仓储、运输、检验、装卸、流通加工及前后的整理、再包装、配送所组成的运作系统与物流信息等子系统组成。运输和仓储是物流系统的主要组成部分，物流信息系统是物流系统的基础，物流通过产品的仓储和运输，尽量消除时间和空间上的差异，满足商业活动和企业经营的要求。

2）物流系统的特征

物流系统除了具有一般系统共有的特征外，还具有以下特点。物流系统本来是客观存在的，但一直未为人们所认识，从而未能能动地利用系统的优势。物流系统是一个大跨度系统，这反映在两个方面，一是地域跨度大，二是时间跨度大。物流系统的稳定性较弱而动态性较强。物流系统属于中间层次系统范围，本身具有可分性，可以分解成若干个子系统。物流系统的复杂性使系统结构要素间有非常强的"悖反"现象，人们常称之为"交替损益"或"效益悖反"现象，处理时稍有不慎就会出现系统总体恶化的结果。

（1）物流系统是一个"人机系统"。

物流系统是由人和形成劳动手段的设备、工具所组成的。它表现为物流劳动者运用运输设备、装卸搬运机械、仓库、港口、车站等设施，作用于物资的一系列生产活动。在这一系列物流活动中，人是系统的主体。因此，在研究物流系统各个方面的问题时，应把人和物有机地结合起来，作为不可分割的整体，加以考察和分析，而且始终把如何发挥人的主观能动作用放在首位。

（2）物流系统是一个大跨度系统。

这反映在两个方面，一是地域跨度大，二是时间跨度大。在现代经济社会中，企业间物流经常会跨越不同地域，国际物流的地域跨度更大。通常采取储存的方式解决产需之间的时间矛盾，这样时间跨度往往也很大，大跨度系统带来的主要问题是管理难度较大，对信息的依赖程度较高。

（3）物流系统是一个可分系统。

作为物流系统，无论其规模多么庞大，都可以分解成若干个相互联系的子系统。这些子系统的数量和层次的阶数，是随着人们对物流的认识和研究的深入而不断扩充的。系统与子系统之间，子系统与子系统之间，存在着时间和空间上及资源利用方面的联系；也存在总的目标、总的费用以及总的运行结果等方面的联系。

物流系统根据运行环节，可以划分为以下几个子系统：物资的包装系统、物资的装卸系统、物资的运输系统、物资的储存系统、物资的流通加工系统、物资的回收复用系统、物资的情报系统、物流的管理系统等。

上述子系统构成了物流系统。物流各子系统又可分成下一层次的系统，如运输系统可分为水运系统、空运系统、铁路运输系统、公路运输系统及管道运输系统。物流子系统的组成并非一成不变，它是根据物流管理目标和管理分工自成体系的。因此，物流子系统不仅具有多层次性，而且具有多目标性。

物流系统虽然本身是一个复杂的社会系统，但同时处在国民经济这个比它更大、更复杂的大系统之中，是国民经济系统中的一个子系统，而且是一个非常庞大、非常复杂的子系统，它对整个国民经济系统的运行起着特别重要的作用。对物流系统的分析，既要从宏观方面去研究物流系统运行的全过程，也要从微观方面对物流系统的某一环节（或称为子系统）加以分析。

（4）物流系统是一个动态系统。

一般的物流系统总是联结多个生产企业和用户，随着需求、供应、渠道、价格的变化，系统内的要素及系统的运行也经常发生变化。这就是说，社会物资的生产状况、社会物资的需求变化、资源变化、企业间的合作关系，都随时随地地影响着物流，物流受到社会生产和社会需求的广泛制约。物流系统是一个可以满足社会需要、适应环境能力的动态系统，人们必须经常对物流系统的各组成部分不断地修改、完善，才能使物流系统具有足够的灵活性与可改变性。在有较大的社会变化的情况下，对物流系统要重新进行系统的设计。

（5）物流系统是一个复杂的系统。

物流系统运行对象——"物"，涉及全部社会物质资源，资源的大量化和多样化带来了物流的复杂化。从物资资源上看，物流品种成千上万，数量极大；从从事物流活动的人员上看，物流需要数以百万计的庞大队伍；从资金占用上看，物流占用了大量的流动资金；从物资供应点上看，物资供应点遍及全国城乡各地。这些人力、物力、财力资源的组织和合理利用，是一个非常复杂的问题。

在物流活动的全过程中，始终贯穿着大量的物流信息。物流系统要通过这些信息把这些子系统有机地联系起来。如何把信息收集全、处理好，并使之指导物流活动，也是非常复杂的事情。

物流系统的边界是广阔的，其范围横跨生产、流通、消费三大领域。这一庞大的范围，给物流组织系统带来了很大的困难，而且随着科学技术的进步、生产的发展、物流技术的提高，物流系统的边界范围还将不断地向内深化，向外扩张。

（6）物流系统是一个多目标函数系统。

物流系统的多目标特点常常表现为"目标背反"。因此系统要素间有着非常强的"背反"现象，人们常称之为"交替背反"或"效益背反"，在处理时稍有不慎就会出现总体恶化的结果。通常，对物流数量，希望最大；对物流时间，希望最短；对服务质量，希望最好；对物流成本，希望最低。显然，要满足上述所有要求是很难的。例如，在储存子系统中，站在保证供应、方便生产的角度，人们会提出储存物资的大数量、多品种问题，而站在加速资金周转、减少资金占用的角度，人们则提出减少库存问题。又如，对于最快的运输方式——航空运输，其运输成本高，时间效用虽好，但经济效益不一定最佳；而选择水路运输时，情况则相反。所有这些相互矛盾的问题，在物流系统中广泛存在。而物流系统又恰恰要求在这些矛盾中运行，要使物流系统在各方面满足人们的要求，显然要建立物流多目标函数，并在多目标中求得物流的最佳效果。

3）物流系统的分类

可以根据不同的标准对物流系统进行分类。

（1）物流发生的位置。

按物流发生的位置，物流系统可分为企业内部物流系统和企业外部物流系统。

① 企业内部物流系统。例如，制造企业所需原材料，能源，配套设施，加工形成的半成品、成品、产品流动的全过程属于企业内部物流系统。

② 企业外部物流系统。例如，对于制造企业，物料、原料从供应商所在地到本制造企业仓库为止的物流过程，从成品库到各级经销商，最后到最终用户的物流过程，都属于企业外部物流系统。

(2) 物流运行的性质。

根据物流运行的性质，物流系统可以划分为生产物流系统、供应物流系统、销售物流系统、回收物流系统和废弃物流系统。

① 生产物流系统。生产物流是从工厂的原材料的采购、运输、储存、装卸，工厂成品库的成品发送，一直到销售过程的物流。生产物流和工厂企业的生产流程同步，企业在生产过程中，原材料、半成品等按照工艺流程在各个加工点之间不停顿地移动、流转，形成了生产物流，如果生产物流中断，生产过程也将随之停顿。例如，第三方物流所提供的流通加工就是生产物流系统流程。

② 供应物流系统。它包括原材料等一切生产资料的采购、进货、运输、仓储、库存管理和用料管理系统。供应物流系统通过采购行为使物资从供应单位转移到用户单位，一般用来进行生产企业进行生产所需要的物资供应活动。

③ 销售物流系统。销售物流是生产工厂或商业批发、物流企业和零售商店，从商品采购、运输、储存、装卸搬运、加工、配送、销售，到用户收到商品的流程。

④ 回收物流系统。回收物流是伴随货物运输或搬运中的包装容器、装卸工具及其他可用的旧杂物，通过回收、分类、再加工到使用过程的物流。商品在生产及流通活动中会产生许多要回收并加以利用的物资，例如：作为包装容器的纸箱和塑料筐等；建筑行业的脚手架；对旧报纸和书籍进行回收、分类再制成生产的原材料纸浆；利用金属废弃物的再生性，在回收后将之重新熔炼成有用的原材料等。

⑤ 废弃物流系统。商品的生产和流通系统会产生无用的废弃物，如开采矿山时产生的土石、炼钢生产中的钢渣、工业废水以及其他各种无机垃圾等。这些废弃物已没有再利用的价值，但如果不妥善加以处理而就地堆放，会妨碍生产甚至造成环境污染。对这类废弃物的处理过程产生了废弃物流。

(3) 物流活动范围。

根据物流活动范围的不同，可以将物流系统分为企业物流系统、区域物流系统和国际物流系统。

① 企业物流系统。它指围绕某一企业产生的物流活动。它包括企业或企业集团的内部物流活动，也涉及相关的外部物流活动，如原材料供应市场和产品销售市场。对企业物流系统从供应物流、生产物流和销售物流三者间考虑，进行一体化规划、运作和经营。

② 区域物流系统。它指以某一经济区或特定地域为主要活动范围的社会物流活动。区域物流表现为多个企业之间合作、协作，共同组织大范围专项或综合物流活动的过程。对区域物流的研究应根据所在地区的特点，从本地区的利益出发，组织好相应的物流活动，并充分考虑到利弊两方面的问题，要与地区和城市的建设规划相统一并妥善安排。例如，某地区计划建设一个大型物流中心，这将提高当地的物流效率、降低物流成本，但也应考虑到这会引起供应点集中从而带来一系列交通问题。

③ 国际物流系统。它指在国家（或地区）与国家之间的国际贸易活动中发生的商品从一个国家或地区流转到另一个国家或地区的物流活动。当前的世界已成为地球村，国家与国家之间的经济交流越来越频繁，各国的经济发展已经融入了全球的经济潮流之中；另外，企业的发展也走向社会化和国际化，出现了许多跨国公司，这时一个企业的经济活动就可以遍布世界各大洲。因此，国际物流系统已成为物流研究的一个重要分支并日益重要。

第二节 物流系统的模式与要素

一、物流系统的模式

系统是相对外部环境而言的。外部环境向系统提供资源、能量、信息，即"输入"；系统以自身所具有的特定功能，对"输入"进行必要的转化处理活动，使之成为有用的产品或服务，供外部环境使用，即"输出"。输入、处理和输出是系统的三要素。外部环境因资源有限、需求波动、技术进步以及其他各种变化因素的影响，对系统加以约束或影响，这成为外部环境对系统的限制或干扰。此外，输出可能偏离预期目标，因此要将输出结果返回给输入，以便调整和修正系统的活动，即"反馈"。系统的一般模式如图 1.1 所示。

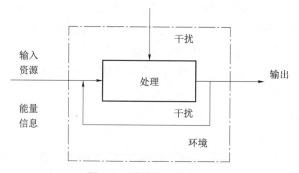

图 1.1 系统的一般模式

一般的，物流系统具有输入、处理（转化）、输出、限制（制约）和反馈等功能。物流系统的正常活动需要投入大量的人力、物力、财力、信息，然后通过物流业务活动、物流设施设备、物流信息处理、物流管理工作的应用等，为客户提供一定的服务，同时这一服务也对环境产生了一定的影响，这些信息将反馈给系统，以便能够调整和修正物流系统的活动，其具体内容因物流系统的性质不同而有所区别，如图 1.2 所示。

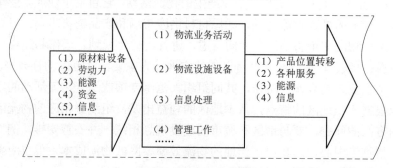

图 1.2 物流系统模式

1. 输入

输入包括原材料、设备、劳力、能源等。通过提供资源、能源、设备、劳力等手段对某一系统发生作用，统称为外部环境对物流系统的输入。

2. 处理（转化）

处理（转化）是指物流本身的转化过程。从输入到输出之间所进行的生产、供应、销售、服务等活动中的物流业务活动称为物流系统的处理或转化。其具体内容有：物流设施设备的建设；物流业务活动，如运输、储存、包装、装卸、搬运等；信息处理及管理工作。

3. 输出

物流系统的输出指物流系统以其本身所具有的各种手段和功能，对环境的输入进行各种处理后所提供的物流服务。其具体内容有：产品位置与场所的转移；各种劳务，如合同的履行及其他服务等；能源与信息。

4. 限制或制约

外部环境对物流系统施加一定的约束称为外部环境对物流系统的限制和干扰。其具体内容有：资源条件、能源限制、资金与生产能力的限制，价格影响、需求变化、仓库容量，装卸与运输的能力，政策的变化等。

5. 反馈

物流系统在把输入转化为输出的过程中，由于受系统各种因素的限制，不能按原计划实现，需要把输出结果返回给输入，进行调整，即使按原计划实现，也要把信息返回，以对工作作出评价，这称为信息反馈。信息反馈的内容包括：各种物流活动分析报告、各种统计报告数据、典型调查、国内外市场信息与有关动态等。

如今，物流系统是典型的现代机械与信息相结合的系统。现代物流系统由半自动化、自动化以至具有一定智能的物流设备和计算机物流管理和控制系统组成。任何一种物流设备都必须接受物流系统计算机的管理控制，接受计算机发出的指令，完成其规定的动作，反馈动作执行的情况或当前所处的状况。智能程度较高的物流设备具有一定的自主性，能更好地识别路径和环境，本身带有一定的数据处理功能。现代物流设备是在计算机科学和电子技术的基础上，结合传统的机械学科发展出来的机电一体化的设备。

从物流系统的管理和控制来看，计算机网络和数据库技术的采用是整个系统得以正常运行的前提。仿真技术的应用使物流系统设计处于更高的水平。物流已经成为并行工程的基础和计算机集成制造系统的组成部分。

二、物流系统的要素

物流系统是由人、财、物、设备、信息和任务目标等要素组成的有机整体。根据不同的目的可以将要素分为不同的类型。

（1）物流系统的一般要素。物流系统的一般要素主要是指人、财、物方面。

人是物流的主要因素，是物流系统的主体。人是保证物流得以顺利进行和提高管理水平的最关键的因素。提高人的素质是建立一个合理化的物流系统并使之有效运转的根本。为此需要合理确定物流从业人员的选拔和录用流程，加强物流专业人才的培养。财是指物流活动中不可缺少的资金。物流运作的过程，实际也是资金运动过程，同时物流服务本身也需要以货币为媒介。物流系统建设是资本投入的大领域，离开了资金这一要素，物流不可能实现。

物是物流中的原材料、成品、半成品、能源、动力等物质条件，包括物流系统的劳动对象。没有物，物流系统便成为无本之木。

（2）物流系统的物质基础要素。物流系统的物质基础要素主要是指物流系统建立和运行所需要的技术装备手段，这些手段的有机联系对物流系统的运行有决定性的意义。物质基础要素主要包括如下内容：

① 物流设施是组织物流系统运行的基础物流条件，包括物流场站、货场、物流中心、仓库、公路、铁路、港口等。

② 物流装备主要包括货架、搬运及输送设备、加工设备、运输设备、装卸机械等。

③ 物流工具包括包装工具、维护保养工具、办公设备等。

④ 信息技术及网络是掌握和传递物流信息的手段，根据所需信息水平的不同，其包括通信设备及线路、传真设备、计算机及网络设备等。

⑤ 组织及管理是物流网络的"软件"，起着连接、调运、运筹、协调、指挥各要素的作用，以保障物流系统目标的实现。

（3）物流系统的功能要素。物流系统的功能要素指的是物流系统所具有的基本能力，这些基本能力有效地组合、联结在一起，便成了物流系统的总功能，便能合理、有效地实现物流系统的总目的。物流系统的功能要素包括以下七项内容：

① 包装功能要素。其包括产品的出厂包装，生产过程中在制品、半成品的包装以及物流过程中的换装、分装、再包装等活动。包装活动的管理，根据物流方式和销售要求来确定。是以商业包装为主，还是以工业包装为主，要全面考虑包装对产品的保护作用、促进销售作用、提高装运率的作用、包拆装的便利性以及废包装的回收及处理等因素。包装管理还要根据全物流过程的经济效果，具体决定包装的材料、强度、尺寸及方式。

② 装卸功能要素。其主要包括对输送、保管、包装、流通加工等物流作业进行衔接的活动，以及在保管、流通活动中进行检验、维护和保养。伴随装卸活动的小搬运，一般也包括在这一活动中。在全物流活动中，装卸活动是频繁发生的，因而是产品损坏的重要原因。对装卸活动的管理，主要是确定最恰当的装卸方式，力求减少装卸次数，合理配置及使用装卸机具，以做到节能、省力、减少损失、加快速度，获得较好的经济效果。

③ 运输功能要素。运输是物流的核心业务之一，也是物流系统的一个重要功能。它包括供应及销售物流中的车、船、飞机等方式的运输，生产物流中的管道、传送带等方式的运输。对运输活动的管理，要求选择技术经济效果最好的运输方式及联运方式，合理确定运输路线，以实现准时、迅速、低成本的要求。

④ 保管功能要素。其包括堆存、保管、保养、维护等活动。对保管活动的管理，要求正确确定库存数量，明确仓库是以流通为主，还是以储备为主，合理确定保管制度和流程；对库存物品采取有区别的管理方式，力求提高保管效率，降低损耗，加速物资和资金的周转。

⑤ 流通加工功能要素。其又称为流通过程的辅助加工活动，这种加工活动不仅存在于社会流通过程中，也存在于企业内部的流通过程中。流通加工是物品从生产者向消费者流动的过程中，为了促进销售、满足用户需要、维护产品质量和实现物流效率化，对物品在物流过程中进行的辅助性加工。企业物资部门、商业部门为了弥补生产过程中加工程度的不足，更有效地满足用户或本企业的需求，更好地衔接产需，往往需要进行这种加工活动。

⑥ 配送功能要素。其是物流进入最终阶段，以配货、送货形式最终完成社会物流并最终实现资源配置的活动。配送活动一直被看作运输活动中的一个重要组成部分，被看成一种运输形式。所以，过去人们未将其独立作为物流系统实现的功能，未将其看成独立的功能要素，而是将其作为运输中的末端运输对待。但是，配送作为一种现代流通方式，集经营、服务、社会集中库存、分拣、装卸搬运于一身，已不再是单单一种送货运输所能包含的，所以在本书中将其作为独立功能要素。

⑦ 物流信息功能要素。其包括进行与上述各项活动有关的计划、预测、动态（运量、收、发、存数）的信息及有关的费用情报、生产情报、市场情报活动。物流信息对整个物流系统起着融会贯通的作用，只有通过信息的指导，才能保证物流系统各项活动灵活运转。信息流反映了一个物流系统的动态运转过程，不准确的信息和作业过程的延迟都会对物流活动的效率产生不利影响。因此，物流信息的质量和及时性是物流作业效率高/低的关键因素。而物流系统的有机统一，正是信息把物流过程环节的活动联系起来的结果。

上述功能要素中，运输及保管功能要素分别解决了供给者及需要者之间场所和时间的分离，分别是物流创造"场所效用"及"时间效用"的主要功能要素，因而在物流系统中处于主要功能要素的地位。

（4）物流系统的支撑要素。物流系统的建立需要许多支撑手段，以确定物流系统的地位、协调物流系统与其他系统的关系。这些要素必不可少，主要包括：

① 法律制度。它决定物流系统的结构、组织、领导、管理方式，是国家对物流系统控制、指挥、管理的方式，是物流系统的重要保障。

② 行政命令。它是决定物流系统正常运转的重要支持要素。物流系统和一般系统的不同之处在于，物流系统关系到国家的军事、经济命脉，所以，行政命令手段也常常是支持物流系统正常运转的重要支持要素。

③ 标准化。它是保证物流环节协调运行，保证物流系统与其他系统在技术上实现联结的重要支撑条件。

④ 商业习惯。它是整个物流系统为了使客户满意所提供服务的基本要求。了解商业习惯，将使物流系统始终以客户为主进行运营，从而达到企业的目的。

三、物流系统各要素之间存在冲突

1. 要素目标冲突

其包括要素之间、要素内部、要素外部的目标冲突。

1）要素之间的目标冲突

运输、储存、包装、装卸、流通加工、物流信息，这些要素独立存在时的目标存在相互冲突，见表1.1。

表 1.1 物流系统要素目标之间的典型冲突

要素	主要目标	采取的方法	可能导致的结果	对其他要素可能造成的影响
运输	运费最小	批量运输、集装整车运输、铁路干线运输	交货期集中、交货批量大、待运期长、运费低	在途库存增加、平均库存增加、末端加工费用高、包装费用增加
储存	储存费最小	缩短进货周期、降低每次进货量、增加进货次数、在接近消费者的地方建仓库、增加信息沟通	紧急进货增加、送货更加零散、储存地点分散、库存量降低甚至达到零库存、库存费用降低	无计划配送增加,配送规模更小,配送地点更分散,配送、装卸搬运、流通加工、物流信息成本提高
包装	破损最少、包装成本最低	提高物流包装材料强度、扩大内装容量、按照特定商品需要确定包装的材料和方式、增加物流包装容器的功能	包装容器占用过多空间和重量、包装材料费增加、包装容器的回收费用增加、包装容器不通用、商品破损减少但包装费增加	包装容器耗用的运费和仓储费用增加、运输车辆和仓库的利用率下降、装卸搬运费用增加
装卸	降低装卸费、降低搬运费、加快装卸速度	使用人力节约装卸搬运成本;招聘农民工进行装卸搬运;提高装卸搬运速度,"抢装抢卸"	装卸搬运效率低、商品破损率高、不按要求堆放、节省装卸搬运费用	待运期延长、运输工具和仓库的利用率降低、商品在途和在库损耗增加、包装费用增加、重新加工增加流通加工成本
流通加工	满足销售要求、降低流通加工费用	因为流通加工作业越来越多,为节约加工成本,采用简陋设备	在途储存和在库储存增加、装卸环节增加、商品重复包装	商品库存费增加、装卸搬运费增加、商品包装费增加
物流信息	简化业务、提高透明度	建立计算机网络,增加信息处理设备,如手持终端;采用条形码;增加信息采集点	增加信息处理费、方便业务运作、提高客户服务质量、信息安全性和可靠性影响到系统运作安全	与其他要素的目标没有冲突

2）要素内部的目标冲突

物流系统的要素可作为系统来分析。

物流系统的功能要素——运输功能、储存功能、包装功能等要素都是物流系统的子系统。如将物流系统内部功能要素之间的目标冲突应用于任何一个功能要素,物流系统要素内部也存在着类似的目标冲突。

例如,宝洁中国公司"广州→北京"的运输方式有公路、铁路、航空,或几种方式的组合,对不同商品品种可以采取不同的运输方式。宝洁中国公司的物流目标是"保证北方市场的销售、尽量降低库存水平、降低物流成本—权衡市场销售要求和降低成本的要求—确定运输成本目标—在铁路、公路和航空运输中进行选择"。

比较铁路运输的优缺点、公路运输的优缺点,要求方便、快捷、经济。两种方式不能兼得,任何运输方式都有其特定目标和优势。

3）要素外部的目标冲突

物流系统是一个更大的系统的子系统。物流环境中的其他系统都与物流系统一样有着特定目标,这些目标之间的冲突是普遍存在的,物流系统以这种方式同其他系统发生联系。例如在物流制造企业中，供应系统、生产系统、销售系统三者是并列的，它们各自都被管理部门所管理，这就要求管理部门从公司利益的高度对各部门进行协调和权衡。

物流系统要素之间的目标冲突不能在要素这个层次得到协调，必须在比要素高一个层次的系统才能得到解决。

2. 要素产权冲突

一条供应链上的物流系统由不同的产权组织共同完成。物流基础设施（载体）产权的多样性与物流系统希望的载体产权的统一性产生矛盾。

3. 要素运作冲突

各要素都有各自的运作规律和标准，各要素之间在运作上相互不能适应对方的业务特点和流程、标准、规范、制度、票据格式等而产生矛盾的情况很普遍。

第三节 物流系统规划与设计的内容与阶段

一、物流系统规划与设计的内容

物流系统规划与设计是根据物流系统的功能要求，以提高系统服务水平、运作效率和经济效益为目的，制定各要素的配置方案，其内容随类型的不同而不同。

1. 按照物流系统规划与设计的层次划分

按照此标准，物流系统规划可以分为物流战略层次的规划、物流策略层次的规划和物流运作层次的规划。

（1）物流战略层次的规划，侧重于宏观控制，解决的是影响企业长远发展的战略决策等问题。物流战略层次的规划在各种规划层级中是最高的，时间也是最长的。战略规划的内容都是在战略层次上的引导，所考虑的是企业的目标、总体服务需求以及管理者通过何种方式来实现这些目标。

（2）物流策略层次的规划，是在战略规划框架下更为细致的指导性规划，通常是一个中期的计划，它在内容上比战略规划更为具体，可以包括配送策略规划、供给策略规划、国际物流策略、减少物流时间的策略规划、提高资本生产率的物流策略规划等。

（3）物流运作层次的规划，是在操作层次上的计划，是企业物流规划与设计的最后一层。详细的操作计划是用来指导每时每刻的物流活动的。它所包括的内容比较繁杂，所涉及的领域也极为广泛，比如建立合理的流程计划、车辆调度方案的确定、简化环节和合理的资源整合，以及IT系统的构建等。

2. 按照规划所涉及的行政级别和地理范围划分

按照物流范围的不同，物流系统可以构成一个完整的层次秩序，即国家级物流系统、区域级物流系统和行业物流系统。

（1）国家级物流规划，应是着重以物流基础设施和物流基础网络为内容的物流基础平台规划，应当和国家基础设施建设的政策相吻合。这个物流基础平台的规划，应当从现代物流综合的角度进行全面的规划，组建综合的网络，其中包括不同运输方式线路的合理布局和使网络发挥更大效用的综合物流结点、物流基地，以及相应的综合信息网络。

（2）区域级物流规划，应当着重于地区物流基地、物流中心、配送中心三个层次的物流结点以及综合的物流园区规模和布局的规划。物流基地、物流中心、配送中心三个层次的物流结点是省、市物流外结内连的不同规模、不同功能的物流设施,也是较大规模的投资项目。这三个层次物流结点的规划是省、市物流运行合理化的重要基础。

(3)行业物流系统规划,是指在物流基础平台之上,将有大量的企业和经济事业单位进行运作,如供应、分销、配送、供应链、连锁经营等。要使这些运作合理化和协调发展,需要有规划的指导,如重要企业、重要产品的供应链规划,现代物流及配送支持的分销及连锁规划等。

二、物流系统规划与设计的阶段

满足一定服务网络的物流系统由若干子系统组成。物流系统规划与设计包含了众多可能的选择,从物流网络构筑到仓库内部布局等,需要对每一个子系统或环节进行规划与设计。每个子系统的规划与设计需要和整个物流规划系统相互协调、相互平衡。

物流系统规划与设计的过程大体可分为五个阶段,如图 1.3 所示。

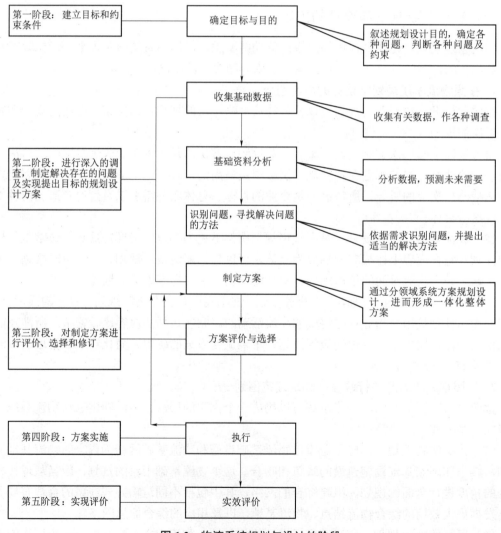

图 1.3　物流系统规划与设计的阶段

第四节　物流系统规划与设计的目标和原则

物流系统是社会经济大系统的一个子系统。人们在组织物流活动时，要实现物资的空间效益和时间效益，确保社会再生产顺利进行，从而获得较高的经济效益。

一、物流系统规划与设计的目标

（1）系统的总体目标。通过提供低成本、高质量的物流服务，为社会经济的发展和国民经济的运作创造条件，以保障国民经济不断增长的需求，保证"可持续发展"目的的实现。

（2）系统的目标具体体现在以下几个方面：

① 服务目标；

② 快速、及时目标；

③ 节约目标；

④ 规模优化目标：追求物流的"规模效益"；

⑤ 库存调节目标。

（3）系统目标关系的协调。不同目标之间总会存在冲突，例如提高企业经济效益与改善服务品牌之间的冲突。虽然减少资金占用、加速资金周转能降低生产成本，但为了提高服务品质，需要适度增大库存，这就增大了资金占用，提高了生产成本。

物流系统规划与设计的好坏直接影响到整个物流过程是否能够实现一体化、信息化、客户化、规模化与精益化。物流系统规划与设计的目的也是衡量设计出的物流系统是否满足需求的有效评价标准。

二、物流系统规划与设计的原则

从系统设计的角度来讲，物流系统设计应遵循开放性原则、物流要素集成化原则、网络化原则和可调整性原则。

（1）开放性原则：物流系统的资源配置需要依据满足市场需求的产品整个生命周期的全过程，涉及采购、生产、存储、运输到销售的全过程，所以在资源配置的过程中要考虑各个环节的协调与贯通，以实现物流、信息流和资金流的集成。

（2）物流要素集成化原则：其指通过一定的制度安排，对物流系统的功能、资源、信息、网络等要素进行统一规划、管理、评价，通过各要素间的协调和配合使所有要素在一个整体中运作，从而实现物流系统要素间的联系，达到物流系统整体优化的目的。

（3）网络化原则：其指将物流经营管理、物流业务、物流资源和物流信息等按照网络方式在一定市场区域内进行规划、设计、实施，以实现物流系统快速反应和最优成本等要求的过程。

（4）可调整性原则：其指根据市场需求的变化及经济发展的变化及时应对，以快速响应市场变化。

物流系统的基本原则是从物流需求和供给两个方面谋求物流的大量化、时间和成本的均衡性、货物的直达性及搬运装卸的省力性。物流系统设计与规划的总体原则是使人力、物力、财力和人流、物流、信息流得到最合理、最经济、最有效的配置和安排，即要确保物流系统各环节参与主体功能，并要以最小的投入获得最大的效益。

三、物流系统规划与设计的常用方法和步骤

物流系统规划与设计是对物流活动进行最合理的计划，对各种物流设备进行合理的调配和使用，使用各种先进技术对物流效率进行最有效的评价的过程。例如，使用计算机、系统工程、价值工程技术求得物流的最佳技术方案。一般有以下几种常用方法。

1. 数学规划法（运筹学）

数学规划法是一种对系统进行统筹规划，寻求最优方案的数学方法。其具体理论与方法包括线性规划、动态规划、整数规划、排队规划和库存论等。这些理论和方法都是解决物流系统中物流设施选址、物流作业的资源配置、货物配载、物料储存的时间与数量的问题的方法。

2. 统筹法（网络计划技术）

统筹法是指运用网络来统筹安排，合理规划系统的各个环节。它用网络图来描述活动流程的线路，把事件作为结点，在保证关键线路的前提下安排其他活动，调整相互关系，以保证按期完成整个计划。该项技术可用于物流作业的合理安排。

3. 系统优化法

系统优化法是在一定约束条件下，求出使目标函数最优的解的方法。物流系统包括许多参数，这些参数相互制约，互为条件，同时受外界环境的影响。系统优化研究，就是在不可控参数变化时，根据系统的目标，确定可控参数的值，以使系统达到最优状况。

4. 系统仿真法

系统仿真法是指利用模型读实际系统，进行仿真实验研究的方法。

四、物流系统规划与设计的分析步骤

物流系统规划与设计的分析步骤包括以下七个方面，如图 1.4 所示。

1. 问题的提出

对某一系统进行分析时，首先必须明确所要分析问题的目的和系统当前的状态，分析问题的构成、范围，也就是要回答"做什么""为什么要做"。

2. 系统环境分析

外部条件构成对系统产生影响和约束，科学、技术、政治经济、文化、教育、人口、气候、生态等构成系统的环境因素。环境独立于系统控制，对系统产生影响。进行系统分析时，把握与系统有物资、能量、信息交换的主要外部条件，将其作为系统的环境因素加以分析。

3. 系统结构层次分析

在系统分析中，重点研究各要素的特点、功能以

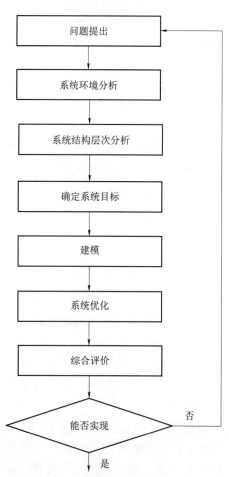

图 1.4 物流系统规划与设计的分析步骤

及它们之间的相互联系和作用的方式，把握系统的结构，特别是结构的层次性。对于复杂的系统要通过层次分析将之简化。

4. 确定系统目标

选定系统的总目标是系统分析的主要根据。遵循一般系统论原则，即整体性原则和相互联系的原则。

5. 建立模型

通过模型技术，可建立问题的数学或其他形式的模型。模型不是系统本身，而是对系统的描述、模仿或抽象，反映实际系统的主要特征。利用模型预测每一方案可能产生的结果，并根据其结果说明各方案的优劣。

6. 系统优化

用最优化理论和方法，对所构造的系统模型进行最优化求解。在有足够定量因素的条件下，用数学的方法建立数学模型，运用运筹学等技术寻求最佳方案，对于复杂问题可运用计算机求解。在定量优化的基础上，再考虑定性。

7. 综合评价

对系统的若干方案进行优化后，还要进行综合评价。几个替代方案各有千秋，需要按所制定的系统指标体系，定出综合评价的标准，通过评价标准对各方案进行综合评价，确定各方案的优劣顺序，提供给决策者进行决策。

若决策者对上述方案不满意，则按前面的步骤，对因素进行调整，重新分析。若决策者对方案满意，则实施之。

复习思考题

一、填空题

1. 从系统的观点看，物流系统就是若干_____的要素组成的能够完成物流活动、具有物流功能的_____。

2. 物流活动或功能主要包括：_____、_____、_____、_____、_____、_____、_____等。

3. 物流系统包括的基本要素有：_____、_____、_____、_____、_____、_____。

4. 从生产经营过程来看，物流系统包括三个方面：_____、_____以及_____。

5. "_____"指的是物流的若干功能要素之间存在着损益的矛盾，也即某一个功能要素进行优化或获取利益的同时，必然会存在另一个或另几个功能要素的利益损失。

二、多项选择题

1. 物流系统具有的独特系统性质为（　　）。
   A. 整体性　　　B. 智能性　　　C. 可分性
   D. 目的性　　　E. 多目标性

2. 按照时间顺序，国外物流发展大体经历了（　　）个阶段。自新中国成立以来，我国的物流发展经历了（　　）个阶段。

A. 二 B. 三 C. 四
D. 五 E. 六

3. 随着（   ）等先进管理方法的开发及其在物流管理中的运用，人们逐渐认识到需要从生产经营的全过程来把握物流管理。

A. MRP B. DRP C. 看板制
D. JIT E. GIS

4. 物流系统的边界是广阔的，其范围横跨（   ）几大领域。

A. 采购 B. 生产 C. 流通
D. 消费

5. 自新中国成立以来，我国的物流发展经历了（   ）个阶段。

A. 二 B. 三 C. 四
D. 五 E. 六

三、简答题

1. 怎样从系统的观点出发分析物流系统规划设计？
2. 物流系统与设计的要素有哪些？
3. 物流系统规划与设计应遵循哪些原则？
4. 物流系统规划与设计的流程可分为哪些阶段？

案例分析

低温配送中心的规划

随着超市、商场以及便利店如雨后春笋般出现，低温物流日渐重要。低温配送中心的规划与设计将影响物流作业的效率和服务水平。建立低温配送中心，能帮助货主减少管理库存的费用及麻烦，提供高效率的后勤支持和改包装、贴卷标、促销商品组合等物流加工服务。本部分通过案例，介绍建立一套系统的、符合逻辑的规划设计步骤，详述各步骤的重点，以协助设计者以最短的时间和最低的人力成本，完成低温配送中心的规划设计工作。

深圳某公司现规划建设一低温配送中心，目的在于利用企业自身优势，在低温配送中心市场占据一席之地，通过升值服务、低成本、供应链管理，取得差异化竞争优势。

1. 计划准备阶段

1）制定规划目标

（1）短期规划：满足自用需求（冷冻水产）约 3 600 t，并对下游经销商客户提供冷冻食品的配送物流服务。

（2）中长期规划：在深圳北部、西部各建立一转运型配送中心，土地面积为 3 000 m² 左右，发展鲜食水果等产品的加工、网络营销及宅配服务。

2）基本资料的搜集

配送中心现状是：将原来的冷冻库承租下来，改造为低温配送中心。地点为工业区，临近盐田港，距高速公路口 2 km 左右，临近 8 车道快速道路，方便北部、西部之整车配送。附近冷冻加工厂林立，又有许多住宅区，招募有低温作业经验的人员非常容易，交通方便，土地价格便宜，自然条件（如地震、降雨、盐度等）无直接威胁。

基本要素如下：

（1）订单E：订单来自经销商、便利店、超市、量贩店。

（2）种类I：配送商品为冷冻水产品，种类约600种。

（3）数量Q：配送商品平均每日5 300箱，库存量平均每日2 800托盘。

（4）配送渠道R：本市、直送批发零售商。

（5）服务对象S：物流的服务对象为本公司及零售商。

（6）时间T：交货时间为下单当日或次日送达，配送频度为一天一次。

（7）成本C：物流费用约占商品价格的9%。

3）基本资料分析

（1）仓储设备：原油仓库缺乏货架、储位，无法作计算机储位管理。理货区以及装卸区无空调冷冻设备，理货区为常温，严重影响产品质量，缩短了产品的保存期限。楼高约6 m，扣除空调管路空间，实际可用高度约5 m，只能叠放三层托盘。由于原为储存原料及成品之冷冻库，并未配置货架，托盘只能以堆板方式存放。

（2）配送作业：目前配送回程几乎为空车。每月配送峰值低谷之数量差异大，形成月初量大送不完，月中、月底量小而闲置的情况。其原因为付款条件是月底月结制，造成客户订货集中在月初的一周里。若能与其他物流公司共同配送，将可降低配送成本。

（3）库存管理：储位无法妥善管理，造成空间的浪费及盘点困难。没有计算机配车系统，配送成本难以掌握。因为缺乏信息系统，时常造成库存重复被卖而无法交货的窘境。而零散货品寻找不易，常发生库存表有货却找不到货的情况。目前每三个月盘点一次，因仓储设备不足而无法做到精确地盘点。

2. 系统规划阶段

1）EIQ参数的分析

（1）E——配送的对象：经销商、便利店、超市、百货公司。出货状况：整托盘出货12%，整箱出货88%。

（2）I——配送的商品种类：冷冻的水产品、畜产品、蔬菜、蔬果和调理食品，其数量大，体积小。

（3）Q——商品的配送数量及库存量：目前的总量为签约企业水产品之配送数量总和。因采取月结货款结算方式，每月20~30日为波谷时间，每月1~10日为高峰时间。若能配合其他进口商/制造商以每月20日为月结款日，可以有效改变上述不平衡峰谷问题。

（4）R——配送渠道：配送中心—经销商—零售（便利店、超市、百货公司）—消费者。

（5）S——物流服务：渠道合理成本下的服务质量，即成本不比竞争对手高，而服务水平比其高的服务原则。

（6）T——物流的交货时间，配送频度为一天一次，次日送达（12~24小时）。

（7）C——建造预算中的物流成本以仓储费、装卸费、流通加工费、配送费等分别计费。

2）规划方案中的基本参数设计

规划的库存周期天数为27天。营业收入（出入库数量）与库存同步增长。出租储位之种类数与使用储位数同比例增长。

中心总面积为2 928 m^2（楼梯间另计），长89 m，宽32.9 m。仓库区长64.4 m，宽32.9 m，

高 24 m。处理区长 24.6 m，宽 32.9 m，高 23.1 m。

温度要求：自动仓库库温为 -25 ℃，面积为 50 000 m²，总收容量为 8 800 托盘，最大入库量为 200 托盘/日，入库初温为 -15 ℃，入库 24 小时内可达 -25 ℃。冷冻区库温为 -25 ℃，面积为 300 m²。前室室温为 +1 ℃～+3 ℃室温，面积为 50 m²。理货区室温为 +5 ℃～+10 ℃，面积为 700 m²。冷藏区为室温 +1 ℃～+3 ℃，面积为 400 m²。

每月出库 3 500 托盘≈120 托盘/日，每月订单数为 3 582 张，每月累计出货箱数为 124 478 箱，每日出库种类预估为 200 项（目前为 170 项/日）。

拣货频率：出库 25 托盘/小时，再入库 25 托盘/小时，拣货入库 15 托盘/小时。峰值时间带：6:00—8:30 和 16:30—19:30。每日车辆进出频率（现况）：进拖车 2 辆，作业时间为 1.5 小时；出车 1 辆，作业时间为 1.5 小时。

3）规划方案说明

规划的两个方案由于篇幅限制，这里仅作简单介绍：

（1）方案一（平货架）：总费用为 4 325 万元。

① 低温配送中心建筑面积为 4 347 m²（63 m×69 m），仓库采用一层厂房，内部净高为 12 m，仓储设备采用托盘货架搭配窄道式堆高机的作业方式，共有储位 5 640 个。规划为 6 个区域，温度可控制为 0 ℃～25 ℃。

② 生鲜加工厂建筑面积为 3 760 m²（40 m×94 m）。预计建三层楼，一楼的后面规划为冷冻机械室，右边为原料仓库及活鱼养殖池。生鱼片生产线，其设备包括生鲜冻机、生鲜切割机、急速冷冻机、包装线及冷藏库等。二楼计划生产鲜食产品。

③ 进出货区为三层楼方式：一楼作进出货暂存区，其温度设定为 5 ℃～7 ℃，面积为 756 m²（63 m×12 m），楼高为 5.5 m，月台高为 1.3 m，设有升降月台等设备。二楼作理货区或冷藏区，温度为 0 ℃～5 ℃，面积为 1 134 m²（63 m×18 m），楼高为 5 m，利用二楼延伸的 6 m 作遮雨棚。在楼层间利用电梯与垂直输送机搬运货物。三楼作行政办公室，面积为 1 134 m²（63 m×18 m），楼高为 3.5 m。

（2）方案二（自动仓库+传统仓）：总费用为 7 832 万元。

① 低温自动仓储中心建筑面积为 2 915 m²（33.9 m×86 m），仓库主体采用一体式自动仓储厂房，高度为 24 m。有自动高架堆垛机 5 台，储位为 9 400 个。温度可控制在 -25 ℃左右。

② 进出货物暂存区规划为四层楼。一楼作进出货装卸暂存区，其温度为 5 ℃～7 ℃，面积为 508 m²（33.9 m×15 m），楼高为 5.6 m，月台高为 1.5 m，设有升降月台等。二楼作理货区，其温度设定为 0 ℃～5 ℃，面积为 847 m²（33.9 m×25 m），楼高为 5 m，利用二楼延伸的 8 m 作遮雨棚。在楼层间利用电梯与自动高架存取机来搬运。三楼作冷藏及冷冻两用的仓储区，其温度为 7 ℃～25 ℃，面积为 847 m²（33.9 m×25 m），楼高为 5.5 m，储放不能进自动仓的商品。四楼作行政办公室，面积为 847 m²（33.9 m×25 m），楼高为 4 m。

③ 加工厂为三层楼建筑，面积为 4 000 m²，一楼的后面规划为冷冻机械室，右边为原料仓库及活鱼养殖池，生鱼片生产线设备包括生鲜解冻设备、生鲜切割处理台、急速冷冻机、包装线及冷藏库等。二楼生产鲜食产品。

3. 方案评估阶段

根据规划的基本方式，计算各方案的投资金额以及运营收支的经济效益，进行效益评估分析。假设计算条件如下：

（1）仓库利用率第一年为65%，第二年为75%，第三年为85%，第四年之后按95%计算。

（2）拣货时每箱以10元计算，每托盘堆码30箱，因此每托盘理货费为300元。

（3）集装箱装载量换算时，40英尺[①]集装箱以堆码30托盘计算。拆箱数量以仓库库存量的60%计算。

（4）第五年物流费费率调整，仓租费为650元/箱，入库费调整为150元/箱。

为利于收发货、库存管理等，由计算机管理，随时掌握库存量，正确提供库存状态，而且通过仓储计算机与公司的主计算机联机，向客户提供实时信息及网上订单和订单查询。由于采用高技术、高效率迅速占领市场以及投资较快回收，最后决议选第二方案。

4. 详细设计阶段

从规格种类繁多的各类设施中挑出最佳设备，将之集成以满足整体效率最大化，这需要各专业相互配合。

以下针对重点设施加以叙述：

（1）自动仓库室内货架净高24 m，采用一体式设计，外墙板直接固定于货架钢柱，以节省厂房成本。前处理区为四层：一楼为收出货区，月台可停放货车5台，配5台月台跳板供装卸货。二楼为批量订单拣货区，可供多订单合并拣货。三楼一半为冷藏储存区，另一半为冷冻储存区。电动推高机作业。仓库侧边配置2层低温零星拣货区，货品由高架吊车（激光定位FS系统）取至指定区域，员工按拣料单指示拣取。

（2）处理区厂房：一楼月台高为1.45 m，一楼楼高为6 m，二楼楼高为5 m，三楼楼高为5.5 m，四楼楼高为4 m。货用电梯可承重4.5 t，每分钟运行30 m。

（3）冷冻、冷藏及空调系统由两台低温卤水冷冻机组（−25 ℃）负责自动仓库的冷却，由两台中温卤水冷冻机（+1 ℃～+10 ℃）负责理货区、冷藏仓库等的冷却。

（4）信息系统功能：全自动低温仓储。储位管理计算机化，先进先出，以确保产品质量不过期。客户能应用互联网实时查询库存。客户能使用Internet、EDI、FAX、TEL等方式下单。

思考题：

1. 你对该配送中心的选址有何评价或建议？
2. 方案评估应该考虑哪些因素？

---

① 1英尺=0.304 8米。

实 训 项 目

实训项目一：物流系统规划与设计的总体认知

实训目的	（1）加深对物流系统进行规划与设计的一般原则、一般内容、基本要求的理解； （2）熟练掌握物流系统规划与设计的流程； （3）熟练掌握物流系统规划与设计的常用方法； （4）加深对物流系统规划与设计中进行系统分析、优化整合思想的理解。
实训内容	查找资料，根据本节所学知识，完成以下内容的学习和掌握： （1）海尔高效的物流系统模式； （2）宝供物流企业集团的成功之路； （3）雅芳全球物流网络的规划设计； （4）沃尔玛配送中心的规划与设计思路及实施效果赏析。
实训记录	
教师评语	
实训成绩	

第二章

物流系统战略规划与设计

教学目标

要求学生掌握物流战略的概念和内容，掌握物流系统战略规划的框架和制定实施，了解物流战略环境分析方法，掌握战略目标服务水平的确定方法。

学习任务

通过对物流战略规划设计的掌握，能够制定切合实际的物流战略规划，并有具备行业发展环境的观察能力。

案例导入

中远集团的物流战略规划

2002年1月8日，中国远洋物流公司（COSCO LOGISITICS，下文简称"中远物流"）在北京宣告成立。组建中远物流是中远集团为迎接加入WTO的挑战，推进其"由全球承运人向全球物流经营转变"的重大举措。

一、中远集团发展物流的战略调整

1. 调整战略，实现两个转变

为了贯彻中远集团"由拥有船向控制船转变，由全球航运承运人向全球物流经营人转变"的发展战略，集团及时对主业结构进行调整，同时制订了集团物流发展规划。近年来，中远船队船舶载重吨位由过去的1 700万t增加到2 300万t，平均船龄由15.1年降低到11年。中远船队规模的扩大不但巩固了中远航运主业的国际地位，同时航运规模经营优势带来的客户群又成为发展和稳定资源，船队和物流企业形成了积极良性的互动关系，这促进了中远物流的持续发展。

2. 建立健全机构，加强中远物流的管理

为了充分利用集团全球资源，发挥集团整体优势，打出品牌，集团总公司成立了物流职能机构，下设国内外各区域物流公司。区域物流公司根据经营管理需要设置若干国家公司（或口岸公司），负责中远集团全球的物流业务。在总公司的统一管理下，各区域公司重点负责中远全球物流项目开发及区域内、外物流项目的运作管理等。

3. 大力拓展现代物流服务

中远物流以强大的航运实力为依托，充分利用中远全球物流资源，以中国市场为基础，以跨国公司物流需求为基础，对客户服务由运输扩展到仓储、加工、配送，直至深入到产品生产、流通、分配、消费的大部分环节，通过开展增值服务，提高盈利能力和市场竞争力。几年来，中远物流以客户满意为中心，以上海通用汽车、海尔电器、保伦鞋业三个典型项目为突破口，开发了各类物流项目 73 个，同时还走访了东风汽车、长虹、福特汽车、科龙、沃尔玛等大型客户以了解需求，共同协商开发物流配送方案。为了使中远物流尽快与国际接轨，其积极与世界著名咨询公司合作，引进国外的先进技术和管理经验，并通过示范项目的实施与推广，进一步加快中远物流的发展进程。

二、中远物流的企业战略

1. 优化资源结构，发挥整体优势

为了更好地适应国际物流市场的需求，进一步增强市场竞争力，中远集团从 1995 年开始对所属陆上货运公司进行了重大改组和调整。这次整合是对集团的中汽车运总公司、外轮代理总公司以及各远洋运输公司下属货运公司的陆上货运资产进行理组，成立了中远国际货运有限公司（下文简称"中货公司"）。为了使中远集团的船、岸资源按照市场原则进行配置以更加贴近市场，首先由中货公司组建国内 7 个口岸地区公司，从根本上解决了中远集团陆上货运资源布局不合理、利用不充分、投资重复、内部竞争、发展缓慢等弊病。1997 年，中远集团对中远船队按照专业生产要求又进行了经营战略调整。同时，对海外以外地区的众多业务机构进行了归口管理并成立了中国香港、新加坡、美国、欧洲、日本、澳洲、非洲、西亚、韩国九大区域公司，通过理顺新体制，形成了优势，改变了中远集团在计划经济下多年的企业组织结构，实现了中远集团跨国经营的总体构架，形成了全球业务分布的新格局。

新成立的中远物流纳入中货公司的物流资源和操作体系，同时中远物流系统整体进入中远物流单元。但在这个重组过程中，外代的品牌、资源和优势不仅没有被削弱，而且得到了加强。重组之后，中远物流作为公共物流服务商，其服务对象主要为国内外广大货主；中国外轮公司作为国际船舶公共代理人，其服务对象主要是国内外广大船东。其功能更加齐全，手段也更多样，服务范围更广。

中远物流以国际化的远洋船队为依托，以科技创新和管理创新为突破口，不断加强服务体系建设，在全国 29 个省、市、自治区建立了包含 300 多个站点的物流服务网络体系，形成了功能齐全的信息系统；拥运营车辆 1 222 辆，其中集装箱卡车有 850 多辆，物流车有 339 辆（配备 GPS 系统的有 94 辆），大件运输车有 32 组；仓储和堆场面积为 154 万 m^2；成功开行了 6 条以"中远号"命名的集装箱"五定班例"，并且培养了一支有多年实际经营和运作物流业务丰富经验的专业人才队伍。重组的中远物流下设大连、北京、青岛、上海、宁波、厦门、广州、武汉 8 个区域公司，并于中远海外企业有密切的协作关系，与 40 多个国家的货运机构签订了互为代理协议，能够便捷、高效地完成现代物流任务。

2. 品牌战略

中远物流为上海别克、一汽捷达、神龙富康、上海桑塔纳等提供进口汽车散件服务，并且为沈阳金杯提供物流服务，与众多汽车厂商建立了良好、广泛的合作关系。中远物流与海尔、科龙、小天鹅、海信、澳柯玛以及长虹等企业也建立了紧密的合作关系。中远物流与科龙和小天鹅合资成立安泰达物流有限公司，这是我国首家由生产厂家与物流服务商组建的家电物流企业。

在国家重大建设项目方面，中远物流在两年中先后中标，承担了秦山核电三期工程、江苏田湾核电站和长江三峡工程的物流运输项目，为国家重点工程建设作出了重要贡献。

大连—长春、天津—西安、上海—重庆、上海—成都、青岛—郑州—西安、昆明—黄埔的6条全集装箱"五定班列"的运行初步形成了中远物流"两纵四横"的海铁联运通道，为内陆货物的出运提供了便利条件。同时，中远物流还利用自身的有利条件在长江水系和珠江水系构建了支线体系，有力地支持了干线班轮运输业务。

3. 科技创新战略

现代物流实际上是依靠现代技术支撑的行业，没有科技支撑，物流业务将寸步难行。在这方面中远物流实施了两个方面的工作。

第一个方面的工作是在建立完整的网上货运服务的基础上，建立中远物流船代数据中心，强化中远物流的客户服务水平，拓展中远物流的服务范围；第二个方面的工作是完善现代物流应用系统，其包括两个方面的内容：① 完善"5156"公共信息平台，为客户提供全面的物流服务。中远物流公司已经拥有了一套比较成熟的信息技术系统。其将"网上仓储管理信息系统""网上汽运高度信息系统""网上结算"等功能模块进行集成，形成了"5156.com.cn"物流网站，该网站能够为客户提供便捷的网上物流交易电子商务平台，为物流项目的开发和运作提供了强有力的技术支持。② 建立以北京物流总部为中心，覆盖8个区域公司的中远物流专网，逐步将"5156"物流平台建设成为中远物流业务操作、项目管理、客户服务及应用服务的公共信息平台。开发个性化物流信息系统，为重大客户提供物流服务。中远物流已经开始为厦华三宝电脑、百事可乐、本溪钢铁、上海通用汽车提供物流信息服务，并且正在为安泰达（科龙、小天鹅）物流项目实施物流信息系统。其在2002年再为2~3个大型物流项目配置了信息系统，为客户提供个性化服务。

4. 管理创新战略

中远物流的目标是"做中国最好的物流服务商、最好的船务代理人。中远物流全系统要以培养核心竞争力为目标，有效整合物流资源，以传统运输代理业务为基础，做大做强综合性的运输服务体系，为国内外广大船东和货主提供更优质的服务"。中远物流加大力度构建物流业务体系，树立中远物流品牌，增强物流项目设计和管理，重点拓展汽车、家电、项目和展品物流市场，积极开发冷藏品、危险品等专项物流领域。近期它还将开辟2条中远铁专线，依托高速公路网，建立完整、全方位的国内干线配送和城际快运通道；发展国际航运代理市场，促进将北京、上海、广州作为三大集散中心的中远物流空运网络建设。

为了推动中远物流系统的管理创新，激发企业的活力，增强竞争力，中远物流始终坚持"以人为本"的宗旨，以建立完善的绩效评价体系为核心，加快培养物流骨干人才，有效促进传统业务的稳定增长和新业务的快速增长。其主要做法是：

（1）建立新的绩效评价体系。

进一步完善TCSS系统（即客户满意体系）模型，形成物流公司TCSS业务模型组，为企业创造持久的经济效益。

（2）建立中远物流顾问团。

（3）启动中远物流企业管理奖。

（4）加快人才培养，主要方式是"请进来"，一是从国外招聘富有实践经验的物流经营管理专家到中远项目中进行经营管理，提高其物流管理水平；二是选拔优秀年轻的干部去国外物流、航运公司或高等学府学习锻炼；三是加强各个层次员工的培训工作，创建学习型组织。

思考题：

1. 中远物流为迎接中国加入 WTO 的挑战，推进其"由全球承运人向全球物流经营人转变"，都采取了哪些措施？

2. 中远物流能够便捷、高效地完成现代物流任务，是与海内外企业保持密切协作关系分不开的。中远物流是如何做的？

3. 中远物流为厦华三宝电脑、百事可乐、本溪钢铁、上海通用汽车提供物流信息服务，并且为安泰达（科龙、小天鹅）物流项目实施物流信息系统。这样做是否可以实现"双赢"？

4. 为客户提供便捷的网上物流交易电子商务平台，这为物流项目的开发和运作提供了强有力的技术支持。这是否意味着中远物流的客户服务水平的提高和服务范围的扩大？

第一节　物流系统战略规划与设计

面对经济全球化，社会分工日益精细，竞争日益加剧，消费者需求多样化，信息技术飞速发展并得到了广泛应用，为了降低物流成本，实现对顾客的快速反应，提高企业的竞争力，物流战略规划越来越成为企业总体战略设计不可分割的一部分。

一、物流系统战略规划的定义与内容

物流系统战略规划是指确定区域或城市在物流发展的方向、发展模式等方面制定的长远性、全局性的规划与保证。其重点在于研究与制定物流业发展的战略、描绘物流未来的蓝图及应采取的战略性措施。物流战略规划是通过提高流程价值和顾客服务而实现竞争优势的统一、综合和集成的计划过程，通过对物流服务的未来需求进行预测和对整个供应链的资源进行管理，从而提高顾客的满意度。

物流系统战略规划的内容包括战略目标、战略导向、战略优势、战略态势、战略措施和战略步骤等。其中，战略导向、战略优势、战略态势又称为物流战略规划的基本要点。

1. 战略目标

物流战略目标，是由整个物流系统的使命所引起的、可在一定时期内实现的量化的目标。它为整个物流系统设置了一个可见和可以达到的未来，为物流基本要点的设计和选择指明了努力的方向，是物流战略规划中的各项策略制定的基本依据。一个完整的物流战略目标应明确阐述三个问题：

（1）企业物流的目的——做什么；

（2）发展标准——物流达到什么水准；

（3）时间进程——什么时候完成。

物流战略目标是物流战略的核心问题，是战略方案制定的依据。

根据物流管理的定义，物流战略的基本目标可以概括如下。

1）降低营运成本

降低营运成本是指降低可变成本，主要包括运输和仓储成本，例如物流网络系统的仓库选址、运输方式的选择等。面对诸多竞争者，公司应达到何种服务水平是早已确定的事情，所谓成本最低就是在保持服务水平不变的前提下选出成本最低的方案。当然，利润最大一般是公司追求的主要目标。

2）提高投资效益

提高投资效益是指对物流系统的直接硬件投资最低化，从而获得最高的投资回报率。在保持服务水平不变的前提下，可以采用多种方法来降低企业的投资，例如，不设库存而将产品直接送交客户、选择使用公共仓库而非自建仓库、运用 JIT 策略来避免库存，或利用第三方物流服务等。显然，这些措施会导致可变成本的上升，但只要其上升值小于投资的减少，则这些方法均不妨一试。

3）改进服务水平

改进服务水平是提高竞争力的有效措施。随着市场的完善和竞争的激烈，顾客在选择公司时除了考虑价格因素外，及时准确的到货也越来越成为公司的有力筹码。当然，高的服务水平要有高成本保证，因此综合权衡利弊对企业来说是至关重要的。服务改善的指标值通常是用顾客需求的满足率来评价的，但最终的评价指标是企业的年收入。

2. 战略导向

物流系统战略导向是物流系统生存、成长与发展的主导方向。物流系统战略活动领域中的服务、市场、技术、规模、资源、组织、文化等方面都可能成为物流系统生存、成长与发展的某一主导方向。物流战略导向的确立，既明确了物流营运的基本原则、指导规范和行动方略，又避免了竞争与发展中的盲目性。

3. 战略优势

物流战略优势是指某个物流系统在战略上形成的有利形势和地位，是其相对于其他物流系统的优势所在。物流系统战略可以在很多方面形成优势：产品优势、资源优势、地理优势、技术优势、组织优势和管理优势。随着顾客对物流系统的要求越来越高，很多企业都在争相运用先进的技术来保证其服务水平，其中能更完美地满足顾客需求的企业将成为优势企业。例如中国第三方物流企业所提供的储运服务就在国内率先利用了 GPS 定位系统，有了 GPS，顾客可以实时跟踪订单的进行情况，因此其在物流行业中就有了技术优势，逐步又形成了其管理优势等。对于道路运输企业来说，研究物流战略优势，关键是要在物流系统成功的关键因素上形成差异优势或相对优势，这是取得物流战略优势的经济有效的方式，可以取得事半功倍的效果，当然也要注意发掘潜在优势，关注未来优势的建立。

4. 战略态势

物流战略态势是指物流系统的服务能力、营销能力、市场规模在当前市场上的有效方位及战略逻辑过程的不断演变过程和推进趋势。研究公司的物流战略态势，就应该对整个行业和竞争对手的策略有敏锐的观察力和洞察力，不断修改自身定位，从而做到知己知彼，以期在行业中获得相应的市场份额。战略态势主要从宏观环境、微观环境及企业自身三个方面分析。分析方法比较典型的有 SWOT 分析和波特的 5 种力量模型。物流战略态势分析是物流战略设计的基础。

二、物流系统战略规划的层次

一个企业的物流战略通常表现在四个战略层次上,即全局性战略、结构性战略、功能性战略、基础性战略。

1. 全局性战略

物流管理的最终目标是满足客户需求,因此客户服务应该成为全局性战略目标。对于全局性战略,建立用户服务的评价指标体系,实施用户满意工程是战略实施的关键措施。企业现代物流的发展必须建设两大平台(基础节点平台和信息平台)和两大系统(信息网络系统和物流配送系统)。在进行企业物流规划管理时,最初要进行企业资源能力的分析,充分利用过去和现在的渠道、节点以及其他各种资源来完善企业总体战略,并以最低的成本和最快的方式建设两大平台和两大系统。

2. 结构性战略

结构性战略包括渠道设计与网络分析两个方面的内容。

(1) 渠道设计。通过优化物流渠道、重构物流系统,可提高物流系统的敏捷性和适应性,使供应链成员企业降低物流成本。随着客户需求的变化和竞争者的自我调整,对渠道战略必须进行再评价,以维持或增强市场地位。

(2) 网络分析。网络分析主要通过库存分析、用户调查、运输方式分析、信息及其系统状况分析、合作伙伴绩效评价等为优化物流系统提供参考。其目的在于改进库存管理、提高服务水平、增强信息交流与传递效率。在动态的市场竞争环境中,也需要不断修正节点网络以适应供求基本结构的变化。

3. 功能性战略

功能性战略主要指通过加强物料、运输、仓储等物流功能环节的管理,实现物流过程适时、适量、适地的高效运作。其主要内容有运输工具的使用与调度优化、采购与供应方法策略的采用、库存控制及其仓储管理。

4. 基础性战略

基础性战略主要是为保证物流系统的正常运行提供基础性保障,其内容包括组织系统管理、信息系统管理、政策与策略管理、基础设施管理等。

对于一个企业的物流设计者来说,重要的不只是了解物流战略的内容,更重要的是如何进行战略管理,如何将企业的物流引向光明的未来。首先要时刻记住战略管理绝不是一件简单的任务或目标,而是物流经营者在构建物流系统的过程中,通过物流战略设计、战略实施、战略评价与控制等环节,调节物流资源、组织结构等,并且最终实现物流系统宗旨和战略目标,因此战略管理是一个动态过程。

在企业的战略设计、战略实施、战略评价与控制中,物流战略思想的形成是物流战略管理的首要环节,它是在对物流所处环境和自身的竞争优势进行了彻头彻尾的分析后所形成的一套区别于其他企业的措施,它指导并决定了整个物流战略系统的运行,战略评价与控制工作渗透在战略管理的各个阶段之中,监督物流系统的运行。

三、物流系统战略规划的框架

贯穿于生产和流通全过程的物流,在降低企业经营成本,创造第三利润源泉的同时,也在全球的市场竞争环境下,发挥着举足轻重的作用,物流成为企业经营主角的时代已经到来。很多企业虽然认识到发展物流的潜力,但往往感到无从着手。所以,要获得高水平的物流绩效,创造顾客的买方价值和企业的战略价值,必须了解一个企业的物流系统的各构成部分如何协调运转与整合,并进行相应的物流战略规划与设计。一个企业的物流战略通常表现在五个重要层次上,它们构成物流战略环形图,确立了企业设计物流战略的框架。

(1)物流战略层:确立物流对企业战略的协助作用,建设两大平台和两大系统。

物流首先是一种服务,企业建设物流系统的目的首先是实现企业的战略,所以企业发展物流必须首先确立物流规划与管理对企业总体战略的协助作用。同时,企业现代物流的发展必须建设两大平台和两大系统,即基础节点平台和信息平台、信息网络系统和物流配送系统。在进行企业物流规划管理时,最初必须进行企业资源能力的分析,充分利用过去和现在的渠道、设施以及其他各种资源来完善企业的总体战略并以最低的成本和最快的方式建设两大平台和两大系统。

(2)物流经营层:通过顾客服务建立战略方向。

物流活动存在的唯一目的是向内部和外部顾客提供及时准确的交货服务,无论交货是出于何种动机或目的,接受服务的顾客始终是形成物流需求的核心与动力。所以,顾客服务是制定物流战略的关键。而且,要执行一项营销战略,必须要考察企业在与争取顾客和保持顾客有关的过程中的所有活动,而物流活动就是这些关键能力之一,可以被开发成核心战略。在某种程度上,企业一旦将其竞争优势建立在物流能力上,它就具有难以重复再现的特色。

(3)物流结构层:物流系统的结构部分,包括渠道设计和设施的网络战略。

企业的物流系统首先应该满足顾客的服务需求,而物流系统的渠道结构和设施网络结构提供了满足这些需求的物资基础。物流渠道设计包括确定为达到期望的服务水平而需执行的活动与职能,以及渠道中的哪些成员将执行它们。渠道体系设计需要在渠道目标的制定,渠道长度和宽度的评价,市场、产品、企业以及中间商因素的研究,渠道成员的选择及职责,渠道合作等方面进行认真分析与判断,因为体系一旦实施,常常无法轻易地改变。

企业物流设施的网络战略要解决的问题有:设施的功能、成本、数量、地点、服务对象、存货类型及数量、运输选择、管理运作方式(自营或向第三方外筹)等。网络战略必须与渠道战略以一种给顾客价值最大化的方式进行整合。涉及和 3PL 提供商的合作,物流网络可能会变得更为复杂,也比传统网络更加灵活,因此,对现有的仓储业务、库存配置方针、运输管理业务、管理程序、人员组织和体系等进行革新是明智之举。

(4)物流职能层:物流战略的职能部分,尤其是运输、仓储和物料管理。

物流战略规划的职能部分主要是对企业物流作业管理的分析与优化。运输分析包括承运人的选择、运输合理化、货物集并、装载计划、路线确定及安排、车辆管理、回程运输或承运绩效评定等方面的考虑;仓储方面的考虑包括设施布置、货物装卸搬运技术选择、生产效率、安全、规章制度的执行等;在物料管理中,分析可以着重于预测、库存控制、生产进度计划和采购上的最佳运作与提高。

(5)物流执行层:日常的物流管理问题。

企业物流战略规划与管理的最后一层为执行层,包括支持物流的信息系统、指导日常物流运作的方针与程序、设施设备的配置及维护,以及组织与人员问题。其中,物流信息系统和组织结构设计是其中最为重要的内容。

物流信息系统是一体化物流思想的实现手段和现代物流作业的支柱。没有先进的信息系统，企业将无法有效地管理成本、提供优良的顾客服务和获得物流运作的高绩效。当今企业要保持竞争力，必须把信息基础结构的作用延伸到需求计划、管理控制、决策分析等方面，并将信息的可得性、准确性、及时性、灵活性、应变性等特点结合到一起，还要注意与渠道成员之间的连接。对于组织一体化、供应链整合、虚拟组织、动态联盟、战略联盟、战略伙伴、企业流程再造、敏捷制造等发生在组织管理领域的变革，需要以全新的思维认识企业，同时，物流管理也要对变革作出积极的反应。一个整合的、高效的组织对成功的物流绩效是重要的。一体化的物流管理并不意味着将分散于各职能部门中的物流活动集中起来，单一的组织结构并非对所有的企业都是适宜的，关键在于物流活动之间的协调配合，要避免各职能部门追求局部物流绩效的最大化。

第二节 物流战略环境分析

一、企业战略环境分析

企业战略环境包括宏观环境、行业环境、企业内部环境和物流体系环境。

1. 宏观环境

宏观环境指的是以国家宏观社会经济要素为基础，结合企业的行业特点而制定的环境影响因素指标，它由社会约束力量构成，主要包括自然环境（原料资源、能源、污染等）、经济环境（购买力水平、消费支出模式、供求状态等）、人口环境（人口的规模及其构成、教育程度、地区间流动等）、技术环境（科技进步等）、政治法律环境（政治体制、法令法规等）和社会文化环境（风俗习惯、观念等）。

2. 行业环境

建立物流系统时，除了要分析物流系统所处的宏观环境，最重要的还要分析一下行业的现状和发展。它是企业必须研究的重要方面，因为它是直接影响物流经营的外部环境。行业环境分析的内容包括：市场的规模与发展，竞争者的情况，技术经济支持情况和新技术、新产品的影响。

3. 企业内部环境

进行了企业外部环境的分析后，基本上完成了知彼的过程，同时，还要做到知己，对企业的内部环境进行分析，包括对企业内部各职能部门和生产要素的分析。对企业职能部门的分析涉及各职能部门的现状及发展，以及各职能部门之间的联系和沟通，其目的是找出制约企业发展的"瓶颈"。对生产要素的分析从纵向出发，打破职能的界限，站在整体发展的高度研究各生产要素对企业的影响，以使之更适合企业总体战略的分析。

4. 物流体系环境

物流体系环境是指构成物流系统的内部环境，主要包括商品产销地理与市场环境、交通运输环境、仓储物流设施环境、物流信息传递处理环境、物流政策与人才环境等。对物流体系环境的认识，有利于充分发挥物流体系的优势，更好地促进物流畅通，为经济发展服务。

二、物流业市场竞争环境分析

1. 来自国外物流企业的威胁

近年来,国际上著名的物流公司看好中国市场,采取合资或独资形式,开始在中国开展物流业务。日本的通运、住友、三菱,澳大利亚的 TNT 和英国的英之杰等公司在上海、北京、广州、武汉等大中城市建立物流机构和货运网络。随着中美互惠海运协定的更新,美国总统轮船公司的 ACS 新成立的中国公司成为第一个获得中国政府认可的可在中国提供全方位物流服务的独资企业;铁行渣华已获准在我国青岛、南京、厦门和广州开设"铁行渣华物流(中国)公司"的分公司。FedEx 和大田公司的合作计划将物流网络建设到中国的每一个乡镇;马仕基物流依托原有的货代网络在沿海 20 多个城市建立物流网络。随着我国加入 WTO 和服务市场的逐步开放,国外物流企业在带来物流专业知识和经验、为客户提供完善的综合物流服务的同时,也会给国内物流市场造成巨大的冲击。

2. 来自国内传统物流业的激烈竞争

中国传统的与物流相关的行业,尽管限于观念和体制等方面的原因,在现代物流的发展过程中明显处于落后状态,但由于其拥有国内绝大多数的物流硬件资源,它们一旦在观念和体制上完成向现代物流的转变,其竞争能力将得到显著加强,国内物流业的竞争将更加激烈。

3. 大型企业自营物流社会化的竞争

大型生产或流通企业自营物流体系的社会化,是中国物流市场上的一支劲旅,如海尔集团成立的海尔物流公司、科龙和中远成立的安泰物流公司。

4. 大型财团投资物流项目所建立的物流企业

随着物流业的兴起,国内大量闲散的、找不到很好投资渠道的资金纷纷投资物流业,如上海南方物流,其本身是以房地产项目投资为主的,现在投资上海南方物流公司。另外像上海实业、华瑞润、华北高速等大型投资商,也将物流作为新的投资重点。这些新加入者给原有的物流公司带来巨大的压力,同时也为物流市场输入了新的血液。

三、21 世纪物流环境的主要特征

20 世纪 90 年代以来,由于科学技术的不断进步和经济的不断发展、全球化信息网络和全球化市场的形成及技术变革的加速,围绕新产品的市场竞争日趋激烈,企业面临的环境更加严峻。在 21 世纪,企业面临的环境有以下几方面的特点。

1. 信息爆炸的压力

大量信息的飞速产生和通信技术的发展迫使企业把工作重心从迅速获得信息转到准确地过滤和有效地利用各种信息。

2. 技术进步的加快

新技术、新产品的不断涌现,一方面使企业受到前所未有的压力,另一方面也给每个企业员工带来巨大的挑战,企业员工必须不断地学习新技术,否则他们将面临由于掌握的技能过时而被淘汰的压力。

3. 高新技术的广泛使用

高新技术在企业中的应用是 20 世纪的主要特色之一,例如自动储存和拣出系统、自动条码识别技术等。虽然高新技术的应用初始投资很高,但它会带来许多竞争上的优势,不仅节省人力、降低成本，更重要的是可以提高产品和服务质量，降低了废品和材料消耗，缩短了对用户需求的响应时间。

4. 市场和劳务竞争的全球化

市场和劳务竞争的全球化在商品市场国际化的同时也造就了一个国际化的劳动力市场，企业在建立全球化市场的同时也在全球范围内也造就了更多的竞争者。

5. 产品研制开发的难度越来越大

那些大型、结构复杂、技术含量高的产品在研制中一般都需要各种先进的设计技术、制造技术、质量保证技术等，不仅涉及的学科多，而且大多是多学科交叉的产物，因此，成功解决产品开发问题是摆在企业面前的头等大事。

6. 可持续发展的要求

维持生态平衡和环境保护的呼声越来越高，资源越来越少，各种资源的短缺对企业的生产形成很大的制约，而且这种影响在未来会更大。在市场需求变化莫测、制造资源日益短缺的情况下，企业如何取得长久的经济效益，是企业制定战略时必须考虑的问题。

7. 全球性技术支持和售后服务

赢得用户的信赖是企业保持长盛不衰的竞争力的重要因素之一。赢得用户不仅要靠具有吸引力的产品质量，而且还要靠售后的技术支持和服务。许多世界著名企业在全球拥有健全而有效的服务网就是最好的证明。

8. 用户的要求越来越苛刻

随着时代的发展，人们消费的价值观发生了显著变化，用户的要求和期望也越来越高，需求结构普遍向高层次发展。现代社会用户需求的特征主要表现：一是对产品的需求呈现多样化、个性化的趋势，而且这种多样化要求具有很高的不确定性；二是对产品的功能、质量和可靠性的要求日益提高；三是要求在满足个性化需求的同时，产品的价格要像大批量生产那样低廉。

四、企业战略环境分析的方法

1. SWOT 分析法

SWOT 分析法是将企业外部环境的机会（O）与威胁（T）、内部条件的优势（S）与劣势（W）列在同一张"十"字形图表中加以对照，这样既一目了然，又可以从内外环境条件的相互联系中作更深入的分析评价。SWOT 分析法是最常用的企业内外环境条件战略因素综合分析方法，见表 2.1。

表 2.1 企业内外环境条件战略因素综合分析

优势（Strong points）	劣势（Weakness）
（1）原有国际物流操作优势（也就是在国际物流的基础操作，如报关、清关、空运、海运、陆运、储存方面的操作优势） （2）物流成功案例与经验 （3）全国领先的网络系统 （4）较强有力的集约化管理系统 （5）与海关、空运等系统的良好关系	（1）与一些超大型企业比，在资产与资金方面与它们有不小的差距 （2）与海运、铁路相关联的大批量货物的物流基础不强 （3）国际网络不很强，有网点，但要建立全球性网络、独自开展全球性物流是远远不够的

续表

机会（Opportunities）	威胁（Threaten）
（1）物流与电子商务高速增长 （2）国内外大型企业需要高水平的物流服务 （3）加入WTO后跨国物流公司需要国内网络的配合	（1）海陆空大运输企业与大商业公司大力扩展物流业务，正在稳步推进 （2）加入WTO后跨国物流公司大举进入 （3）国内大批"翻牌"物流企业涌现在"零部件"领域，形成恶性竞争，导致利润率不断下降

2. 波特的5种竞争力量分析

依照迈克尔·波特的观点，一个行业中的竞争，远不止在原有竞争对手中进行，而是存在着5种基本的竞争力量，即潜在的加入者、代用品的威胁、购买者讨价还价的能力、供应者讨价还价的能力以及现有竞争者间的抗衡，如图2.1所示。

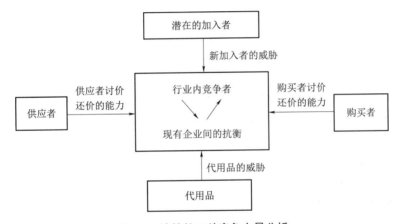

图 2.1 波特的5种竞争力量分析

这5种基本竞争力量的状况及其综合强度，决定着物流行业的竞争激烈程度，决定着物流行业获得利润的最终潜力。

第三节 物流战略方案的制定

设计物流战略方案时，除应对企业的物流战略环境有一个全面的把握以外，还应对企业物流业务进行准确的市场定位，并根据"成本最低、投资最少、服务改善"的物流基本战略目标，对企业的物流成本与服务水平进行权衡取舍，确定目标服务水平，以确保企业市场竞争的优势地位。

一、基于行业竞争的3种基本物流战略方案

著名管理学家杜拉克认为企业管理与企业战略有3个核心问题，这3个问题是：你的业务（产品或服务）是什么——产品或服务定位；谁是你的客户——市场定位；客户认知的价值到底是什么——价值定位（功能-成本优势），如图2.2所示。这是企业战略必须要解决的问题。

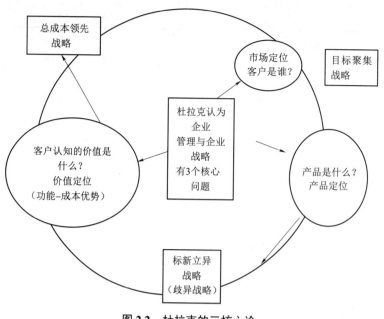

图 2.2　杜拉克的三核心论

为促进公司物流的长期发展，建立有利的市场竞争地位，企业可以根据自身的具体情况与产业环境及其发展态势，制定不同的战略方案。

物流战略根据其目的的不同可以划分为以下几种基本类型。

1. 总成本领先战略

总成本领先战略的核心是采用一系列针对本战略的具体政策在产业中赢得总成本优势。其贯穿于整个战略过程的基本指导思想，即战略方针，是物流成本低于竞争对手。成本领先要求积极地建立起有效规模物流设施体系与具备较高的相对市场份额，即要求有一个覆盖面较宽、效率较高、弹性较大的公共物流服务平台，有众多的服务客户群，另外在经验基础上全力以赴降低成本，抓紧成本与管理费用的控制，以及最大限度地减少研究开发、服务、推销等方面的费用。为了达到这些目标，有必要在物流管理方面对成本控制给予高度重视，同时服务质量、服务水平等也不容忽视。

2. 标新立异战略

标新立异战略就是在企业提供的产品或服务方面标新立异，形成行业范围中具有独特性的东西。在标新立异战略中成本不是首要目标。标新立异可以从设计品牌形象、技术特点、外观特色、经销网络等方面入手，构筑特色。其战略重点是构筑特色、树立品牌。其战略指导思想是利用客户对品牌的忠诚以及由此产生的对价格下降的敏感使公司避开竞争。但标新立异战略实施的服务成本高昂，如研究、开发设计、高质量的材料、周密的服务安排等。

3. 目标聚集战略

目标聚集战略是企业市场定位主攻某个特定的顾客群、某产品系列的一个细分区段或一个地区市场。其战略思想是为某一狭窄的战略对象服务，从而超越在更广阔范围内的竞争对手。目标聚集战略可以通过较好地满足特定对象的需要来实现标新立异，同时在为这一对象服务时可以实现低成本，并在狭窄的目标市场中获得一种或两种优势。表 2.2 所示为 3 种基本战略的比较。

表 2.2 3 种基本战略的比较

战略类型	通常需要的基本技能和资源	基本组织要求
总成本领先战略	持续的资本投资和良好的融资能力；工艺加工技能；对工人严格管理；所设计的产品易于制造；低成本的分销系统	结构分明的组织和责任；以满足严格的定量目标为基础的激励；严格的成本管理
标新立异战略	强大的生产营销能力；满足严格的定量目标；对创造性的鉴别能力；在质量或技术上领先；悠久的产业传统；从其他业务中得到的独特技能组合；得到销售渠道的高度合作	研究、开发和市场营销部门之间密切合作；重视主管评价和激励而不是定量目标；有轻松愉快的气氛，以吸引高技能工人、科学家和创造性人才
目标集聚战略	针对具体战略目标，由上述各项组合构成	针对具体战略目标，由上述各项组合构成

二、目标服务水平的确定

顺利出售服务与产品是企业实现利润的前提。随着我国生产力的发展、供求关系的转变，企业必然将重点由生产转向营销。在这样的市场环境下，物流从业者必然关心如何调整物流管理经营策略以帮助企业实现利润，增强竞争力。而物流行业中与营销关系最密切的就是客户服务水平。根据不同的目标，确定的物流服务水准将有很大不同。

物流服务水准的确定，关键是确定恰当的衡量客户服务水平的指标。下面提出 5 种方案供物流从业者参考：

（1）选择用户最关心的指标。

（2）以满意度表示客户服务水平。

（3）以客户满足率表示客户起点服务水平，比如，"在 5 天期限内，90%的订单能得到满足"是客户可接受的，这就是客户起点服务水平。

（4）以销售收入来衡量。

（5）根据市场占有率的上升速率和利润下降速率指标分析客户服务水平。

当企业通过利润最大化原则确定了利润最大的客户服务水平后，如果以这个服务水平为起点，继续提高服务水平，这时候就要考虑提高客户服务水平后市场占有率上升的速率和利润下降的速率。如果市场占有率上升的速率远大于利润下降的速率，那么可以认为提高服务水平是划算的。

第（1）、（3）种方法简单，易操作，但准确度不高，不能准确、全面地衡量企业的客户服务水平；第（2）、（4）、（5）种方法则刚好相反，相对来说比较准确而全面，但操作起来比较困难。

三、确定目标服务水准要处理好的几个关系

1. 客户服务要求与企业成本支出的关系

在物流运作过程中，物流成本与服务存在强烈的"效益悖反"现象，如图 2.3 所示。

在确定客户服务水平时，不能无原则地以满足客户需求为前提，必须在物流成本支出与客户服务需求之间找到一个比较合理的、双方都比较满意的均衡点，这才能保持物流服务良性运作。要实现物流成本与服务的即时均衡，物流成本核算是必不可少的管理环节，然而我

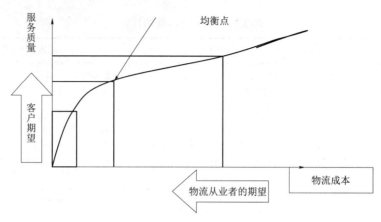

图 2.3　客户服务要求与企业成本支出的关系

国现行的会计制度不利于物流成本的核算，比如说物流成本中物料回运成本是放在货物的购入成本或产品销售成本中核算的，运输成本计入生产成本中，订单处理成本包含在销售费用中，存货持有成本混在财务费用中，要将物流成本从其中剥离出来非常烦琐。由于物流成本难以核算，在建立物流成本与服务水平的函数关系时，可以采集的样本很少，建立函数关系的难度非常大。

2. 处理好目标市场网点设施数量与成本的关系

在企业的目标市场中，随着坐落的设施数量的增加，库存的可得性提高，供货周期也会相应缩短，客户的满足程度可大幅度提高，也就是说，物流服务水平随设施数量的增加而持续改善，但设施数量增加所带来的是企业的库存总成本上升，但设施数量达到一定程度时，物流服务水平的改善效果并不明显，其结果是物流系统总成本上升。因此，在确定客户服务水平时，必须妥善处理其与物流网络设施布置的关系。服务水平与坐落设施位置数及其产生的物流成本的关系如图 2.4 所示。

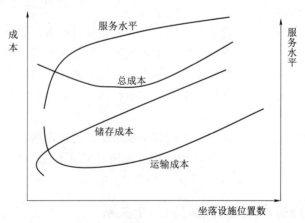

图 2.4　服务水平与坐落设施位置数及其产生的物流成本的关系

四、服务水平持续改进的分析方法——敏感度分析

敏感度分析是指在从最小总成本物流设计导出的起点服务的基础上，通过物流设施数量的变化，改变一个或多个工作周期以及改变安全存货政策等方法对物流系统的基本服务能力

进行修正，从而分析对客户服务需求的满足程度，最终确定公司的物流服务水平。它是物流服务持续改进的有效分析方法，其关键是服务改善的制定以及确认与分析最小成本系统设计。从物流服务网络的角度来看，客户服务水平是由企业网点安全存货政策以及与客户地理邻近的仓库位置决定的。因此，企业的物流服务水平可以通过 3 种方法改进：① 设施数量的修正；② 工作周期的修正；③ 安全存货政策的改变。其原理见表 2.3。

表 2.3 坐落设施位置数/时间间隔内的服务能力的函数关系

坐落设施位置数	按工作周期延续时间分列的满足客户需求的百分比			
	24 h	48 h	72 h	96 h
1	15	31	53	70
2	23	44	61	76
3	32	49	64	81
4	37	55	70	85
5	42	60	75	87
6	48	65	79	89
7	54	70	83	90
8	60	76	84	90
9	65	80	85	91
10	70	82	86	92
11	74	84	87	92
12	79	84	88	93
13	82	85	88	93

第四节 物流战略的实施与控制

物流战略实施的关键是依物流战略目标制定物流战略计划。制定物流战略计划也是物流营运系统设计的依据。物流战略计划有两个方面的内涵：一是对物流长远发展规划的计划与其相应的系统设计；二是对现有的物流系统进行进一步改善，以符合物流战略设计的要求。另外，在制定物流战略计划与组织实施时，还要采取有效的管理与控制手段，使计划实施不偏离预定的战略目标，因此战略评价与控制也不容忽视。

一、物流战略计划的内容

物流战略计划主要解决三个方面的决策问题，即围绕顾客服务水平核心目标对物流设施分布、库存和运输进行决策，如图 2.5 所示。因此设施选址决策、库存决策、运输决策是物流战略计划的主要内容。这些决策问题都会影响企业的赢利能力、现金流和投资回报率，并且每个决策都与其他决策互相联系；制定物流战略计划时必须应用系统工程理论与方法进行有效规划,同时对各决策问题相互之间存在的效益悖反关系也应予以考虑。

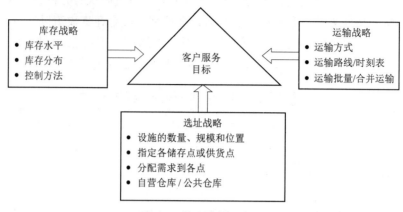

图 2.5　物流决策三角形

1)客户服务目标

企业提供的客户服务水平比任何其他因素对系统设计的影响都要大。服务水平低,可以在较少的存储地点集中存货,利用较廉价的运输方式;服务水平高则恰恰相反。但当服务水平接近上限时,物流成本比服务水平上升得更快。因此,物流战略计划的首要任务是确定适当的客户服务水平。

2)设施选址决策

物流设施分布决定产品从工厂、分销商或中间库存到客户整个商品供应活动的效率和相应的费用,并且生产厂、储存点及供货点的地理分布构成了物流系统规划的基本框架。

其内容主要包括:确定设施的数量、地理位置、规模,并分配各物流设施所服务的市场范围,这样就确定了产品到市场之间的线路。好的设施选址应考虑所有的产品移动过程及相关成本,包括从工厂、供货商或港口经中途储存点然后到达客户所在地的产品移动过程及成本。通过不同的渠道来满足客户需求,如直接由工厂供货、由供货商或通过港口供货,以及经选定的储存点供货等,则会影响总的分拨成本。

寻求成本最低的需求分配方案或利润最高的需求分配方案是选址战略方案的核心所在。

3)库存决策

库存决策指的是货物的库存采取何种管理方式。将库存分配(推动)到储存点与通过补货自发拉动库存,是两种不同的存货管理方式,同时也代表着两种不通的库存战略。采取不同的库存战略决定了物流设施的分布决策。由于企业的具体库存决策将影响设施选址决策,所以必须在物流战略计划中予以考虑。

其他库存方面的决策内容还涉及产品系列中的不同品种是选在工厂、地区性仓库,还是选在基层仓库存放的问题,以及运用各种方法来管理永久性存货的库存水平问题。

4)运输决策

运输决策包括运输方式、运输批量和运输时间以及路线的选择。这些决策受仓库与客户、仓库与工厂之间距离的影响,反过来又会影响仓库选址决策。库存水平的大小也与运输批量与批次有关。

二、基于物流战略实施的系统设计

对物流战略计划的实施，必须对企业的整个物流营运系统进行全面的规划设计，方能使战略得以落实和顺利实施。由于物流系统是由许多子系统组成的，因此还应从战略角度对系统的每一个环节即物流子系统进行规划，并且要注意与企业整体物流规划或其他组成部分相互协调与平衡。

企业物流系统设计，主要是对构成企业物流体系的物流据点的功能及其衔接方式从战略高度进行全面的规划与安排。它具体包括以下内容。

1. 物流网络设计

物流网络设计是通过一系列科学的手段来确定网络设施的形状和位置，以期得到最佳的物流系统。在物流系统中，工厂、仓库、配送中心、物流中心等物流据点和运输路线、运输方式共同组成了物流网络，节点决定着线路，因此物流网络设计的关键是物流设施的选址，即布局位置的确定。如何利用供求的实际需要并结合经济效益等原则在既定区域内设立多少个物流设施、每个物流设施的位置、每个物流设施的规模，以及物流设施之间的物流关系等问题，是物流网络设计要解决的问题。

在确定物流网络设施的布局位置时，可以采用地理信息系统技术、分配集合模型、设施定位模型、网络物流模型等来实现。设施定位模型可用于确定一个或多个设施的位置。

2. 存货与储存功能设计

库存可以缓解生产与销售之间的矛盾，起一个缓冲的作用。同时为了储存和保管货物，需投入大量的资金去营造库房和配置各种设备。此外，在维护和保养货物及货物出入库的过程中，还必须耗费大量的人力。如果把存货量和货物损失等因素考虑进来，那么库存的资金占用量就更为可观。因此，存货与储存功能设计就显得尤为重要。存货与储存功能设计一般来说应考虑以下几个方面。

1）库存作业的基础设施和设备规划

物流基础设施和设备的数量不足、技术水平落后，或者设备过剩、闲置，会影响库存功能的有效发挥。不但库存作业效率低下，而且也不可能对库存物资进行有效的维护和保养。因此，"硬件"的配置应以能够有效地实现库存职能、满足生产和消费者的需要为基准，做到适当、合理地配置仓储设施和设备。

2）存货的设计

存货的设计是对存储货物的摆放方式，存储货物的品种、结构、时间、数量、地点、规模的确定。存货的设计必须考虑存货业务处理方式及服务要求。业务处理采用手工处理方式时，信息处理速度低，且容易出错，利用计算机进行企业存货管理，可发挥计算机信息处理速度快的优势，达到节省人力、降低劳动强度的目的。

3）存货的保管费用以及损耗

存货在物流中停留的时间越短，它的储存成本就越低。以此为出发点，缩短存货停留时间的最有潜力的环节应该是仓储存货阶段。

3. 运输功能设计

运输的主要功能是使实物产品在供应链中移动，并实现增值。在既定设施网络和信息能力的条件下，运输从地理上就对存货进行了定位，运输功能在某种程度上决定了存储功能的设计。

在运输运营功能的设计中，首先要考虑的两条基本原则，就是规模经济和距离经济。规模经济的特点是随着装运规模的增长，每单位重量的运输成本下降，即与承运一宗货物有关的固定费用可以用整宗货物的重量分摊，货物越重，单位重量的成本就越低；距离经济的特点是每单位距离的运输成本随距离的增加而降低，例如货物在 1 000 km 的一次装运成本要低于具有同样重量的货物在 500 km 的两次装运。特别是在运输工具装卸所发生的相对固定费用必须分摊到每单位距离的运费中去时，距离越长，单位距离分摊的总费用就越低。因此，在设计运输方案或运营业务时，这些都是必须考虑的因素，既要满足客户的服务期望，又要使装运的规模和距离最大化。

4. 配送功能设计

配送是集货、配货和送货三部分的有机结合，不仅可以进行远距离配送，而且可以进行多品种货物的配送，不仅可以向工业企业配送主要原材料，而且可以向批发商进行补充性货物的配送等。配送满足的是分散需求，发挥的是集运规模效益。一般来说，必须兴建大型集货场所、加工场所，配备各种拣选、运输和通信设备等，因而投资较大。相对于整个物流系统而言，配送是系统的终端，是直接面对服务对象的部分，最能反映物流系统的服务水平。因此，管理水平对其设施和工艺专业化、现代化程度要求较高。

5. 包装及其设计

包装一般包括商业包装和工业包装，它一方面增加了产品的价值，另一方面也增加了供应链的长度和复杂性，从而增加了成本。

在企业生产活动中，包装设计经常过多地考虑制造和市场营销方面的要求而忽视了物流的要求，这往往使整个物流系统的作业效率受到影响。因此，在包装设计时应尽量实现包装标准化。包装设计应当统筹考虑物流作业、产品设计、生产制造和市场营销等各方面的要求。

6. 流通加工及其设计

流通加工指延伸到流通领域内的各种形式的加工作业，如对流通对象进行剪切、套裁、打孔、分装、掺和、组装等。流通加工是流通主体为了完善流通服务功能、促进销售、方便储运和提高物流效益而开展的一项活动，是一种辅助性的生产作业，它有时部分地改变了加工对象的物理形态和化学性质，但加工的深度和范围有限。流通加工在流通及再生产运动中起到了很大的作用。流通加工能够影响和服务消费，往往通过简单的加工就能够充分实现和增加流通对象的价值，进而给流通企业带来可观的利润。因此，流通加工是企业获得流通利润的重要源泉。

在社会化大生产条件下，流通加工应当呈现出集中作业、连续作业和批量产出的运动状态。要实现其合理化，设计企业物流系统时必须满足以下几条原则：加工点选址正确，布局合理；加工活动要形成一定的规模；加工技术先进，加工成本比较低；采用现代化管理方法和信息管理手段。

7. 装卸搬运及其设计

装卸搬运是处于储存（静态）与运输（动态）之间的过程，装卸搬运的功能就是为存储和运输服务，并实现二者的转换。装卸搬运质量的好坏直接影响到物流系统的绩效，而在现代物流生产率提高的过程中，装卸搬运具有很大的潜力。装卸搬运作业主要集中在仓库、配送中心等设施内部。装卸搬运系统的机械化程度与自动化程度不一样，其作业效率不一样，其成本也有很大差异。对于装卸搬运及其设计,企业必须在效率与经济方面作出科学的决策。

8. 信息处理及其系统集成设计

现代物流区别于传统物流的两大基本特征是信息化和网络化。物流企业要对客户提供全方位的物流服务,必须有使自己的服务网络覆盖用户企业的供应网络、销售网络和生产网络。这里就包括信息网络。另外,信息网络是建立在一系列相关的信息技术的基础之上的,企业重视现代物流信息技术的利用,如连续补货系统、计算机订货系统、商品分类管理系统、配送需求计划管理系统、车辆排程系统、运输跟踪系统、销售预测与计划系统、快速反应系统、电子数据交换系统和条码等技术都属于物流系统集成技术,也是物流管理控制的重要工具。

三、基于战略实施的物流系统改善

当企业的物流系统已经存在时,应该在何时改善其现有的物流营运系统是物流计划方案要考虑的重要问题。物流系统改善一般可以从以下 5 个方面来考虑。

1. 市场的需求

市场的需求及其地理分布直接影响到物流网络系统的构建。一个国家和地区的需求的大幅度变化往往是物流系统需要重建的指示灯。随着需求的变化,对现有物流设施规模的扩大和缩小是必需的,同时在那些没有建设物流系统的地区,由于需求的增长也应该建立相应的物流系统。基本上,若一年中需求持续增长几个百分点便可以考虑重建物流系统。

2. 顾客服务水平

顾客服务水平变化的原因可能是竞争对手的战略发生了变化,也可能是市场发生了变化。

3. 产品特性

物流中的产品特性包括重量、体积、价值和风险。可以在物流过程中通过包装、流通加工等方式改变其特性,从而达到改善服务的目的。

4. 物流成本

若物流成本相对较高,则其进行更新物流计划的频率就高一些,以保持对市场的敏感性。如生产食品或工业化工产品的公司,由于其物流成本较高,所以进行微小的改善便可大幅度降低成本。但对于一些高科技产业,如计算机产业等,由于物流成本在其成本中仅占微小的比重,所以其改善物流系统的动力相对较小。

5. 定价方法

采购或销售产品时定价方法的改变也会对物流计划产生影响。一般企业只关心自己责任范围内所产生的成本,如果一个企业最初的产品定价方法是由顾客来承担运输费用的,那么企业往往会在生产过程用成品仓库来降低成本,但当定价方法改变时,运输成本需要由企业来承担的话,企业不得不考虑运输所产生的成本而重新设计物流系统。

四、物流控制与评价

进行物流战略管理需要制定实施计划方案,但仅仅如此并不能保证预定目标的实现,随着时间的推移,物流环境的动态变化和不确定性可能导致实际绩效偏离计划绩效。为了使绩效与期望目标一致,有必要从管理的另一个基本功能来考虑问题,即管理的控制功能——使计划的执行情况与期望目标一致或使它们保持一致的过程。控制过程就是将实际履行的情况与计划实施情况相比较的过程。

在物流系统中，管理者应根据客户服务目标和成本支出对计划中的物流活动（运输、仓储、库存、物料搬运和订单处理）进行控制。物流控制过程示意如图 2.6 所示。

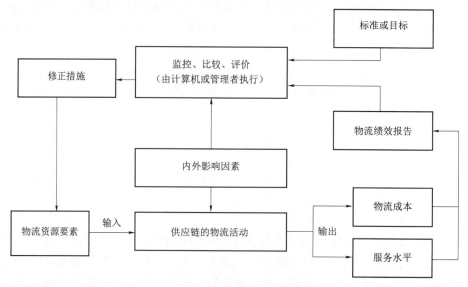

图 2.6　物流控制过程示意

复习思考题

1. 说明物流系统战略的含义、特征及其内容。
2. 试述物流战略与企业战略之间的内在联系。
3. 简述制定物流系统战略的必要性及其原则。
4. 简述物流战略管理的内容。
5. 如何从成本的角度进行物流战略规划？
6. 简述制定物流战略规划时所要考虑的因素。
7. 简述物流系统战略层次和框架的内容。
8. 简述物流战略控制的方法与步骤。

案例分析

7-11 便利店的物流战略

7-11 便利店是现今全球最大的零售网络商，被公认为世界便利店的楷模。7-11 便利店取得的辉煌业绩，除了其先进的经营方式与独特的品牌营销外，支撑其快速发展的另一重要因素就是强大的后方物流支持系统。

作为全球最大的便利店企业之一，7-11 便利店取得今日的辉煌，与其物流体系构建的影响是分不开的。7-11 便利店以区域集中化建店战略和信息灵活应用作为实现特许经营的基本策略之一，以综合考虑生产厂家、批发商、配送中心、总部、加盟店和消费者的整体结构为思考模式，从而发展出一条不建立完全属于自己公司的物流和配送中心，而是凭着企业的知名度和经营实力，借用其他行业公司的物流、配送中心，采取集约配送、共同配送方式的道路，实现自己的特许经营战略。7-11便利店总部的战略经营目标是使7-11便利店的所有加盟单店成为"周围居民信赖的店铺"。这里所说的忠诚度，是通过7-11便利店所特有的三个要素来实现的：首先，只有在7-11便利店能够买到的独特商品；其次，售卖刚制作的新鲜商品；最后，零缺货，即令顾客永不失望地供货。7-11便利店为了确保实现忠诚度所需的三个要素的顺利施行，建立了先进、高效的物流系统，并确定了多个物流战略体系。其实施的物流战略如下：

一是在一定区域内相对集中地开出更多店铺，待这一区域的店铺达到一定数量后，再逐步扩展建店的地区。利用这种办法，不断增加建店地区内的连锁店数量，以缩短商店间的距离，缩短每次配送行走的距离及时间，确保高效的运载量，从而形成提高物流效率的基础，使配送地区合理化。该战略实施后，其所带来的优势及效果非常显著，缩短了每台配送车辆的平均行驶距离和行驶时间，定时配送方式也得以实施。同时，配送时间的缩短大大保证了商品的新鲜度，提供油炸类食品和烘烤面包等快餐食品的店铺明显受到顾客的欢迎。另外这也有效地减少了竞争对手在该区域开店的机会。

二是7-11便利店按照不同的地区和商品群划分，组成共同配送中心，由该中心统一集货，再向各店铺配送。地域划分一般是在中心城市商圈附近35 km，其他地方市场为方圆60 km，各地区设立一个共同配送中心，以实现高频度、多品种、小单位配送。为每个单店有效率地供应商品是配送环节的工作重点。配送中心首先要从批发商或直接从制造商那里购进各种商品，然后按需求配送到每个单店。7-11便利店的共同物流体系并非独自完成，而是由合作的生产商和经销商根据7-11便利店的网点扩张计划，根据其独特的业务流程与技术量身打造的。根据7-11便利店与各生产商、批发商达成的协议，生产商和批发商对各自所在地区内的闲置土地、设施或运转率较低的设施，投资设立共同配送中心，由参加投资的公司共同经营。生产商和批发商将配送业务和管理权委托给共同配送中心，7-11便利店与参加共同经营的生产商、批发商密切协作，以地区集中建店和信息网络为基础，创造独自的系统。共同配送中心的建立，使得7-11便利店商品的周转率达到极高的水平，车辆的装载率和利用率也大幅度提高。共同配送中心的建设使7-11便利店的信息化水平也大为提高。目前7-11便利店总部能充分了解商品销售、在途和库存的信息，7-11便利店开始逐渐掌握整个产业链的主导权。

三是强化温度带物流管理。7-11便利店为了加强对商品品质的管理，体现对顾客负责、顾客第一的企业精神，对物流实行必要的温度管理，按适合各个商品特性的温度配送，使各种商品在其最佳的品质管理温度下，按不同温度带进行物流，最终使畅销的商品以味道最鲜美的状态出现在商店货架上。目前7-11便利店已经实现了全球范围内的不同温度带物流配送体系，针对不同种类的商品设定了不同的配送温度，并使用与汽车生产厂家共同开发的专用运输车进行配送，如蔬菜的配送温度为5℃，牛奶的配送温度为5℃，加工肉类的配送温度为5℃，杂货、加工食品的配送温度为常温，冷冻食品的配送温度为-20℃，冰激凌的配送温度为-20℃，盒饭、饭团等米饭类食品的配送温度为20℃恒温。7-11总部根据商品品质对温度的不同要求，建立了冷冻配送中心系统、冷藏配送中心系统和常温商品配送中心系统。除此之外，7-11便利店在20世纪90年代还建立了独特的新鲜烤制面包加工配送体系。在此系统中，7-11便利店根据区域，按每200间单店配一家面包烤制的流通加工中心，在20世纪90

年代就建设了几十家烤制加工中心。其面包的加工工序中，冷冻在发酵工序之前的面包坯，并将其送至冷冻面包坯的加工中心，加以冷藏；如 200 间单店任何一店向指定的一家烤制面包加工中心发送订货信息，冷冻面包坯加工中心会根据不同的订货量将冷冻的面包坯配送到不同的烤制加工中心，面包烤制加工中心则把烤好的面包送至共同配送中心。共同配送中心接到烤好的面包，就立即将之与米饭类食品混载，向各个单铺进行每天 3 次的配送，以保证烤好的面包在 3～5 个小时内就可以被陈列在货架上。

思考题：

1. 基于行业竞争，企业物流战略有哪三种基本类型？依三种基本物流战略方案的内涵，你认为 7-11 便利店主要采取的是哪两种类型的战略方案？其主要意图是什么？

2. 7-11 便利店总部的战略经营目标是什么？为实施其战略方案，7-11 便利店采取了哪些措施与办法？

3. 7-11 便利店的物流战略对我国特许连锁企业有何启示？

实 训 项 目

实训项目二：请为某一单位设计一个新的物流系统，使其成本降低

实训目的	（1）加深对物流战略内容和方案的理解和掌握； （2）熟练掌握物流战略规划的实施和控制； （3）了解环境对物流战略的影响； （4）加深对物流系统战略规划设计整体的系统分析，合理整理数据。
实训内容	查找资料，根据本章所学知识，完成以下内容的学习和掌握： （1）对这一单位的现状进行调查分析； （2）对所得的数据进行整理和分析； （3）建立合理的方案。
实训记录	
教师评语	
实训成绩	

第三章

物流系统网络规划与设计

教学目标

了解物流系统网络的构成要素和基本结构。掌握物流系统网络规划与设计的步骤和基本方法,并能够针对不同的物流系统对其物流网络进行规划和设计。

学习任务

利用所学知识,对物流系统网络进行规划与设计。

案例导入

宝洁公司乡镇终端网络建设与规划

1999年宝洁公司农村市场推广"ROAD SHOW"结束以后,笔者跟踪执行了宝洁公司乡镇拓展计划的第二步——"乡镇终端网络建设与规划"。在此,将宝洁公司该项工作的建设经验与大家分享,希望能给人们更多的启发和思考。

一、项目策划实施的背景

继乡镇拓展计划之"ROAD SHOW"大篷车计划与"电影夜市"之后,宝洁公司产品已经覆盖了十几个省的数万个乡镇,广大农村消费者对宝洁公司各品牌的产品已经有了初步的认识。经过3年的时间,大部分农村消费者已经试用过了宝洁公司的产品,同时通过对产品进行现场演示与讲解活动,消费者对宝洁公司产品的品质有了更加深入细致的了解。另外消费者已比较成熟,对假货已经有了一定的辨别能力。为了让广大农村消费者都能用到宝洁公司的优质产品,同时帮助当地经销商建设完善的销售网络与销售体系,提高市场占有率,宝洁公司特实施乡镇拓展计划之第二步——"乡镇终端网络建设与规划"。其目的是建立完善的农村网络销售体系,拓宽销售通路,从销售通路上打击假货,帮助经销商提高销量。有关农村市场的调查与分析资料如下(计划选择了湖北荆门为代表区域):

荆门,地处湖北省,毗邻沙市,距武汉有近3小时的路程,在湖北富裕程度中等。其下辖五里、十里等二十几个镇。通过调查分析,乡镇的主要特点如下:

（1）分散性：地域分散，购买力分散，需要企业加强营销网络构建的深度和广度。

（2）差异性：地区间购买水平存在差异，地区间消费环境存在差异，同一地区的不同家庭存在购买力差异。

（3）功能性：乡镇市场目前还基本上处在比较典型的功能性需求阶段，比较注重产品的实际使用价值和物质利益，不太注重产品的附加价值和精神享受。

（4）示范性：（人际）传播仍是农村信息传播的主要方式。尤其是农村当地的舆论领袖和消费典型，在扮演"示范性"方面起着非常重要的作用。

（5）对消费者的初期教育基本完成。

（6）对广告与促销所传达的信息更为敏感。

（7）购买产品时更注重乡亲及店主的口碑效应。

（8）市场无序整合度低。

（9）批发市场混乱，假货横行市场。

综合分析以上各方面的原因，建设乡镇网络计划的时机已比较成熟，在这样的背景下人们进行了为期3个月的测试。

1. 网络建设总体规划及部署

作为世界上最大的日用消费品制造商之一的宝洁公司，它做事有一套独特的方法，讲究科学，防止主观，凡事必须经过精心的测试、科学的论证及周密的部署才能付诸实施。

（1）鉴于农村市场的特殊情况，决定在荆门设办事处，具体负责项目的实施，并与当地经销商配合，利用经销商现有的资源及地域优势，帮助其建立完善的网络系统。货源直接来自当地经销商，记入经销商的销量，这样经销商一方面可以享受乡镇网络资源，又能提高经济收入，会更好地配合工作。

（2）人员方面，在每个乡镇招聘业务员一名，负责本镇小店的业务联系、铺货、店面维护、终端促销等事宜。所有招聘的业务员都必须经过严格的培训，包括产品知识、销售技巧、统一形象等。之所以在本镇招聘，主要是由于业务员来自本乡本土，对本镇的人文、地理非常了解，同时和当地的店主都很熟悉，业务工作自然效率更高，准确性也更高，避免了外地业务员进入本地的交通、住宿、情况不熟等诸多问题。

（3）业务员定期对当地店铺进行拜访，每周至少对每个小店拜访一次，以和店主"搞好关系"，了解他们的经营情况、具体需求、付款信用等，甚至对店主的生日及爱好都必须作详细的访问登记，并如实汇报到测试中心。其总体原则是帮助小店解决问题，使其顺利卖出宝洁公司的优质产品，同时让他们相信，卖宝洁公司的产品更赚钱。所有资料以客户档案的形式进行详细的归类、整理并登记。这也是进行业务分析与市场分析，甚至市场决策的最宝贵的资源及原始依据。

"一切依据科学"是宝洁公司的一贯风格，其在此次策划与执行过程当中得到了淋漓尽致的体现。"文本化""数据化"得到了真正的体现，决策不是一个人或某个人说了算。"科学"在这里不是一句口号。

（4）小店的店主都很"实际"，如果卖你的货却赚不到钱，任凭你说得再好，他也不可能帮助你推销产品。如果能将各个小店的店主联合起来，大家一起做熟市场，则既节省了资源，同时又避免了恶性的竞争。很简单，恶性竞争必将导致价格战，价格战一起，自然有了假货滋生的温床，而假货横行，对正品造成冲击，结果是市场无序，大家都没钱赚。于是，"店主联谊会"这个名词便闪亮登场了。

"店主联谊会"的目的就是整合现有资源，把所有小店店主联合起来，大家一起卖宝洁的正牌产品，这样才有钱赚。"安安稳稳开店，踏踏实实赚钱"，小店店主只要从宝洁公司指定的经销商处进货（而不是从其他渠道），并填写相应的表格登记，签订"店主联谊会会员合同"，就可以成为"店主联谊会"会员，同时在店门口悬挂牌匾及横幅。消费者看到牌匾，可以在这里放心购买宝洁公司的产品。联谊会会员还可以享受宝洁公司的促销及免费的 POP 等各种优惠措施，这由当地业务员统一执行。当然，也有一些"不规矩"的店主，他们"挂羊头卖狗肉"，为了贪图一时利益，购进部分假货出售。对此，业务员会定期巡查，根据培训的几大鉴别假货的绝招，一旦发现联谊会员有卖假货欺骗消费者的行为，马上向测试中心汇报。中心将根据合同，对其进行罚款、警告，甚至取消其联谊会会员资格。没有了宝洁公司的牌匾，明摆着告诉乡亲这里没有宝洁公司的真货可卖，生意自然难做。经过几次整顿，这种现象就没有再发生过。

对联谊会员有两种奖励措施：让利折扣和奖励促销。会员达到一定销量时，根据合同为其粉刷小店，赠送奖品、货架等。同时，对销售额突出的小店，免费为其提供促销服务。在促销服务中，已经过培训的促销队伍，在其店门口进行规范的产品促销与展示。

（5）"工欲善其事，必先利其器"，对于好的想法与策划，如果没有设置科学的职能部门去执行，其效果会大打折扣。为了更好地执行计划，宝洁公司对部门进行了详细的分工，主要职能部门及分工大致如下：

① 宝洁公司市场部负责项目的统筹、监督与策划。

② 荆门测试中心办公室直接对市场部负责，负责项目的策划、执行与实施。

③ 测试中心办公室负责与市场部的沟通，活动过程中产生的各种文本、数据、科学操作规程交由市场部审阅分析。

④ 测试中心办公室设立"订单处理中心""业务管理中心""配送中心""促销中心"四个主要职能部门，它们各自负责的内容如下：

a. 订单处理中心：订单的处理、登记与分析。

b. 业务管理中心：业务员管理、订单管理、客户档案管理、业务公关等。

c. 配送中心：根据订单计划与数量，确定送货路线、时间及进行送货车辆管理。

d. 促销中心："店主联谊会"的组织及活动；对达到促销目标的小店进行促销宣传和粉刷店面服务，送牌匾及开展一系列其他活动。

2. 人员的招聘、管理、培训

人员主要是各个乡镇的有高中以上学历、吃苦耐劳、踏实、头脑灵活的男女青年，每镇挑选一名，待遇采取底薪加提成制，并对每个业务员进行实际业务考核，针对其所在镇的实际情况，根据测试的数据分析，确定该镇每月的目标销量。完成销量者，即可拿全底薪，超过销量者，按相应的销量进行提成，上不封顶。

二、联单

订单管理在整个工作中是非常重要的一环。如何对业务员的订单进行有效管理、分类，并与客户档案装订成统一的客户资料，以便对不同时间、不同地点的客户进行科学分析至关重要。

为了方便管理，将订单分成四联，可以互相核对，主要包括：小店店主一份（颁发奖金及奖励促销的重要依据）、业务员一份（业务成绩的重要依据）、财务部门一份（财务核对的重要依据）、业务部门一份（业务管理、客户分类管理及数据分析的重要依据）。四联单在整个业务动作过程中起着相当重要的作用，它将财务、业务部门、业务员、小店通过文本化的模式有机结合起来，使业务运作科学高效，极大地避免了责任不清与分工不明等情况，为工作的科学性与高效性及文本化沟通模式打下了基础。

业务员对本镇小店店主的订货，采取先填写订单，并由店主及业务员在四联单上签字的形式，统一上报，交由订单处理中心统一处理。测试中心会根据各区订单的具体情况制定配送计划，然后交由业务中心，业务中心登记后交配送中心送货。整个程序简洁明快，避免了沟通及配送等环节上的延误浪费。

产品代码填写起来也不轻松。一个产品的不同型号都有一个代码，绝对不能填写错误，否则会给送货带来麻烦，同时也会给仓库的盘点与核对带来很大的不便，所以对此要求相当严格。一开始业务员经常写错，但在经历了几次培训与考试之后业务员都可以不说产品，只凭货号订货了。

订单是考核业务员成绩的重要标准，包括订单的填写是否规范工整、订单金额的多少、产品代码是否准确无误等都是很重要的评分标准。

三、物流及配送

物流及配送在整个业务流程当中起着枢纽的作用。二十几个镇的配送任务绝不是一件轻松的事，如果在配送方面做不好，小店可能会对公司失去信心，工作成果也会大打折扣。

公司将两辆订制的五十铃1.5 t货车车厢改装成封闭的形式，同时在车厢上贴满了宝洁公司的产品及标志，包括潘婷、飘柔、佳洁士牙膏等十几个品牌、几十个品种。车子到各镇送货时很抢眼，这一方面做了流动性宣传，同时也提高了宝洁公司的企业形象。公司车子送去的货，乡里乡亲都信得过。

镇上的每一名业务员都配备一辆"宝洁公司送货专用"自行车，自行车漆有宝洁公司的标准色及标志。业务员用自行车将订单分发到各个小店。

四、促销

促售对于激励店主进货及促进消费者购买作用很大。在农村，每一次促销或者免费派发，都能取得良好的效果。促销的要点如下：

（1）信息传达：必须让更多消费者事先了解促销的时间、地点、内容等。传达可以通过海报、广播等形式进行。

（2）事先踩点：选定一个合适的促销场所，并进行相关的登记。

（3）促进现场气氛，让农村消费者喜闻乐见。

（4）因地制宜，不可千篇一律。

（5）在促销现场要让更多的消费者参与，拉近公司与消费者的距离。

（6）产品现场演示必不可少，通过对比的方式，让演示效果一目了然。

（7）了解当地消费者的生活与工作环境，农忙时不宜搞促销。

经过三个月的测试，宝洁公司基本掌握了一套成功的运作模式，包括网络建设投入、回报、管理、规划及全面拓展等，建设农村市场终端网络所需的时间及何时可以赚钱已经心中有数。继此次测试之后，宝洁公司乡镇拓展的第三步计划正在紧锣密鼓地进行，那就是"乡镇菜市场展示计划"。

随着人类社会发展的信息化、高科技化和全球化，物流已受到各国政府、学者和管理者的高度重视，并已成为当今社会经济活动的重要组成部分。物流系统网络是从网络的角度研究物流，这是物流研究的新视角。人们熟悉的网络是计算机网络，它是指在一定区域内，两台或两台以上的计算机通过连接介质，按照要求进行连接，以供用户共享文件、程序、数据等资源的一种组织形式。除此之外，还有交通运输网络、区域经济网络等。从概念上讲，它们具有相似性，但物流系统网络还具有其独特性。

第一节　物流系统网络概述

一、物流系统网络的内涵

物流系统网络，简称物流网络，就是由多个节点和联系节点的线路共同构成的网状配置系统，即把物流系统抽象为由节点（nodes）和链（links）连成的网络。网络中的"链"代表不同库存点之间货物的移动。这些储存点（零售店、仓库、工厂或供应商）就是节点。任意一对节点之间可能有多条链相连，代表不同的运输形式、不同的路线。节点也代表那些库存流动过程中的临时停靠点，如货物运送零售店或最终消费者之前短暂停留的仓库。

1. 节点类型

在各个物流系统中，节点起着若干作用，但随整个系统目标的不同以及节点在网络中地位的不同，节点的主要作用往往不同。根据这些主要作用节点可分成以下几类：转运型节点、储存型节点、流通型节点、综合型节点，见表3.1。

（1）转运型节点：其是以接连不同运输方式为主要职能的节点。铁道运输线上的货站、编组站、车站，不同运输方式之间的转运站、终点站，水运线上的港口、码头，空运中的空港等都属于此类节点。一般而言，由于这种节点处于运输线上，又以转运为主，所以货物在这种节点上的停滞时间较短。

（2）储存型节点：其是以存放货物为主要职能的节点，货物在这类节点上的停滞时间较长。在物流系统中，储备仓库、营业仓库、中转仓库、货栈等都属于此类节点。

表3.1　物流节点的类型

类别名称	主要职能和特点	说明
转运型	处于运输线上，连接不同的运输方式，以进行大批量货物中转为主要职能，货物停滞时间较短	铁路线上的货站、编组站，水运线上的港口、码头，空港，公路主枢纽，联运站等都属于这类节点
储存型	以存放、储备货物为主要职能，货物在这类节点上停滞时间较长	储备仓库、营业仓库、货栈等都属于这类节点
流通型	以组织物资在系统中的运动为主要职能的节点，在社会系统中则是一种以组织物资流通为主要职能的节点	现代物流中的流通仓库、物流中心、配送中心就属于这类节点
综合型	在一个节点上实现两种以上的主要功能，并且并非独立完成各自的功能，有完善的基础设施，是有效衔接和协调作业的集约型节点	物流园区、物流基地和大型物流中心属于此类节点，这种节点是适应物流规模化、集成化和社会化的要求而出现的，是现代物流系统节点发展的方向

尽管不少发达国家的仓库职能在近代发生了大幅度的变化，一大部分仓库转化成不以储备为主要职能的流通仓库，甚至流通中心，但是，在现代世界上任何一个有一定经济规模的国家，为了保证国民经济的正常运行、企业经营的正常开展、市场的流转，以仓库为储备的物流节点形式仍是不可缺乏的，总还是有一大批仓库仍会以储备为主要职能。在我国，这种类型的仓库还是占主要成分。

（3）流通型节点：其是以组织物资在系统中的运动为主要职能的节点，在社会系统中则是以组织物资流通为主要职能的节点。现代物流中常提到的流通仓库、流通中心、配送中心就属于这类节点。

需要说明的是，各种以主要功能分类的节点，都可以承担其他职能而不完全排除其他职能。如转运型节点，往往设置有储存货物的货场或站库，从而具有一定的储存功能，但是，由于其所处的位置，其主要职能是转运，所以按其主要功能将其归入转运型节点之中。

（4）综合型节点。

在物流系统中其是集中于一个节点中全面实现两种以上的主要功能，并且在节点中并非独立完成各自的功能，而是将若干功能有机结合于一体，有完善设施、有效衔接和谐调工艺的集约型节点。这种节点是适应物流大量化和复杂化，适应物流更为精密准确，在一个节点中要求实现多种转化而使物流系统简化、高效的要求出现的，是现代物流系统中节点发展的方向之一。

2. 节点的功能

（1）衔接功能。物流节点将各个物流线路联结成一个系统，使各个线路通过节点变得更为贯通而不是互不相干，这种作用称为衔接作用。衔接作用可以通过多种方法实现，主要有：通过转换运输方式衔接不同运输手段；通过加工衔接干线物流及配送物流；通过储存均衡不同时间的供应物流和需求物流；通过集装箱、托盘等集装处理衔接整个"门到门"运输，使之成为一体。

（2）信息功能。物流节点是整个物流系统或与节点相接的物流信息的传递、收集、处理、发送的集中地，这种信息功能在现代物流系统中起着重要的作用，也是将复杂的物流诸单元联结成有机整体的重要保证。 在现代物流系统中，每一个节点都是物流信息的一个点，若干个这种类型的信息点和物流系统的信息中心结合起来，便成了指挥、管理、调度整个物流系统的信息网络，这是一个物流系统建立的前提条件。

（3）管理功能。物流系统的管理建设实施和指挥机构往往集中设置于物流节点之中，实际上物流节点大都是集管理、指挥、调度、信息、衔接及货物处理为一体的物流综合设施。

（4）配套功能。物流节点还为车辆停靠、金融生活、工商、税务、海关提供一些配套和辅助服务。

和物流系统网络配合的还有物流信息网络、物流组织网络和物流基础设施网络。其中，物流信息网络是物流系统网络运作的重要技术支撑，包含了关于销售收入、产品成本、库存水平、仓库利用率、预测、运输费率及其他方面的信息。信息网络中的链由两点之间的信息构成。信息网络中的节点则是不同的数据采集点和处理点，如进行订单处理、拣选、备货和更新库存记录等。物流组织网络是物流运行的组织保障；物流基础设施网络是物流系统网络高效运行的基本前提。而物流系统网络是相对综合的概念，是基于互联网的开放性、资源共享性，运用网络组织模式构建起来的新型物流服务系统。

二、物流系统网络的构成要素

物流系统网络的结构是指产品从原材料起点到市场需求终点的整个流通渠道的组成形式,包括物流节点的类型、数量、位置,节点上资源的数量、种类,节点所服务的客户群体,节点之间的铁路的负载能力、物理特性以及节点之间所采取的运输方式等。

1. 厂商

厂商即供应商,处于物流系统网络的起点,由于物流系统网络的核心功能就是实现原材料或产品从产地到消费者之间的空间转移,因此厂商的分布情况对整个物流系统网络结构起着至关重要的作用。例如,在厂商分布集中和厂商分布分散两种情况下,所要求的物流节点的位置、数量以及运输线路,运输方式等就会不同,因此对应的物流系统网络就会出现很大差别。

厂商分布与物流系统网络结构相互制约。当大规模的厂商分布既定的时候,物流系统网络结构往往会把厂商分布作为一个约束条件;而当物流系统网络初具规模的时候,新的厂商在选址时则会把已有的物流系统网络作为约束条件。

2. 客户

客户作为物流系统网络的终点,与物流系统网络试点的厂商相对应,也是物流系统网络的重要组成部分。客户既是物流系统网络结构的一部分,也是物流系统网络服务的对象。客户自身的特点和分布特征直接决定着物流系统网络的内部结构。所以说物流系统网络是客户的导向系统,是高效评价能否为物流客户提供所需服务的系统。

3. 物流节点

物流节点是物流系统中货物运往最终消费者过程中临时经过停靠的地方。物流节点的种类很多,在不同线路上节点的名称各异,这是受物流学科形成之前,交通运输、外贸、商业等领域各自发展的影响而形成的行业性叫法。物流节点按照主要功能的不同可分为转运型节点(如铁路货站、水运码头、航空空港)、储存型节点(如营业仓库、中转仓库、储备仓库等)、流通型节点(如流通仓库、加工中心、配送中心、集货中心、分货中心、物流中心、物流园区等)和综合型节点。应根据不同物流节点的功能和规模,确定合适的物流节点配置,为物流系统网络功能的实现提供支撑。

4. 物流线路

厂商、物流节点和客户构成了物流系统网络的主要框架,要想使这些要素形成一个系统网络,必须有效地把它们连接起来。这些节点之间的实体连接需要通过物流线路来实现。物流线路广义上指所有可以行驶和航行的陆上、水上、空中路线,狭义上仅指已经开辟的、可以按规定进行物流经营的路线和航线。物流线路有以下几种类型:铁路线路、公路线路、海运线路和空运线路。

5. 信息系统

在物流网络各节点之间不仅存在产品实体的流动,而且存在大量物流信息在节点之间的传递。在物流系统网络内,物流信息的及时传递、共享以及信息的处理都对整个物流系统的效率产生重要影响。在构建物流系统网络构架时,既要考虑有形的硬件节点建设,也要考虑无形的信息网络体系建设。只有有了物流信息管理体系的支持,物流系统网络才能够真正被激活,真正发挥效用。

6. 物流网络组织

在进行物流网络资源配置时不仅要考虑节点配置,还要考虑人力资源的配置与组织管理配置。只有建立一套好的组织管理和运行机制,物流系统网络才能实现持续良好运转。如果把物流系统网络比作人的生理系统,那么就可以把厂商、客户、物流节点、物流线路看作人体的骨架和器官,把物流线路和信息传递看作人体的血液循环系统和神经系统,把物流系统网络管理看作人体的调节系统,它们既有明确分工,又相互协作,共同构成物流系统网络。

第二节 物流系统网络的结构

物流系统网络的结构是物流网络运行的基本框架,物流系统网络的结构模式则是指物流网络框架的主要构成内容。在物流系统网络体系中,物流中心和配送中心往往影响着核心节点的构建和布局的合理与否,决定着物流系统网络的效率。

1. 单核心节点结构

单核心节点结构是指在物流网络体系中只有一个节点存在,该节点同时承担物流中心与配送中心的职能。在该物流系统网络覆盖的区域,绝大多数物流活动都是通过该核心节点实现的。在这种结构模式中,物流中心同时承担着信息中心的角色,所有的物流信息都汇集到这里进行进一步的传递和处理。

在这种物流系统网络结构模式中,物流的大量活动都发生在该节点,而且没有物流中心与配送中心的明确划分,厂商与客户的物流活动极大地依赖于核心节点来完成。物流活动大致经过如下过程:厂商→核心节点→客户。这种网络结构模式将会越来越不适应需要。单核心节点物流系统网络结构如图 3.1 所示。

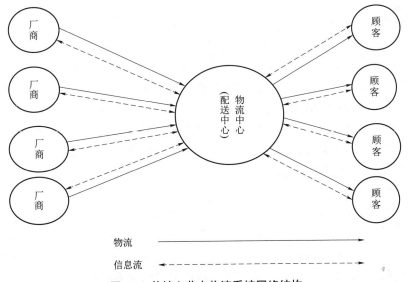

图 3.1 单核心节点物流系统网络结构

2. 双核心节点单向结构

双核心节点单向结构是指物流系统网络体系中存在两个核心节点,即物流中心和配送中心,物流中心更多地侧重于为供应链上游厂商提供服务,而配送中心则更多地侧重于为供应链下游客户提供服务。物流中心和配送中心不但是物流活动的核心，而且大量的物流信息也汇集到核心节点，进行进一步的有效传递。

在该物流系统网络结构中，主体物流活动发生在两个核心节点之间，物流活动经过如下过程：厂商→物流中心→配送中心→客户。这种物流系统网络结构模式广泛存在于一些范围较大的经济区。一些大型企业的物流活动往往也通过这种模式实现。双核心节点单向物流系统网络结构如图 3.2 所示。

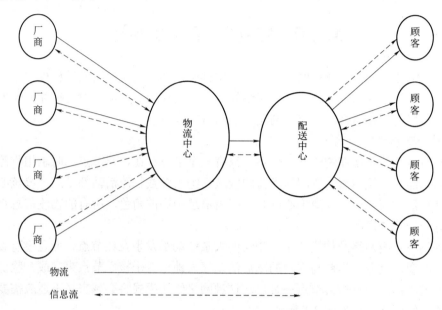

图 3.2　双核心节点单向物流系统网络结构

3. 双核心节点交互式结构

双核心节点交互结构与双核心节点单向物流系统网络结构非常接近，但二者又存在明显的区别。在双核心节点交互结构模式下，无论是物流还是信息流都是双向的，也就是说，该物流系统网络中的每一个节点同时承担双重功能，即物流中心和配送中心。随着环境的变化，两个核心节点的功能会发生调换。在该结构模式下，物流活动的实现过程如下：厂商→物流中心→配送中心→客户。在该模式下，交互式体现为随着环境与厂商和客户需求的变化，物流中心与配送中心的功能会对调，或者说，物流中心和配送中心都同时具备双重功能。双核心节点交互式物流系统网络结构如图 3.3 所示。

4. 双核心节点结构

在现实的物流系统网络中，可能不仅存在一个或两个物流核心节点，而是多个核心节点同时存在，绝大多数物流活动都是通过这些节点完成的。多核心节点物流系统网络结构的原理和上述几种模式没有本质的区别，只是上面几种物流系统网络模式的加大或叠加。在范围比较大的经济区域或大型企业内，一般采用多核心节点物流系统网络结构。

物流系统网络中的信息流是物流相关信息的流动，在上述物流系统网络结构模式中，物流和信息流往往是同时、同向发生的。在物流系统网络中，为了提高物流系统网络的效率，往往把物流和信息流分离开来，形成信息流-物流双平台物流系统网络结构，如图 3.4 所示。

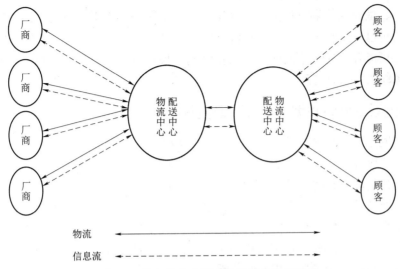

图 3.3 双核心节点交互式物流系统网络结构

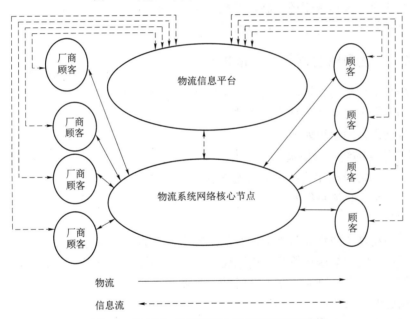

图 3.4 信息流–物流双平台物流系统网络结构

物流系统网络结构模式无优劣之分,每种模式适用于不同的环境。多数物流系统网络往往不是以一种单一模式存在的,而是多种模式混合在一起,或者多种模式叠加在一起。

第三节 物流系统网络的规划与设计

物流系统网络的规划与设计就是确定产品从供货点到需求点流动的结构,包括使用什么样的节点、节点的数量、节点的位置、如何给各节点分派产品和客户、节点之间使用什么样的运输服务,以及如何进行服务。

物流系统网络规划的结果是一个抽象的产品流动网络,可以由基层仓库供给需求,也可以直接由工厂、供应商或港口供给。而基层仓库又由地区仓库供给，或直接由供货点供给。货运网络结构可以有多种形式，根据流经网络的产品的不同，企业的货运网络可以更复杂或更简单，甚至可能存在完全不同的货运网络结构。换句话说，一个企业的产品流动可以有不止一个物流系统网络设计方案。

一、物流系统网络规划与设计的必要性

物流系统网络是一种复杂网络，规模庞大，结构复杂，目标众多，动态多变，跨越时空，涉及众多行业，既要满足社会需求、节能环保，又要经济合理、节约物流总成本，这些都对物流系统网络规划与设计提出了新的挑战。

（1）现代物流系统网络环节众多，涉及面广，许多环节之间还存在"效益悖反"现象，这就需要一个全面、系统、综合的物流规划，对其进行必要的统筹安排。

（2）物流系统网络的建设投资规模巨大，为防止盲目投资导致的低水平重复，需要以物流系统网络规划与设计为指导，提高物流系统网络的投资效益。

（3）我国物流业整体水平还不高，要想有一个比较好的发展基础，实现跨越式发展，也需要有物流系统网络规划与设计的有力指导。

二、物流系统网络规划与设计的内容

物流系统网络规划与设计的目的就是实现物资的空间效益和时间效益，在保证社会再生产顺利进行的前提下，实现各种物流环节的合理衔接，并取得最佳的经济效益。使物流利润最大化和服务最优化的途径如下。

1. 节点与线路的统一与协调

物流节点与线路的相互关系，相对配置以及其结构、组成、联系方式的不同，形成了不同的物流系统网络。物流系统网络的水平高低、功能强弱则取决于两个基本元素的配置和两个基本元素本身。

物流全部活动是在线路和节点上进行的。其中，在线路上进行的活动主要是运输，包括集货运输、干线运输、配送运输等，而包装、装卸、保管、分货、配货、流通加工等都是在节点上完成的。实际上，物流线路上的活动也是靠节点组织和联系的。如果离开了节点，物流线路的运动必然陷入瘫痪。

因此，要依据线路和节点的不同功能，进行有效的分工和协调，形成统一的、一体化的运作系统，以保障物流系统输出的最大化。

2. 空间（地理）设计问题

物流系统网络规划与设计就是确定产品从供货点到需求点流动的机构，包括使用什么样的设施、设施的数量、设施的位置、分派给各设施的产品和客户、设施之间应使用什么样的运输服务、如何进行访问。

物流系统网络设计的问题包括空间设计和时间设计两个方面的内容。空间或地理设计问题是决定各种节点（如工厂、仓库、零售点）的地理位置。确定各种节点的数量、规模和位置时则要在客户服务要求和成本之间寻求平衡。这些成本包括生产采购成本、库存成本、设施成本（存储、搬运和固定成本）和运输成本。

3. 时间（时期）设计问题

物流系统网络规划的时间或时期问题是一个为满足客户服务目标而保持产品的问题。通过缩短生产、采购订单的反应时间或者通过在接近客户的地方保有库存可以保证一定的产品可得率。如制造企业在物流系统网络设计的时间问题上，首先要考虑的因素是客户得到产品的时间，在满足客户服务目标的同时平衡资金成本、订单处理成本和运输成本，从而决定产品的物流系统网络的方式。而以时间为基础的物流系统网络决策也会影响物流设施的选址和数量。

对于高层管理者来讲，网络结构问题非常重要。重新设计物流系统网络往往能使物流总成本每年节省 5%～15%。惠而浦公司每年的物流成本高达 15 亿美元，一年节省 10%就是 1.5 亿美元。从该数字不难看出为什么网络重组在规划问题中位居前列。当然，除了降低成本外，网络设计也有助于改善客户服务，提高企业的竞争力。

4. 战略性物流系统网络规划需要解决的问题

战略性物流系统网络规划通常需要解决以下几方面的问题：顾客服务水平、选址决策、库存规划、运输管理、计划区域内应建立的物流系统网络节点数、节点位置、节点规模等。设计物流系统网络结构时需要确定承运物流工作所需的各类设施的数量和地点，它还必须确定每一种设施怎样进行存货作业和储备多少存货，以及安排在哪里对顾客订货进行交付，如图 3.5 所示。

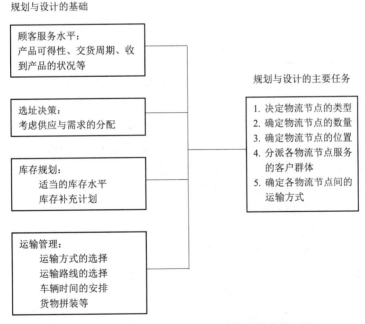

图 3.5　战略性物流系统网络规划需要解决的问题

三、物流系统网络系统规划与设计的原则

为了达到物流系统网络节约社会资源、提高物流效率的目标，在进行物流系统网络构建时要遵循一些原则。

1. 按经济区域建立网络

物流系统网络的构建不仅要考虑经济效益，也要考虑社会效益。考虑经济效益就是通过建立物流系统网络降低综合物流成本。考虑社会效益是指物流系统网络有利于资源的节约。

在一个经济区域内，各个地区或企业之间经济上的关联性和互补性往往会比较大，经济活动比较频繁，物流规模总量较大，物流成本占整个经济成本的比重大，物流改善潜力巨大。因此，在经济关联性较大的经济区域建立物流系统网络非常必要，要以整个经济区域的发展来考虑构建区域物流系统网络。例如我国的长三角经济区域，全面构筑多层次的综合物流系统网络，合理规划各类物流园区，加快构建现代物流信息系统，完善物流通道网络，加速形成铁路、高速公路、水运、航空并举的现代化的物流系统网络体系。

2. 以城市为中心布局网络

作为厂商和客户的集聚点，基础节点建设和相关配套支持比较完备，作为物流网络布局的重点，可有效地发挥节省投资和提高效益的作用。因此，在宏观上进行物流系统网络布局时，要考虑物流系统网络覆盖经济区域的城市，把它们作为重要的物流节点。在微观上进行物流系统网络布局时，要考虑把中心城市作为依托，充分发挥中心城市现有的物流功能。例如"十二五"期间，围绕山东物流业提质增速的总体目标，人们重点发展五大物流区域：以青岛为核心的港口群物流区域、以济南为核心的鲁中物流区域、以临沂为核心的鲁南商贸物流区域、以德州为核心的鲁北物流区域和以济宁为核心的鲁西南物流区域。重点建设济南、青岛两个国家级物流节点城市，将济南建设成承接国家物流通道的陆路中转物流中心城市；发挥以青岛港为龙头的港口群带动作用，建成服务全国、服务山东多式联运结合的国家级物流节点城市。

3. 以厂商聚集形成网络

聚集经济是现代经济发展的重要特征，厂商聚集不仅可降低运营成本，而且将形成巨大的物流市场。物流作为一种实体经济活动，与商流存在明显的区别。物流活动对地域、基础节点的依赖性很强，因此，很多企业把生产基地设立在物流系统网络的中心。例如，美国很多大规模的跨国公司总部坐落在小城市，大量的商流活动发生在小城市。天津经济技术开发区就汇集了很多跨国公司的生产中心，形成了巨大的物流市场。所以在进行物流系统网络构建时，需要在厂商物流集聚地形成物流系统网络的重要节点。

4. 建设信息化的物流系统网络

物流信息系统作为物流系统网络的一个重要组成部分，发挥着非常重要的作用。现代企业物流信息化，是适应经济全球化与市场一体化的要求，充分运用信息化手段和现代化方式，对物流市场作出快速反应，对资源进行快速整合，并使物流、资金流和信息流最优集成的新的管理模式和手段。物流系统网络的要素不仅指物流中心、仓库、节点、公路、铁路等有形的硬件，更主要的是指物流信息系统通过物流系统网络信息平台搭建的软件系统。物流系统网络效率的提高，离不开物流信息的及时共享和对物流活动的实时控制。科学、完善的物流信息系统将会把物流活动的效率提高 3~8 倍，甚至更高。

四、物流系统网络规划与设计的步骤

物流系统网络规划与设计，基本上都是以追求最低物流总成本与最大顾客满意度为出发点的，同时兼顾成本与服务水平，从整合物流的角度来规划整体的物流设施网络。因此物流系统网络的规划的方法是根据物流设施、存货、运输与服务水平之间的相互关系，找出彼此之间的约束与联系，采用数学的方法与原理，求得最优解。

物流系统网络规划与设计是一个复杂反复的过程。一般战略性和综合性的物流系统网络设计过程需要以下几个步骤。

1. 组建物流系统网络规划与设计团队

（1）团队的成员。在物流系统网络规划与设计之初，重要的是成立对其过程各个方面负责的物流系统网络再造团队。团队的成员包括企业的高层管理人员、物流专家、物流经理、生产和销售部门的相关人员等。参加人员必须了解企业的总体发展战略、企业的根本业务需要、企业所参加的供应链。

（2）团队的任务。同样重要的是，团队成立后有其艰巨的任务。团队要制定出物流系统网络设计的目标评价参数，同时要考虑使用物流外包，如第三方物流供应的可能性，以充分利用外部提供的物流系统网络解决方法和物流资源。例如，高层管理者的了解，对于总体再造过程的有效进展非常重要。资金、人员、系统这些需要资源相关性的问题，也必须在此过程的早期为人所了解。另一个需要考虑的是，物流服务的第三方具有使企业物流目标实现的潜能。这种考虑非常重要，因为它将拓宽物流系统网络设计团队的视野，将来自外部的物流系统网络解决方案或适当的物流资源一同纳入考虑的范围中。

2. 物流系统网络的数据收集

物流系统网络的构建和规划需要大量的数据作为决策依据，在数据选取的侧重方面，数值不同，物流系统网络构建的内容和模式也会有差异。

物流系统网络规划所需的数据清单包括各个节点资料的收集。物流系统网络规划需要一个包罗万象的货运数据库，尽管有些货运数据专门用于某些特殊的物流系统网络结构问题，但数据库的大部分数据都是通用的。总的看来，在进行规划之前，首先要收集如下信息：产品线上的所有产品清单，顾客，存货点，原材料供应源的地理分布资料，各区域的顾客对每种产品的需求量，运输成本和费率，运输时间，订货周期，订单满足率，仓储成本和费率，采购、制造成本，产品的运输批量，网络中个节点的存货水平以及控制方法，订单的频率，批量，季节波动，处理成本与发生这些成本的物流环节，顾客服务目标，在服务能力限制范围内设备和设施的可用性，产品配送模式。

3. 方案的提出

在数据收集好之后，需要利用各种定量、定性的方法建立恰当的模型，进行节点规划选址分析，提出物流系统网络规划的方案。利用可行的评估方法或准则，对以上求出的多组可行解进行评估，将各可行解进行排序，以选取最适合的规划方案。当然，方案之间不能仅仅依靠经济分析比较，还要考虑每种方案对顾客服务水平所创造的收益与相应的物流总成本之间的差距，以获得最大的利润贡献。在得出结论后，就要制定各主要步骤的时间进度，包括从现有系统向未来系统转换的执行时间表等。

4. 方案的执行实施

物流系统网络规划与设计的总体方向一旦确定，有效的执行方案就变得非常重要。这是物流系统网络规划与设计的最后一个步骤，在方案的实施过程中要不断地收集信息资料，若发现问题，及时将具体实施过程中的问题汇总到管理层和物流规划设计团队，以期得到修正。

五、物流系统网络规划与设计的方法

在实际工作中,对物流系统网络规划与设计方案进行评价时,由于其涉及的因素多、专业性强,且规划与设计评价的因素中除了部分规划指标是定量的以外,其余均为定性因素,要将这些复杂的定性因素纳入整个评价体系,统一比较量化,确定比较评定结果,一般开发人员,甚至专家也会感到非常困难。但随着计算机技术的发展,许多问题也能够得到解决。常用的方法如下。

1. 德尔菲法

在物流系统网络规划与设计的过程中,除了用定量的方法外,采用德尔菲法,将使结论更科学、更符合实际。

德尔菲法(Delphi Method)是一种常用的主观、定性的方法,不仅可以用于技术预测领域,而且可以广泛应用于各种评价指标体系的建立和具体指标的确定过程。它的实质是利用专家的知识和经验,对那些带有很大模糊性、较复杂且无法直接进行定量分析的问题,通过多次填写征询意见表的调查形式取得侧定结论的方法。该方法具有匿名性、反馈性、统计性等特点,调查过程中通过对专家意见的统计、分析,充分发挥信息反馈和信息控制的作用,使专家通过比较分析,修改意见,从而使分散的评价逐渐接近,最后集中在比较一致的评价结果上。

2. 解析法

解析法是通过数学模型进行物流系统网络规划与设计的方法,是对多种定量的数学方法的一个统称。在物流系统网络规划与设计中,使用解析法首先要根据问题的特征、外部条件和内在联系建立数学模型或图解模型,然后对模型进行求解,从而获得最佳的规划与设计方案。但是对于一些复杂的问题,建立合理的数学模型非常困难,求解也很不易。因此,在物流系统网络规划与设计中,不仅需要掌握物流系统的知识,还要有很强的数学和计算机功底,这也是解析法在实际应用中受到限制的原因。

3. 模拟法

物流系统网络规划与设计中的模拟法是指对实际问题以数学方程和逻辑语言作出对物流系统的数学表述,在计算机的帮助下,通过模拟计算和逻辑推理确定最佳设计方案。解析模型寻求的是最佳的仓库数量、最佳的位置、最佳的仓库规模等,而模拟模型试图在给定多个方案的条件下反复使用模型找出最优的网络设计方法,分析结果的质量和效率取决于使用者选择分析时的技巧和洞察力。因此,使用模拟法的效果取决于分析者预定的组合方案是否接近最佳方案,这也是该方法的不足之处。

4. 启发式方法

启发式方法是一种逐次逼近最优解的方法,是相对模拟方法而言的。这种方法要求对所求的解进行反复判断、修正,直到满意为止。它有助于问题的缩减,使得管理规模清晰,方案组合个数减少,并能在各种方案中进行自动搜寻,以发现更好的解决方案。虽然启发式方法不能保证一定能得到最优解,但只要进行适当处理,还是可以得到令决策者满意的近似最优解。

物流系统网络规划与设计的各种方法的适用范围和解法不同,所以模型也不尽相同,但都需要技术人员分析、研究,从而得出更有价值的结果,帮助管理层作出更好的决策。

第四节 物流系统网络的组织设计

一、物流系统网络组织设计的原则

在组织建立物流系统网络的过程中，应从具体情况出发，根据物流系统管理的总体需要，遵循管理学中组织设计的一般原则——有效性原则、统一指挥原则、合理管理幅度原则、职责与职权对等原则、协调原则等，最终使其成为一个有秩序、高效率的物流网络组织体系。

1. 有效性原则

有效性原则是物流系统网络组织设计原则的核心，是衡量物流系统管理的总体需要。有效性原则要求物流系统网络的组织设计必须是有效率的，这种效率表现为组织内部各部门均有明确的职责范围。节约时间，节约人力，充分发挥管理人员和业务人员的积极性，使物流企业能够以最少的支出费用实现目标，使物流工作者都能在实现目标中做出贡献。

物流系统网络组织设计的成效最终表现在实现目标的总体成果上。有效性原则贯穿于物流系统网络组织的动态过程中，从而使得系统过程的管理效率、工作效率和信息传递效率有效合理进行。在物流系统网络组织的运行中，组织结构要反映物流管理的目标和规划，要能适应企业内部条件和外部环境的变化，也要改善物流系统网络的机构设置。所有这些选择，都要在物流组织网络中保证目标实现，有力推进物流合理化实行。

2. 统一指挥原则

统一指挥原则是建立物流管理指挥系统的原则，其实质是建立物流系统网络组织的合理纵向分工，设计合理的垂直机构。

物流系统网络组织结构是企业、公司以及社会的物流管理部门，它们都有自己不同的任务和功能，为了使部门协调一致，更好地完成物流管理任务，必须遵循统一指挥原则，实现责任与权限的一体化，使物流系统网络组织成为有命令权的组织。

在统一指挥原则下，一般形成三级物流管理层次：战略层、决策层和作业层。战略层的任务是根据社会经济和企业发展的总体战略需要，在信息的支持下，研究确定物流规划的长期发展战略；决策层则要求物流企业把主要精力放在物流战略和策略的可选方案的筛选上，根据成本-效益准则，鉴别或评估车辆调配计划、存货管理、仓储设施配备与选址方案等；作业层是指日常物流管理与交易业务的活动，主要有以下几个方面：

（1）订货管理：主要处理各货主或销售网点的订货或购买需求，如合同管理、制定供货计划等。

（2）仓储管理：主要负责货物的验收、库存的分配、库存量查询以及库存优化管理等。

（3）配送管理：针对供货的需求，确定配送公司（车辆、人员）和配送路线，实现最佳配载等。

（4）财务管理：处理与物流企业相关的各项收入和支出的结算、财务状况的统计及查询等。

（5）车货动态控制：主要负责车辆和货物运输过程中的查询与调度管理、突发事件的处理等。

这种管理层次的划分，体现了纵向指挥系统的分工和分权原则。物流系统网络组织层次的合理划分，是形成强有力的物流管理指挥体系的前提。

3. 合理管理幅度原则

合理管理幅度是指在一个组织结构中，管理者能够直接而有效地管理其下属的可能人数及业务范围，表现为管理组织的水平状态和组织内部的横向分工。管理幅度、管理层次密切相关，管理幅度大可以减少管理层次，反之则要增加管理层次。

管理幅度的大小涉及很多因素，如管理者及下属人员的素质、管理活动的复杂程度、管理机构各部门在空间上的分散程度等。管理幅度原则要求适当划分物流管理层次，精简结构；另一方面要求适当确定每一层次管理者的管辖范围，保证管理的直接有效性。

4. 职责与职权对等原则

在管理组织的纵向环节和横向环节中，都必须贯彻职责与职权的对等原则，其实质在于建立物流网络组织职责。职责与职权应是相应的：高层领导担任决策责任，必须有较大的物流决策权；中层领导承担执行任务的监督责任，要有监督和执行的权利。要贯彻权责对等的原则，就应在分配任务的同时，授予相应的职权，以便有效率、有效益地实现目标。

5. 协调原则

协调原则是指对管理组织中的一定职位的职责与具体任务要协调，不同职位的职能要协调，不同职位的任务要协调。物流管理各层次之间的协调有纵向协调、物流系统各职能要素的横向协调和各部门之间的横向协调。在物流系统网络组织中，横向协调更为重要，因此要采取更好的措施，以求改善。具体如下：

（1）建立职能管理横向工作流程，使业务管理工作标准化；

（2）将职能相近的部门组织成系统，如供、运、需一体化；

（3）建立横向综合管理机构。

二、物流系统网络组织的模式

伴随着物流组织的演变，物流系统网络组织结构呈现出相应的典型模式。一些人将企业组织结构变化与物流管理、供应链管理等联系起来，对美国企业物流管理组织的变化总结了几种典型模式，并根据物流组织机构的时间发展顺序，提出了传统物流管理组织结构、简单功能集合的物流组织形式、物流管理功能更独立的组织形式和功能一体化物流组织形式四种模式，目前正朝着这个基于动态的流程再造的物流管理组织方向发展。

1. 功能一体化物流系统网络组织

所谓功能一体化物流系统网络组织，即在一个高层物流经理的领导下，统一所有的物流功能和运作，将采购、存储、配送等物流的每一个领域组合构成一体化运作的组织单元，形成总的企业内部一体化物流框架。这种功能一体化的网络组织结构，一方面强调了物流资源计划对企业内部快运一体化的重要作用，另一方面强调了各物流支持部门（仓储、运输、包装等）与物流运作部门（采购、物料制造和配送等）的直接沟通，各部门之间协调工作，使物流任务顺利完成，物流成本达到最低。同时在组织的最高层次设置了计划和控制处，从总体上负责物流发展战略的定位、物流系统的优化和重组、物流成本和客户服务绩效的控制与衡量等。尽管20世纪80年代初这类物流系统网络组织已开始出现，但是由于集中化物流运作存在种种困难，并且此类组织结构本身存在着大而复杂的弊病，故其应用并不广泛。

2. 流程一体化物流系统网络组织

20世纪90年代以来，在彼得·圣吉的学习型组织理论以及迈克·哈默和詹姆士·钱皮的企业流程再造理论的影响与指导下，扁平化、流程再造和团队的思想被越来越多的企业理解并接受，企业的组织进入了一个重组的时代。物流管理也由重视功能转变为重视流程，通过管理流程而非功能提高物流效率成为整合物流的核心。物流组织不再局限于功能集合，开始由功能一体化的垂直层次结构转向以流程为导向的水平结构，由纵向一体化向横向一体化转变，由内部一体化向外部一体化转变。矩阵型、团队型、联盟型等物流组织形式就是在以流程一体化为导向的前提下发展起来的，并且已经成为欧美企业物流组织的发展趋势。

3. 虚拟化物流系统网络组织

虚拟化物流系统网络织织实际上是一种非正式的、松散的、暂时性的组织形式，它突破原有物流组织的界限，依靠发达的信息及网络技术，通过整合各成员的资源、技术、客户等，实行统一、协调的快运运作，以最小的组织来实现最大的物流功能和最低的物流成本。网络化物流组织是将单个实体或虚拟物流组织以网络的形式紧密地联合在一起，它是以联合物流专业化资产，共享物流过程控制和完成共同物流目的为基本特性的组织管理形式。20世纪90年代中期以后，信息和网络技术的快速发展，为虚拟与网络化物流组织的产生和发展提供了外部环境。特别是在企业引入了供应链管理的理念后，物流从单个企业扩展到供应链上的所有企业，虚拟与网络化物流组织将可能成为更加有效的物流组织运作形式。就目前而言，企业对此类组织形式的应用探索才刚刚开始。

4. "枢纽–辐射式"物流系统网络组织

项目管理思想应用在快运组织设计时，组织结构呈现"枢纽–辐射式"，实际上这就是一体化经营管理模式（只有一个指挥中心，其他都是操作点）。从实践上讲，现代物流需要一个统一的指挥中心、多个操作中心的运作模式，因为有效控制是现代物流的保证。

这些组织形式在不同场合下对快递的作用都有一定的差异，需要的是合理安排，根据物流系统网络组织的实际需要，配送不同的运输组织，以此实现物流效果的最大化。

第五节 区域物流系统网络规划与设计

在研究国外物流规划理论最新发展的基础上，根据我国物流发展的现状，可将区域物流系统规划分为两大部分：区域物流系统网络规划和物流园区规划。图3.6所示为物流规划理论研究的内容和方法构成。

从图3.6可以看出，区域物流系统网络规划分为网络规划和节点规划两部分，其中网络规划沿用传统的运输规划程序（即"交通四阶段法"）的思想，节点规划则根据节点功能的不同划分为生产型配送、消费型配送和运输转运三类中心进行选址和规模的研究和规划。节点规划将在下章讲解。物流园区规划主要包括物流园区功能预测、物流园区用地规划、物流园区交通影响分析和物流园区微观仿真评价四个部分。图中椭圆表示将区域物流系统网络及物流园区规划的理论方法用软件工程理论进行设计，用计算机语言实现，形成实用的物流规划设计软件。

所以物流规划理论应该囊括区域物流系统网络、物流节点和物流园区内部规划设计的方法研究，从宏观层面到微观层面对构成区域物流系统网络的要素及其之间的关系进行深入、

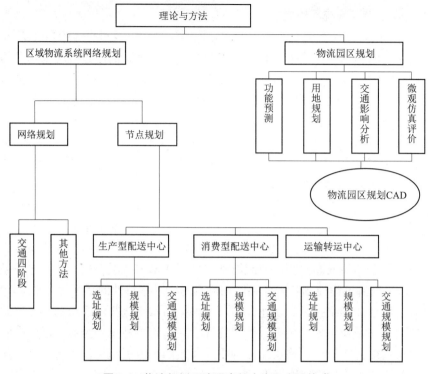

图 3.6　物流规划理论研究的内容和方法构成

细致的论述和研究，才能使物流规划理论的研究朝着正确的方向发展，并为物流建设提供科学的理论依据。

随着计算机技术、网络技术、电子技术、通信技术、自动化技术的不断发展，在一个特定区域内，由于进、出该区域货物的运输、储存、装卸、包装、流通加工、配送以及相关的信息传递等活动的进行而逐渐形成了区域物流系统网络。

一、区域物流系统网络概述

区域物流系统网络是由各级物流节点、连线及其所属的经济"组织"构成的相互联系、相互作用的系统结构形式。其中"节点"是指各级物流中心，"连线"是指由交通、通信干线连接起来的基础设施束，"组织"是指物流企业、物流市场、物流咨询机构和地方政府。在区域物流系统网络的形成过程中，在各种"组织"的协调运作下，社会经济要素（产品、信息、技术、人才、金融等）在"节点"上集聚，并由线状基础设施联系在一起形成"轴线"。

二、区域物流系统网络的空间结构形态

1. 空间结构形态

由于不同地区的地理基础及经济发展特点的差异，区域物流系统网络在形成过程中具有不同的内在动力、形势及不同的等级和规模；在不同的社会经济发展阶段下，区域物流系统网络的空间结构呈现出不同的形态。根据东北师范大学陈才教授对区域经济地理学的研究，区域物流系统网络的空间结构大致可以分为放射状网络、扇形网络、轴带网络、环状与"一"字形网络等形态，如图 3.7、表 3.2 所示。

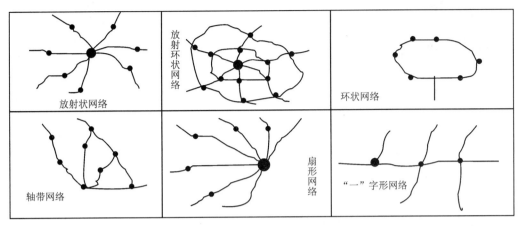

图 3.7 区域物流系统网络空间结构示意

表 3.2 区域物流系统网络空间结构形态分析

结构形态	结构模式	结构特征
放射状网络	集聚点为重要枢纽，由此向外延伸多条交通线	① 放射状中心形成大都市 ② 网络密度与大都市规模作用正相关 ③ 网络上形成中小城市
扇形网络	以港口为枢纽，由此向外	① 网络密度与大都市发展规模正相关 ② 港口及辐射地区易形成城市群
轴带网络	以骨干交通线为主轴交织成网	① 扩展成轴和交线 ② 易形成城市经济带或产业带
环状与"一"字形网络	主要交通干线呈环形和"一"字形	区域自然环境和区位条件制约网络的基础设施建设

2. 节点要素

1）网络节点概述

在区域物流经济分析过程中，可以将经济活动所形成的事物或现象，如物流设施、物流企业、配送中心甚至一个城市，在地图上用一个点（当要素本身的大小与其存在的空间相比可以不予考虑时，即可抽象为点）来描述。在区域物流系统网络中，节点要素一般是区域经济活动最密集、最活跃的地方，是物流经济活动的区域"集聚点"。节点以城镇为载体，其形态反映在图 3.8 上即点状模式。

区域物流系统网络的节点运行状况主要取决于节点要素之间的空间相互作用，区域物流系统网络正是通过节点"磁场"和节点"磁化物"之间的磁力（集聚力和扩散力）来推动区域经济发展的。从图 3.8 可以看出，正是由于区域节点之间存在着引力场（即城市之间相互吸引、扩散）的作用，才产生功能强大的物流系统网络化空间结构。

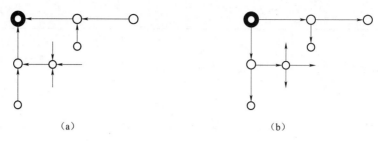

图 3.8 区域节点等级

(a) 区域节点等级集聚示意；(b) 区域节点等级扩散示意

2）网络节点等级划分

在区域物流系统网络中，根据物流节点的物流活动范围及其对区域内外物流经济贡献的大小，可将物流节点划分为核心节点、中心节点、重要节点和普通节点四类。由此四类节点构成了区域物流系统网络的空间等级体系。

核心节点是指区域内主要铁路、公路、水路、航空等物流综合运输手段集成化的城市，具有良好的经济基础和广阔的物流腹地。

中心节点是指区域内具有良好的经济基础和优越的交通区位条件，物流发展水平较为成熟的地区或城市。

重要节点是指一般具有较优越的物流发展条件和较高的物流发展水平的地区或城市。

普通节点主要担负区域内的物流集散与中转。

3. 区位线要素

区域物流系统网络的区位线要素，是指在地域空间上具有确定线段的交通通信线路、动力和水源供应线，例如铁路、高速公路和航道等。具体的交通线路必须有一定的长度、方向和起始点，由此规定了它们的空间所处位置。根据线路的自然条件、技术装备状况以及经济运量，各种交通线路可分为若干等级，这决定了它们在区域物流系统网络中所处的地位和作用。

区域物流系统网络的线要素也可以从动态角度考察。例如交通通信干线，一方面它是物质、能量和信息等要素流动的"渠道"或"通道"，另一方面它本身也会发生扩展和分叉等变化。就其要素流动的渠道而言，它具有线形、具体、高速、高效和灵活等特点，对于地域联系有着不可替代的重要作用；就其动态变化而言，随着干线实力的增强、干线动力的扩大和线路的扩展，随之产生支线，必然呈现密集"网状"扩散的运动态势。

三、区域物流系统网络的特征

区域物流系统网络系统除了具有一般系统共有的动态性、生态性和开放性等特点外，还具有以下特征。

1. 城市物流系统网络是区域物流系统网络的核心

城市是商品集散和加工的中心，物流设施和基础设施齐全，消费集中且需求量大，交通与信息技术发达，流通人力成本高，与周边地区存在不对称性。城市是整个社会物流的枢纽，它所包含的不同层次的物流节点、线路以及通信有机结合形成城市内部物流系统网络，使各种经济要素集聚和扩散，发展成为高层次的区域经济增长极。而不同城市的线路及通信有机结合，便形成了区域物流系统网络，促进区域经济要素的充分流动，加强区域内的经济联系和扩散。

在这种情况下，城市物流系统网络扮演着"中心地"或"成长极"的角色，以城市为核心的枢纽将其他地区"极化"成一个商品流通整体。城市物流经历了极核集聚形成、极核集聚扩散到网络的阶段。因此，城市物流系统网络是区域物流系统网络的核心，是维持区域物流系统网络协调运行、提供效率的动脉。国际上，这样的例子很多，如美国纽约大都市圈、日本东京大都市圈、英国伦敦大都市圈、法国巴黎大都市圈等都是以中心城市物流系统网络为核心，向周边延伸，形成分工合理、协作高效的区域物流系统网络体系。

2. 区域物流系统网络是一个多层次的循环网络

区域物流系统网络是各个层次由于自然、经济、社会条件的差异，形成了不同结构、内容和特征的物流网络，并在地位与作用、结构与功能上产生等级差异。不同层次之间相互联系、相互作用，交织在一起，形成相对稳定的网络结构，并通过物流要素有机结合，从而达到降低物流成本、提高物流效率、实现较高的客户满意度、缓解交通拥堵状况、保护环境、保持生态平衡、实现经济可持续发展的目的。区域物流系统网络是由诸多节点和线路组成的网络体系，合理的区域物流系统把原来各要素之间偶然的、随机的关系变成网络成员之间稳定的、紧密的联系，从而可以降低组成要素之间的磨损和交易成本，降低用户使用网络资源和要素的成本。

3. 区域物流系统网络是一个大跨度的系统

该系统一是地域跨度大，二是时间跨度大。在现代经济社会中，企业间的物流常常跨越不同的地域，这使得区域物流系统网络的地域跨度更大。另外，企业通常采取储存货物的方式解决产需之间的时间矛盾，这更使得区域物流的时间跨度加大。所以，区域物流系统网络必然是一个大跨度系统，其主要问题是管理难度较大、对信息的依赖程度较大。合理的区域物流系统网络要求利用现代化的物流设施、先进的信息网络进行协调和管理，因此相对于分散经营、功能单一、技术原始的储运业务，现代物流属于技术密集型和高附加值的高科技产业，具有资产结构高度化、技术结构高度化、劳动力高度化等特征。

四、区域物流系统网络规划

区域物流系统网络规划是指在一定系统范围内对整个物流体系建设进行总体战略部署，它以国家、地区的经济和社会发展计划为指导，或以企业的发展战略为指导，以物流系统内的自然资源、社会资源和现有的技术经济构成为依据，考虑物流系统发展的潜力和优势，在掌握交通、仓储等物质要素的基础上，研究确定物流系统的发展方向、规模和结构，合理配置资源，统一安排交通运输、仓储等设施，使之各得其所，协调发展，获得最佳的经济效益、社会效益和生态效益，为物流运作创造最有利的环境。由于物流规划涉及面广，政策性、综合性强，因此，要善于从宏观着眼、从微观入手，运用现代科学技术手段和方法进行综合分析和论证，全面规划，统一布局，协调各方面的矛盾，使规划方案在经济上合理，在技术上先进、适应性强，在建设上现实、可行。

物流系统网络长期规划主要是解决物流基础设施和大型物流设备的建设问题，按照物流需求制定建设方案、分析方案优劣，并对规划方案的实施进行指导，从而使物流系统网络的建设满足规划需求的过程。

在区域物流系统网络规划中，学者和专家认为"交通四阶段法"是有效的。所谓"交通四阶段法"是以1962年美国芝加哥市发表的《Chicago Area Transportation Study》为标志，交通规划划分为交通发生、交通分布、交通方式划分和交通分配四个步骤。后来人们把这四阶段用到了区域网络体系中。

图 3.9 所示为区域物流系统网络战略规划的流程，图中右边是模型，左边是由模型输出的数据及数据流向。其基本思想是：首先预测区域产生、吸引的货运量（包括进出货运量、区域内部的货运量），再对不同运输模型所承担的货运量进行预测，得到分货种、分模式的货运量 OD，进而转换为不同种类货车的 OD，最后分配到不同的运输网络上，以到达优化区域物流系统网络的目的。从图 3.9 中可以看出，其基本思想沿用了传统的运输规划程序，但是由于物流概念的引入和货运本身的复杂性，除了传统的"交通四阶段法"采用的模型之外，规划框架中引入了一些客运规划所没有的转换模型，比如价值-重量模型、时间分布模型和货物-车辆模型。下面将对这几种模型、方法进行简单的介绍，包括国外的发展和应用现状。从以下的阐述可以看出在区域物流系统网络规划中，我国的研究还存在很多空白或者不完善的地方，比如模式分担模型和区域货运模型是区域物流系统网络优化最关键的模型，也是国际上的研究热点。而我国对上述两类模型的研究很少，大多沿用客运的相关模型，已很难适应物流规划发展的需要。再比如价值-重量模型、时间分布模型和货物-车辆模型在我国就鲜有研究，所以要进一步完善我国物流规划理论，必须对这些模型进行深入、细致的研究。

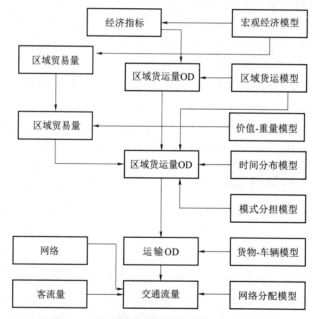

图 3.9 区域物流系统网络战略规划的流程

1）区域货运模型

区域货运模型用于预测区域内各小区发生、吸引的货运量及其在各小区之间的分布，即包括"交通四阶段法"中的产生、吸引和分布等步骤的模型。货运需求取决于区域的经济活动，而经济活动受很多因素的影响，所以区域货运模型的主要目的是在经济正常发展水平的前提下，预测经济和政策的变化在中长期对该区域货运需求的影响。区域货运模型关注的不是短期的需求，也不仅仅是对货运发生、吸引增长率的预测，而是描述未来产业结构的变化与货运需求的关系。

区域货运发生、吸引量的预测方法一般有趋势法、系统动态模型、Input/Output 模型和增长率模型等。趋势法有简单的增长率法和复杂的自回归法两种，经常选取的外部变量有 GDP 等，该方法由于需要的数据少、简单易行，所以得到了广泛的应用，但是趋势法无法考虑政策因素对货运量的影响，所以一般只用于短期的预测。系统动态模型主要对一定时期内经济、土地利用、环境与货运量之间的关系进行模拟，同时可以对货运量的分布、货运模式分担进行预测，该方法不需要大量的数据，而且模型中可以考虑诸如土地利用和政策因素等，但是该方法很难对参数进行统计检验。Input/Output 模型（同时可以预测货物的分布）是各国货运规划最常用的模型之一，它可以考虑区域经济、政策因素等，但是需要 Input–Output 表（投入–产出表）和严格的假设。从国外的理论研究和实际应用来看，对区域货运发生、吸引量预测方法的研究并没有多大的进展，主要集中在对 Input/Output 模型的改造和对原有模型标定方法的改进上。而国内在这方面的研究很少，在已发表的刊物上常见的研究多集中在增长率法、回归模型和神经网络模型之上。

2）时间分布模型

该模型可预测不同货种不同时段的产生、吸引量，输出分货种、分时段的货运 OD 量（单位为 t）。应用该模型的主要目的是求出区域在规划年间的货运高峰量，根据规划的需求可以是区域货运的季度高峰、月高峰、日高峰和小时高峰货运量等。随着划分的细化，模型也趋于复杂，所以至今无论是国外还是国内还没有研究人员就这一问题提出完备适用的研究成果。

3）货物–车辆模型

该模型将不同种类的货物量（t 或者 t/km）转换为不同车辆类型的货车量（辆），即运输 OD（单位为辆）。因为不同的运输要求不同的运输旅程长度和物流流程，所以货物–车辆模型处理的是货运所需的不同车辆的数量这个问题。在货物–车辆模型中，一个关键的问题是如何在模型中考虑空载率的问题；二是在进行货物–车辆的转换中如何考虑客运与货运对运输资源占用的相互制约关系。

货物–车辆模型的重要性还在于区域货运对环境影响的评价方面。因为运输（特别是公路运输）对环境的影响相对严重，所以只有计算出车辆数才能准确评价货运对环境的影响程度。

4）模式分担模型

模式分担模型是运输规划中的关键模型之一，用于预测货运模式分担率，包括公路、铁路、航空、海运、管道和由不同运输方式组合而成的联运方式的分担率，输出分货种、分模式的货运 OD 量。如果输入的是分货种、分时段的货运 OD 量，则输出的是分货种、分时段分模式的货运 OD 量。在货运规划中常用的模型有：弹性模型、集计分担模型、非集计模型、微观仿真模型和多模式网络模型等。弹性模型反应单一变量（比如运输费用）对模式分担的影响，主要用于粗略的预测或者在缺少数据的时候采用。集计分担模型主要有两项式和多项式 logit 模型，其使用以小区为单位的集计数据，在实际的货运规划中使用最广泛。非集计分担模型一般有多项式 logit 和树状 logit 模型，它与集计分担模型的区别在于所使用的数据的不同，20 世纪 90 年代以来，非集计分担模型成为国外货运分担模型研究和应用的主流。多模式网络模型同时进行模式分担预测和货运分配，典型的有美国的 STAN 软件包，其核心部分是运输成本函数。

5）网络分配模型

网络分配模型和货运模式分担模型一样是货运规划中最重要的模型之一，但是在众多的网络分配模型中很少有考虑货运分配的,即使有也只是作为客运分配中的一小部分加以考虑,比如乘以一个转换系数(PCEs)。但是 20 世纪 90 年代以来,随着人们对货运越来越重视,研究人员纷纷对货运分配模型加以研究。常用到的分配模型有全无全有、随机分配法、拥挤分配法、动态分配法等。但是这些分配方法往往只是在客运规划模型的基础上进行改进,在国外的货运规划中已很少得到应用,现在基本上采用美国的 STAN 货运分配软件包。

五、区域物流系统网络构建技术

1) 构建的理论体系

区域物流系统网络中的物流线路主要由货运线路及客运线路构成,物流系统的特点决定了物流线路的结构和容量,除了具有一般交通系统的特点外,还具有自身特点。从政府的宏观角度看,区域物流线路的结构和容量必须满足地区经济发展、社会发展、环境保护、政治稳定的需要,主要是满足地区经济和社会发展的需要,其他各个目标可以在发展经济的同时通过附加约束予以实现。为了考虑问题方便,区域物流线路网络规划可只考虑实现经济、社会发展两个子目标,即一个是为满足地区经济发展运送各种物资的基本需要,将尽可能多的物资运送到目的地,另一个是为满足地区社会快速发展的需要,必须将总的物流费用降低下来,实现整个物流系统网络的广义物流运输费用最小化。广义物流运输费用由运输时间、运输价格和运输服务质量等组成,其中主要为运输时间和运输价格两部分,其他费用将被视为在任何线路上都是相同的而不予考虑。

政府从宏观角度通过自身或政策导向使各种资金投向物流线路子系统,其决策变量为物流线路的投资,从而实现各个物流线路结构和容量的改变。自身投资为直接投资,主要通过政府财政、国债等投资;间接投资为政府通过税收等政策引导其他以营利为目的的资金投入物流线路网络中。为了考虑问题方便,本书一律用物流路径上的容量变量来表示物流路径的投资。各物流路径容量的改变、新增物流路径等直接决定了物流线路的结构和容量,从而改变了整个物流线路的运输成本、运输价格和时间。同时政府追求的目标中包含了每一条物流线路(弧)的物流量这一变量,每一条物流线路上的物流量在目前的市场经济条件下由物流企业、运输企业等追求自身广义运输成本最小化来均衡决定。

2) 基于优先的物流系统网络的构建模型

在实际的物流网络中,OD 点或节点一般是分层次的,在网络实践中存在优先级。目前采用的模型普遍以系统运行总时间,即路段时间的总和为目标函数。该类模型实际上是假定各个城市具有同等的重要性,没有考虑不同城市的优先级。因此,其没有从 OD 层次性来考虑,实际上是将所有 OD 平等对待。本书在对物流城市节点等级划分的基础上,优先考虑 OD,即对不同层次的 OD 需求给予不同的考虑,对重要城市之间的需求优先考虑。

(1) 决策变量。

在物流系统网络实践中,需要解决两个问题:在哪些节点间新建物流线路和哪些节点间的物流线路需要改建或扩建,即线路容量是否需要扩容,扩容多少。实际上扩容量必须达到一定的标准,才可能进行改扩建,而且扩容量都有一定的上下限。如低于下限,表示该线路不需要进行改扩建;如超过上限,只能按最高上限进行改扩建。

(2) 目标函数及约束条件。

根据对网络确定的理论体系分析,首先建立上层模型。上层模型为政府从宏观角度对物流线路容量和结构进行设置的问题，其为数学规划问题。

复习思考题

1. 物流系统网络的构成因素有哪些？
2. 物流系统网络的结构类别有哪些？它们有什么区别？
3. 物流系统网络规划与设计的步骤是什么？
4. 物流系统网络规划与设计的内容有哪些？
5. 物流系统网络规划与设计的基本原则和组织模式是什么？

案例分析

中国移动通信集团公司网络规划与设计

为了更好地开展工作，及时响应公司基础设施建设对物资的需求，降低整体物流成本，中国移动通信集团公司（以下简称"中国移动"）在2008年成立了专门的物流工作组，负责工程物资物流规划和建设，并开始实施"物流改造"工程，进行物流优化。

中国移动于2000年4月20日成立，注册资本为518亿元人民币，截至2008年9月30日，其资产规模超过8 000亿元人民币，拥有全球第一的网络和客户规模。目前，中国移动的基站总数超过36万个，客户总数超过4.5亿户，每月净增客户数超过700万户，是全球网络规模、客户数量最大的电信运营企业。

庞大的企业规模、通信技术的不断革新，使中国移动的通信基础设施不断增加和改造，公司每年的工程物资集采额达到上千亿元。其背后的工程（物资）物流变得极其复杂。在这样的背景下，中国移动开始采用两级物流体系来建设和优化自身的物流系统网络。通过采取物流系统网络建设和优化措施，中国移动在降低总体物流成本的同时，也为理顺该行业的供应链体系作出了重大贡献。

一、实施物流系统网络优化的背景

与其他行业相比，在电信行业，工程物流算不上企业的核心竞争力，各大电信运营商在早期的管理和运营方面并不太重视物流，而且多存在各省各自为政，同厂家单一联系的弊端。同时，国内移动通信行业也经过了几次大的分离和整合：最初的中国邮电拆分成电信、邮政，后来电信又拆分为电信和网通。在国家颁发3G牌照后，现在国内电信市场有三大运营商，即中国移动、中国电信和中国联通。

另外，前两年移动通信用户出现了爆炸式增长。截至目前，国内移动通信有近7亿用户，其中中国移动的用户就达4亿～5亿。这对基站站点的需求不断增加，通信基础设施建设的任务变得非常紧张。虽然近两年用户增加相对平缓，但由于3G的快速发展，新的通信基础设施建设的高潮又开始了。

二、物流优化的状况

据了解，在保留过去较好的物流系统的基础上，中国移动将工程（物资）物流分为两级进行优化管理，构建二级物流体系。该二级物流体系是指，公司在全国构建大区和省区，大区是第一级，省区是第二级，省区与大区的物流可以进行对接。供应商的设备首先送到大区，然后再分拨到各省区。目前中国移动在国内共有五大区，包括华北大区、西北大区、西南大区、广东大区和华东大区。

具体来看，就是在全国建立大区和省两级集中仓储中心，推进干线运输的集中运营和区域配送的集成一体化运作。一期工程在全国选择五个省市——天津、陕西、重庆、广东、江苏，建立大区物流基地，分别覆盖华北大区、西北大区、西南大区、广东大区和华东大区的物资仓储与配送。

以西南大区物流基地为例，该区是公司两级物流体制的重要组成部分，一旦建成之后，该物流基地将辐射重庆、四川、贵州、云南四省市，形成快速的物流通道。该物流基地可以大幅度增强集团公司集中采购的效率，实现"物资集中化"管理，更好地保证各省公司的物资供应，提升中国移动的市场竞争能力。

中国移动实行自建各大区和省物流中心，仓储和配送全部外包给第三方物流公司的模式。这样可以更好地整合社会物流资源，一方面降低了公司的总体运营成本，另一方面可以更好地发展自己的主业。中国移动在首先满足公司内部物流配送的前提下，将来还可以满足社会需求。

另外，省区内部仓库也会随着企业发展建设的需要进行裁撤、增减。为此，目前，省区内的物流中心建设规范已经下发到全国。其中包括：第一，集中化，各省的物资由省区统一管理，实行一体化配送，根据各地的不同情况，有的地市会建设仓库；第二，实施信息化；第三，严格推进标准化。

据悉，为了更好地沟通供应链上下游的关系，中国移动还在考虑使用 VMI 或 VOI 模式管理库存。

三、优化物流系统网络的经验

一些国际知名的咨询公司和大学为中国移动的物流系统网络优化提供了多方面的服务，通过采用统筹学知识、物流网络建设和优化工具、布点方面的数学模型，构建了中国移动新型的二级物流体系。行业专家认为，物流系统网络建设和优化工具只是一个辅助性参考，还要跟实际情况结合，包括当地政府的支持力度等，否则这些工具就成了空中楼阁。

在大区物流网点的建设中，中国移动选择了自建仓库，而不是租赁仓库。其原因有二：一是中国移动的仓库需要长期使用，而租赁仓库可能会牵涉租赁时间问题，这样每次签租赁合同时会在价格上丧失主动权；二是中国移动的工程物资产品尺寸不一，形状各异，与标准化的产品仓储有很大不同，而社会上的仓库很难满足这样的需求。

另外，中国移动在网点布局中，有些地区不会自建仓库。在当今，社会化物流已经比较发达，即使在野外山区，从省区的配送 8 小时也能完成，这些地区没有建设仓库的必要。

四、实施概况和效果

中国移动西南大区、华东大区物流中心的建设工作在 2010 年完工，2011 年五大区的物流中心建设全部完工，各大区之间的信息系统已经形成网络。

通过规划实施这样的"物流改造"工程，大区物流中心的物资设备库存起到了"蓄水池"的作用，理顺和平衡了公司上下游的供给和需求，对整个产业链起到了调整作用，为移动通信行业的供应链建设作出了贡献。过去，在公司通信基站建设的高峰期，设备需求高涨，供应商加班加点生产，仍难以满足需求；在基站建设平淡期，供应商设备和产品闲置，造成大量浪费。二级物流体制建设完成后，这种问题将会得到有效解决。

通过公司先进适用的信息系统，中国移动能够查看跟踪各地区的物资物流状况，大区之间可以对物资库存的状况进行方便的调配，公司的管理体系变得更加顺畅。

总体上看，通过实施物流系统网络的规划和优化，中国移动不仅降低了物流成本，而且可以做到及时响应。

思考题：
1. 中国移动是怎样进行网络规划设计和优化的？
2. 中国移动的区域物流是怎样建立起来的？

实 训 项 目

实训项目三：物流系统网络规划与设计

实训目的	（1）加深对物流系统网络规划与设计的一般原则、一般内容、基本要求的理解； （2）熟练掌握物流系统网络规划与设计； （3）熟练掌握规划与设计的常用方法； （4）加深对物流系统网络规划与设计的理解。
实训内容	查找资料，根据本章所学知识，完成以下内容的学习和掌握： （1）浏览"物来物往"网页（www.5lai5wang.com），并针对这个网站的不足之处对其重新进行设计与规划； （2）赏析"雅芳全球"物流网络的规划与设计。
实训记录	
教师评语	
实训成绩	

第四章

物流节点选址与布局设计

教学目标

要求学生掌握物流节点的概念、类型和功能,物流节点选址的原则、目标、方法以及应用。

学习任务

了解物流节点的概念、类型和功能,物流节点选址的目的、原则,掌握物流节点选址方法的使用范围和具体步骤。

案例导入

日本建设省道路局经济调查室就物流中心选址问题对3 000个企业进行调查,有明确答复的为805个企业。有效回答的企业类别包括基础材料制造商、加工装配制造商、生活用品制造商、批发业企业、零售业企业等,各类企业期望建设的区域物流中心、配送中心和仓库的选址地点分布调查情况见表4.1。

表4.1　物流中心期望选址分布调查　　　　　　　　　　　　　　%

地域范围	东京圈	中部	近畿	四国	九州	其他
区域物流中心	44.3	12.5	24.0	6.0	7.8	5.4
配送中心	29.6	17.0	16.0	9.3	11.0	17.1
仓库	37.3	9.3	20.5	6.3	8.1	18.5

另外,经济调查室还调查了物流中心与高速公路的理想距离,见表4.2。

表 4.2　物流中心与高速公路的理想距离　　　　　　　　　　　　　　　　%

与高速公路的距离 物流中心的类别	直临	<3 km	<5 km	<10 km	>10 km
区域物流中心	5.6	32.4	29.6	28.7	3.7
配送中心	16.3	37.0	27.2	17.4	2.1
仓库	13.9	22.2	38.9	22.2	2.8

表 4.1 表明，物流中心选址趋向于集中，出现这种现象的原因主要是经济圈中心土地使用费高、获取土地使用权难、因距离中心远而运输成本高、建设资金难等。表 4.2 说明，对于物流中心选址，必须分析物流中心与高速公路和干线公路的距离。

问题：
请指出物流中心选址应考虑的因素。

第一节　物流节点概述

从图论的角度看，网络可以抽象地看成是由点与线及其相互关系构成的，物流系统网络就是物流系统的节点与节点之间通过不同方式相互连接而构成的。物流系统中所有的物流活动都是在物流节点和运输线路上进行的，因此，物流节点的选址和布局设计是物流系统网络规划的必要组成部分。

一、物流节点的概念

物流节点是物流系统网络中货物从供应地到需求地流动过程中需要停靠的，承担仓储、配货、装卸搬运、分拣包装、流通加工等物流作业的地点或场所。

物流节点是物流系统的主要组成部分。物流系统中的运输活动是在运输线路上进行的，而仓储、配货、装卸搬运、分拣包装、流通加工等活动是在物流节点上完成的。确定物流节点的位置、功能和规模是物流系统功能有效发挥的保障。物流中心和配送中心是物流系统网络中的重要节点。

二、物流节点的功能

1. 物流作业功能

物流节点的概念明确指出了物流节点的重要功能之一是进行仓储保管、货物集散、流通加工、配送等物流作业。

2. 衔接功能

物流节点不仅将各条运输线路连接成一个相互贯通的系统网络，实现多式联运、干线运输、集疏运输以及干线运输中转等功能，而且还将各种物流作业有效地联系整合，实现物流作业无缝衔接。物流节点的衔接效率将影响物流系统的效率。

3. 信息功能

物流节点是物流系统信息收集、处理和传播的集中地。每一个物流节点都是一个物流信息节点，从而组成了物流系统的信息网络。

4. 管理功能

物流系统的管理设施和机构一般集中在物流节点，物流节点的管理水平决定了物流系统运转合理化、效率化的水平。

三、物流节点的类型

物流系统在发展过程中形成了不同类型的物流节点，物流节点以其实现的主要功能来分类，可以分为如下几种。

1. 转运型节点

转运型节点是以连接不同运输方式或以相同的运输方式为主要功能的物流节点，处于运输线路上的中转节点，如铁路货站、水运港口码头、公路货站、航空空港等。货物在这种节点的停留时间一般较短，多种运输方式的转换往往在转运型节点进行。

2. 储存型节点

储存型节点是以存放货物为主要职能的物流节点，货物在这种节点的停滞时间较长。物流系统中的各类仓库，如储备仓库、营业仓库都属于这种类型。仓库类型包括：

（1）按照技术处理方式，可分为普通仓库、冷藏仓库、恒温仓库、危险品仓库。

（2）按照结构和构造，可分为平方仓库、楼房仓库、高层货架仓库、罐式仓库、散装仓库。

（3）按照使用对象和权限，可分为自有仓库、营业仓库和公共仓库。

3. 流通型节点

流通型节点是以组织物流快速流转为主要职能的物流节点，如流通型仓库、集散中心、配送中心、物流中心和物流园区等。

第二节 物流节点的选址

一、物流节点选址规划的目标

1. 成本最小化

成本最小化是物流节点选址决策中最常见的目标，成本主要包括运输成本和设施成本。

1）运输成本

运输成本取决于运输数量、运输距离和运输价格。运输数量决定运输的规模，从而影响总运输成本，运输距离与运输成本成正比，距离越长，成本越高，运输价格则取决于运输能力和顾客需求。

2）设施成本

设施成本包括固定成本、存储成本和搬运成本。固定成本是不随经营活动水平而变动的成本，存储成本是随货物数量变化而变动的成本。搬运成本是随物流节点吞吐量变化的成本。

2. 物流量最大化

物流量反映了物流节点的作业能力，物流量的指标主要是吞吐量和周转量。这两个指标衡量物流节点的利用率。需要注意的是，在物流节点选址中，应以成本最小化为前提考虑物流量最大化。

3. 服务最优化

与物流节点选址决策直接相关的服务指标是送货时间、距离、速度和准时率。一般来说，物流节点离客户越近，送货速度越快，订货周期越短，准时率越高。

4. 发展潜力最大化

由于物流节点投资大，服务时间长，在选址时不仅要考虑现有条件下的成本、服务，而且要考虑将来的发展潜力，包括物流节点的可扩展性、顾客需求的增长等。

5. 综合评价目标

在物流节点选址决策中，单纯考虑成本、服务、物流量等目标可能无法满足物流系统经营的需要，这时需要对不同的目标综合考虑，采用多目标决策方法。

二、物流节点选址的影响因素

1. 经济因素

经济因素主要是物流节点所处地区的总体经济水平、消费水平、工资水平、物流需求量，如国内生产总值、社会零售商品总额、职工平均工资、货运量、货运周转量等。经济因素反映了物流节点的物流需求量的大小，是确定节点数量和位置的基础。

2. 政策因素

政策因素主要有物流节点所在地区的区域总体规划、区域产业布局、物流业发展政策，如城市的工业、农业、商业、居住等的发展规划、第一、第二、第三产业和重点产业的发展规划、物流业税收和土地使用政策等。

3. 物流基础设施条件

物流节点所在区域的港口、铁路、公路和航空，以及通信等基础设施条件，如港口码头岸线长度、水深、泊位数、年吞吐量，公路交通枢纽数量和物流作业量，公路网的密度和通行能力，航空货邮年处理能力，铁路货站数量、货场面积、年收发货量，通信基站数量、网络覆盖面积等。

4. 环境因素

物流节点的选择还必须考虑环境因素：一是物流节点的建设必须平衡物流作业与环境保护的关系，二是物流活动不能干扰附近居民的生活，三是物流节点周边有可发展空间。

三、物流节点的选址方法

1. 专家评估法

利用专家的知识和经验，对物流节点备选对象的经济、社会、交通、环保等因素进行考察，综合分析研究备选对象的可行性，确定节点地址。专家评估法包括德尔菲法、层次分析法、模糊综合评价法等。

1）德尔菲法

德尔菲法（Delphi Method）是在 20 世纪 40 年代由 O·赫尔姆和 N·达尔克首创，经过 T·J·戈登和兰德公司进一步发展而成的一种方法。其实施步骤如下：

（1）组成专家小组。根据物流节点类型确定交通、物流管理方面的专家，一般不超过 20 人。

(2) 向所有专家提出物流节点选址的要求,并附上有关这个问题的所有背景材料和备选地点,同时请专家提出还需要什么材料。然后,由专家作书面答复。

(3) 专家根据他们所收到的材料,提出自己的选址意见,并说明是怎样利用这些材料进行选址的。

(4) 将各位专家第一次的判断意见汇总,列成图表,进行对比,再分发给各位专家,让专家比较自己同他人的不同意见,修改自己的意见和判断。也可以对各位专家的意见进行整理,或请身份更高的其他专家加以评论,然后把这些意见再分送给各位专家,以便他们参考后修改自己的意见。

(5) 将所有专家的修改意见收集起来,汇总整理。将不同意见再次分发给各位专家,以便作第二次修改。这一过程重复进行,直到每一个专家不再改变自己的意见为止。

(6) 对专家的最终意见进行汇总处理,得出结论。

逐轮收集意见并为专家反馈信息是德尔菲法的主要环节,一般要经过三、四轮。在向专家进行反馈的时候,只给出各种意见,但并不说明发表各种意见的专家的具体姓名。

2) 层次分析法

层次分析法(Analytic Hierarchy Process,AHP)是 T.L.saaty 等人在 20 世纪在 70 年代提出的一种定性和定量相结合的、系统化的、层次化的分析方法。其基本原理是通过将复杂问题分解为若干个层次——目标、准则、方案等,通过逐层分析计算确定下一层次对于上一层次中的权重,将决策者的主观判断用量化的形式予以表达,从而确定最下层元素的权重,并以此进行决策分析。下面依托【案例 4.1】说明层次分析法的基本步骤。

(1) 建立层次结构模型。

【案例 4.1】一物流中心在选址中考虑了经济、政策、物流基础设施、环境、用地等方面的因素,备选地点为甲、乙、丙。首先建立层次结构模型,如图 4.1 所示。

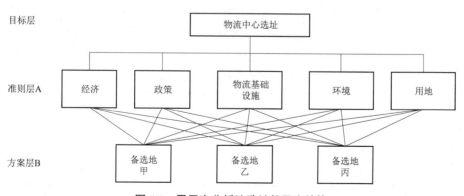

图 4.1 用层次分析法选址的层次结构

(2) 构造判断矩阵。

分别对准则层和方案层中各元素作两两比较的判断矩阵,见表 4.3~表 4.8。

表 4.3 准则层判断矩阵 A

	经济	政策	物流基础设施	环境	用地
经济	1	1/2	4	3	3
政策	2	1	7	5	5
物流基础设施	1/4	1/7	1	1/2	1/3
环境	1/3	1/5	2	1	1
用地	1/3	1/5	3	1	1

表 4.4 经济因素判断矩阵 $D1$

	甲	乙	丙
甲	1	2	5
乙	1/2	1	2
丙	1/5	1/2	1

表 4.5 政策因素判断矩阵 $D2$

	甲	乙	丙
甲	1	1/3	1/8
乙	3	1	1/3
丙	8	3	1

表 4.6 物流基础设施判断矩阵 $D3$

	甲	乙	丙
甲	1	1	3
乙	1	1	3
丙	1/3	1/3	1

表 4.7 环境因素判断矩阵 $D4$

	甲	乙	丙
甲	1	3	4
乙	1/3	1	1
丙	1/4	1	1

表 4.8 用地因素判断矩阵 $D5$

	甲	乙	丙
甲	1	1	1/4
乙	1	1	1/4
丙	4	4	1

表 4.3 是以物流中心选址为目标的准则层五个因素重要性的两两比较，表 4.4～表 4.8 是甲、乙、丙三个备选地分别以准则层的经济、政策、物流基础设施、环境和用地等因素考察时的重要性两两比较。

其中比较数值采用 1–9 标度法，1、3、5、7、9 分别表示矩阵中元素 i 和 j 同等重要、i 比 j 稍微重要、i 比 j 重要、i 比 j 明显重要、i 比 j 绝对重要，2、4、6、8 表示相对重要性在上述相邻等级之间，倒数表示 j 对 i 的重要性是 i 与 j 比值的倒数。

（3）一致性检验。一致性是指专家在对指标重要性进行判断时，如果各判断之间不能协调一致，则可能导致相互矛盾的结果。因此在求解实际问题时，常常需要对判断矩阵进行一致性检验。

根据表 4.3 所示准则层对目标层的权重，即准则层中的五个因素，进行物流中心选址时的重要性权重计算，计算方法如下：

① 将矩阵 A 的每一行元素相乘并开 5 次方，即 $\bar{\omega}_i = \sqrt[n]{\prod_{j=1}^{n} a_{ij}}$，其中 $n=5$。

② 将权重向量 $\bar{\omega}$ 归一化，得到矩阵近似特征向量 $\boldsymbol{\omega}^{(2)} = (\omega_1, \omega_2, \cdots, \omega_n)^{\mathrm{T}}$，$\omega_i = \dfrac{\bar{\omega}_i}{\sum_{j=1}^{n} \bar{\omega}_j}$，

其中 $n=5$。根据表 4.3 所示的矩阵 A，可得 $\boldsymbol{\omega}^{(2)} = （0.263，0.475，0.055，0.099，0.110）^{\mathrm{T}}$。

③ 计算最大特征根近似值。$\lambda_{\max}^{(2)} = \dfrac{1}{n} \sum_{i=1}^{n} \dfrac{(A\boldsymbol{\omega})_i}{\omega_i} = 5.073$，其中 $n=5$。

④ 一致性检验指标：$CI^{(2)} = \dfrac{\lambda_{\max} - n}{n-1} = \dfrac{5.073 - 5}{4} = 0.018$。

⑤ 平均随机一致性指标 RI 值随着矩阵阶数的增加而增加，见表 4.9。

表 4.9 平均随机一致性指标值

n	1	2	3	4	5	6	7	8	9
RI	0	0	0.58	0.90	1.12	1.24	1.32	1.41	1.45

⑥ 一致性比率：$CR^{(2)} = \dfrac{CI^{(2)}}{RI} = 0.016 < 0.1$。

一般认为 CR 值在 0.1 左右时，矩阵具有满意一致性。因此，矩阵 A 通过一致性检验。同理，分别对表 4.4～表 4.8 的矩阵 $D1$、$D2$、$D3$、$D4$、$D5$ 进行一致性检验，见表 4.10。

表 4.10 矩阵 $D1$、$D2$、$D3$、$D4$、$D5$ 的一致性检验结果

参数 \ 矩阵	$D1$	$D2$	$D3$	$D4$	$D5$
$\lambda_{\max}^{(3)}$	3.005	3.002	3.000	3.009	3.000
CI	0.003	0.001	0.000	0.005	0.000
CR	0.005	0.002	0.000	0.009	0.000
$\boldsymbol{\omega}^{(3)}$	0.595 0.277 0.129	0.082 0.236 0.682	0.429 0.429 0.142	0.633 0.193 0.175	0.166 0.166 0.668

(4) 层次总权重和总体一致性检验。

根据表 4.10 中的 $\omega^{(3)}$ 和 $\omega^{(2)}$ 可计算出方案层的备选地点对目标层的层次总权重 $\omega^{(1)}$，即不同备选地点的重要性：$\omega^{(1)} = \omega^{(3)} \times \omega^{(2)} = (0.300, 0.246, 0.456)^T$，亦即物流中心应选址在备选地丙。

总体一致性检验如下：

$$CI^{(3)} = (CI_1^{(3)}, CI_2^{(3)}, CI_3^{(3)}, CI_4^{(3)}, CI_5^{(3)});$$

$\omega^{(2)} = (0.003, 0.001, 0.000, 0.005, 0.000)(0.263, 0.475, 0.055, 0.099, 0.110)^T = 0.00176$；

$RI^{(3)} = (0.58, 0.58, 0.58, 0.58, 0.58)(0.263, 0.475, 0.055, 0.099, 0.110)^T = 0.58$；

$CR^{(3)} = \dfrac{CI^{(3)}}{RI^{(3)}} = \dfrac{0.00176}{0.58} = 0.003 < 0.1$，通过一致性检验。

3) 其他

除了上述两种经常使用的专家评估方法外，还有基于模糊数学理论的模糊综合评价法、基于灰色理论的灰色聚类评价法，以及将 AHP 和聚类分析结合的评价方法等。

2. 重心法

重心法是选址问题中最常用的一种方法，主要解决区域内直线距离的单点选址问题，它将物流系统中的需求点和资源点看成分布在某一平面范围内的物流系统，将各点的需求量和资源量分别看成物体的重量，将物体系统的重心作为物流网点的最佳设置点。

1) 重心法假设

(1) 需求量集中于某一点上。实际上需求来自分散于区域内的多个需求点，市场的中心通常被当作需求的聚集地。

(2) 选址区域不同地点物流节点的建设费用和运营费用相同。

(3) 运输费用随运输距离呈线性关系，成正比增加。

(4) 运输线路为空间直线。可引入迂回系数，把直线距离转化为近似的运输网络里程。

2) 待解决问题和模型的建立

设有 n 个客户（收货单位）$P_1, P_2, \cdots, P_n$，分布在平面上，其坐标为 (x_i, y_j)，客户的需求量为 ω_i，费用函数为设施（物流中心）与客户之间的直线距离乘以需求量，确定设施 P_0 的位置 (x_0, y_0)，使总运输费用最低。总运输费用 H 为

$$H = \sum_{i=1}^{n} \alpha_i \omega_i d_i = \sum_{i=1}^{n} \alpha_i \omega_i [(x_0 - x_i)^2 + (y_0 - y_i)^2]^{1/2}$$

其中，α_i——物流中心到收货点 P_i 每单位量、单位距离所需运费；ω_i——P_i 的需求量；d_i——P_0 到 P_i 的直线距离。

求 H 的最小值点 (x_0^*, y_0^*)。

3) 计算步骤

步骤 1：选取初始迭代点 $A(x_0^0, y_0^0)$，如 $x_0^0 = \dfrac{1}{n}\sum_{i=1}^{n} x_i$，$y_0^0 = \dfrac{1}{n}\sum_{i=1}^{n} y_i$，然后计算 A 到各客户的直线距离 $d_i = [(x_0^0 - x_i)^2 + (y_0^0 - y_i)^2]^{1/2}$，$H^0 = \sum_{i=1}^{n} \alpha_i \omega_i d_i$。

步骤 2：调整重心，令 $x_0^1 = \dfrac{\sum_{i=1}^{n}\alpha_i\omega_i\dfrac{x_i}{d_i}}{\sum_{i=1}^{n}\alpha_i\dfrac{\omega_i}{d_i}}$， $y_0^1 = \dfrac{\sum_{i=1}^{n}\alpha_i\omega_i\dfrac{y_i}{d_i}}{\sum_{i=1}^{n}\alpha_i\dfrac{\omega_i}{d_i}}$， $d_i = [(x_0^1-x_i)^2+(y_0^1-y_i)^2]^{1/2}$，

$H^1 = \sum_{i=1}^{n}\alpha_i\omega_i d_i$。

步骤 3：若 $H^0 \leqslant H^1$，运费无法减少，得到最优解 (x_0^0, y_0^0) 和 H^0，否则转步骤 4。

步骤 4：令 $x_0^0 = x_0^1$， $y_0^0 = y_0^1$， $H^0 = H^1$，转步骤 2。

3. CFLP 方法

CFLP（Capability Facility Locations Problem）方法是带容量限制的多设施选址方法。

1）待解决问题。

某公司有 n 个销售地区，每个销售地区的需求量已知。公司决定建立若干个配送中心，经考察确认备选地点有 m 个，每个候选地点都有容量限制，并且成本固定（如建造成本或租赁成本），从 m 个备选地点中选择 k 个地点修建配送中心，使物流费用最小。

2）建立模型。

i：配送中心备选地，$i=1, 2, 3, \cdots, m$；j：销售地区，$j=1, 2, 3, \cdots, n$；
k：拟建配送中心个数；D_j：销售地 j 的需求量；F_i：配送中心备选地 i 的固定成本；
W_i：配送中心的容量；C_{ij}：从配送中心备选地 i 到销售地 j 的单位运输费用；
X_{ij}：从配送中心备选地 i 到销售地 j 的运输量（决策变量）；
Y_i：配送中心备选地 i 被选中时取 1，否则为 0（0-1 决策变量）。

CFLP 数学模型如下：

$$\min Z = \sum_{i=1}^{m}\sum_{j=1}^{n}C_{ij}X_{ij} + \sum_{i=1}^{m}F_iY_i;$$

$$\text{s.t.} \quad \sum_{i=1}^{m}X_{ij} = D_j, \quad j=1, 2, 3, \cdots, n;$$

$$\sum_{j=1}^{n}X_{ij} \leqslant W_iY_i, \quad i=1, 2, 3, \cdots, m;$$

$$\sum_{i=1}^{m}Y_i \leqslant k, \quad Y_i \in \{0,1\}, \quad X_{ij} \geqslant 0。$$

3）求解模型。

整个问题是求解混合整数规划。小规模的可用分支定界法求解，大规模的可选择模拟退火算法、遗传算法、蚁群算法等。

4. 其他选址方法

物流节点选址方法中，比较常用的还有单节点选址的交叉中值模型法、多节点选址的多重心法、覆盖模型法、鲍摩瓦尔夫模型法等。

第三节　物流节点的布局设计

一个物流节点一般由若干个物流设施组成，如停车场、仓库等，当不同类别的货物运到节点后，根据物流作业流程的要求，需要在不同设施中处理。不同性质和不同功能的节点中，货物在其设施上处理的时间和处理的次序是不同的。因此，布置各种设施在节点内的相对位置是否合理，将直接影响物流节点的工作效率，从而影响物流成本。

一、物流节点布局设计的目标和原则

1. 物流节点布局设计的目标

（1）有效利用空间设备人员和能源；
（2）最大限度地减少物流搬运；
（3）简化作业流程；
（4）缩短生产周期；
（5）使投资最少；
（6）员工工作便利、安全。

2. 物流节点布局设计的原则

（1）运用系统分析方法规划物流节点布局，使其整体最优化；
（2）物流节点布局设计必须以提高物流效率为着眼点；
（3）减少不必要的作业流程；
（4）根据明确功能合理使用土地，保护环境，安全经营。

二、物流节点布局设计的方法

物流节点的布局就是在一个给定范围内确定具有一定面积要求的物流作业区域的最佳位置。其常用方法主要有系统布局计划法、CORELAP 布局法等。

1. 系统布局设计法

（1）基本原理和流程。系统布局设计法（Systematic Layout Planning，SLP）由美国学者理查德·缪瑟提出，其基本原理如下：

第一，对不同物流作业区域之间的相互关系进行分析，包括物流和非物流的相互关系，建立物流作业区域相互关系图。

第二，根据物流作业区域相互关系图中的关系密切程度，决定各个物流作业区域之间的距离，安排各作业区域的位置，绘制位置相关图，将各个物流作业区域的实际占地面积与位置相关图结合，形成作业区域面积相关图，即空间关系图。

第三，对面积相关图进行修正和调整，得到若干个可行布局方案。

第四，用加权系数法建立方案质量评估数量指标，对各方案打分，得分最多者为最佳方案。

系统布局设计法的依据和切入点包括五项基本要素：P——货物类别、Q——货物数量或物流量、R——作业流程、S——辅助设施、T——时间安排。系统布局设计法的流程如图 4.2 所示。

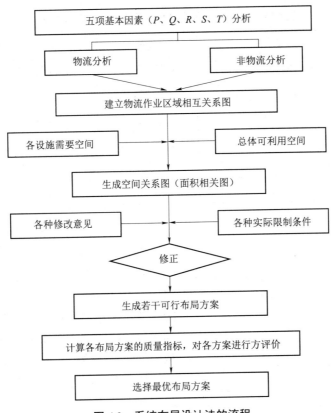

图 4.2 系统布局设计法的流程

【案例 4.2】某配送中心作业区域分为进货区、理货区、流通加工区、储存区、发货区、办公区。根据五要素分析、物流分析和非物流分析，配送中心作业流程和各作业区的作业量已知，试确定物流作业区域相互关系图，并作出配送中心布局方案。

（2）物流作业区域相互关系图。物流作业区域相互关系图是分析作业区域之间相互关系的有效工具。作业区域的相互关系的密切程度可以分为 6 个等级：A、E、I、O、U、X，其含义及表示方法见表 4.11。

根据配送中心各作业区作业的流程和作业量资料，按照表 4.11 所示的规则，可绘制配送中心作业区域相互关系图，如图 4.3 所示。

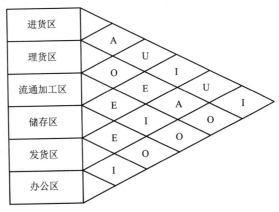

图 4.3 配送中心作业区域相互关系图

表 4.11 物流作业区域相互关系的含义及表示方法

符号	含义	线形	色彩	占有比例/%
A	绝对重要（absolutely important）	4 条平行线	红色	2～5
E	特别重要（especially important）	3 条平行线	橙色或黄色	3～10
I	重要（important）	2 条平行线	绿色	5～15
O	一般（common）	1 条平行线	蓝色	10～25
U	不重要（unimportant）	无	无色	25～60
X	禁止（forbidden）	折线	褐色	待定

（3）确定空间关系图。根据表 4.11 所示的线形表示、图 4.3 所示的物流作业区域相互关系图，采用"试错法"生成空间关系图 4.4。首先，将 A、E 级关系的作业区放进空间关系图，同级别关系用相同长度的线段表示，使 E 级关系的线段长度约为 A 级关系的线段长度的 2 倍。按同样的规则绘制 I 级关系，如果作业区域较多，线段混乱，可不必画出 O 级关系，但是 X 级关系必须表示。生成的空间关系图如图 4.4 所示。

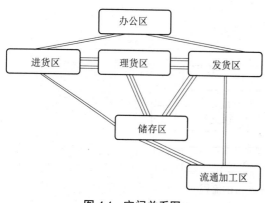

图 4.4 空间关系图

（4）形成布局方案。根据各作业区的作业量和单位货物所需面积计算出各作业区的所需面积，物流作业区域需要面积见表 4.12。

表 4.12 物流作业区需要面积

作业区	进货区	理货区	发货区	储存区	流通加工区	办公区
作业量/t	100	30	100	150	10	—
单位面积作业量/(t·m^{-2})	0.2	0.2	0.2	1	0.2	—
作业面积/m^2	500	150	500	150	50	150

将作业区面积加入空间关系图，形成一个配送中心布局方案，如图 4.5 所示。

（5）综合评价布局方案。依据综合评价指标，对布局方案进行评价并选择最佳方案。

2. CORELAP 布局法

CORELAP 布局法（Computerized Relationship Layout Planning）是 Lee R.C 和 Moore J.M 提出的优化方法。

（1）待解决问题。设一个物流节点（物流枢纽、物流中心或配送中心等）由 n 个物流设施组成，已知各物流设施的作业面积需求及各设施间的关系等级，需确定一个设施布局方案，使各设施总关系程度最优。

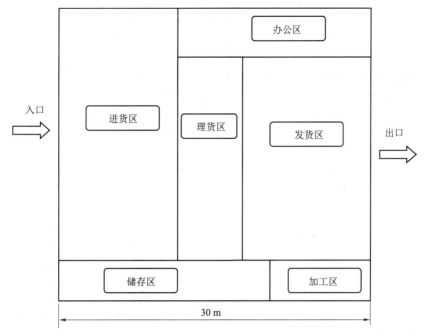

图 4.5　配送中心布局方案

（2）基本思想。按照一定规则生成设施顺序矢量，依照矢量顺序逐个添加各个设施到区域中，尽量使新加入的设施与已有的设施在相对位置上保持关系最优。布局方案完成后，对其质量指标进行评估。

CORELAP 布局法的出发点是设施之间的关系图，布置的目标是实现设施之间的最大密切度。

（3）布局质量指标。首先量化两个物流设施之间的关系程度，将不同的关系等级转换成不同的关系值，关系等级越高，关系值越大。表 4.13 说明了转换规则。

表 4.13　CORELAP 关系值转换规则

关系等级	A	B	C	D	E	F
关系值	6	5	4	3	2	1

优化目标函数值可通过计算任意两设施间的关系值乘以两设施间的最短距离的总和求得，即

$$Z = \sum_{i<j} r_{ij} d_{ij} \tag{4-1}$$

其中，r_{ij}——两个物流设施间的关系值；d_{ij}——两个物流设施间的距离，一般可采用设施中心的折线距离。

Z 值越小，布局方案越优。

（4）布置物流设施的顺序。利用 CORELAP 布局法选择物流设施，需根据各物流设施所有关系的总和 TCR（Total Closeness Rating）来确定：

$$\mathrm{TCR}_i = \sum_{i \neq j} r_{ij}, \quad i=1, 2, \cdots, n \tag{4-2}$$

TCR_i 是设施 i 的关系总和。

首先，选择 TCR 最大的物流设施进入布置图，如果 TCR 最大的有多个设施，选择面积最大的设施，若仍然无法选择，则随机选取。第二个设施选择与第一个设施具有最高级别关系（A）的设施，依次选择 B 级、C 级等。如果出现多个设施为同一级别，选择这些设施中 TCR 最大的设施先布置。注意：在布置中将设施的形状尽可能设计成正方形。

（5）相对位置的确定。生成了布置顺序后，依照顺序将设施逐个向布置图中放置。放置的原则是在所有可布置的位置中选择使进入布置图的设施与前面进入的相邻设施的关系值和 NCR（Neighbor Closeness Rating）值最大的那个位置。

【**案例 4.3**】设某物流中心有 5 个物流作业设施 D_1、D_2、D_3、D_4、D_5，各设施面积需求分别为 20 m²，40 m²，40 m²，60 m²，20 m²。该物流中心的货物种类共 3 种：P_1、P_2、P_3，各种货物的物流作业流程和作业量见表 4.14。使用 CORELAP 布局法布置该物流中心的设施。

表 4.14　物流作业流程及作业量

货物	作业流程	作业量	单件重量
P_1	$D_1 \to D_2 \to D_5$	20	2
P_2	$D_1 \to D_2 \to D_4 \to D_5$	50	1
P_3	$D_1 \to D_3 \to D_2 \to D_5$	30	0.5

① 建立相互关系图。设 Q_{ij} 为作业设施 D_i 到 D_j 的流量，则由表 4.14 求出各作业设施间货物流量矩阵 $\boldsymbol{Q}$：

$$\boldsymbol{Q} = \begin{bmatrix} 0 & 20\times2+50\times1 & 30\times0.5 & 0 & 0 \\ 0 & 0 & 0 & 50\times1 & 20\times2+30\times0.5 \\ 0 & 30\times0.5 & 0 & 0 & 0 \\ 0 & 0 & 0 & 0 & 50\times1 \\ 0 & 0 & 0 & 0 & 0 \end{bmatrix} = \begin{bmatrix} 0 & 90 & 15 & 0 & 0 \\ 0 & 0 & 0 & 50 & 55 \\ 0 & 15 & 0 & 0 & 0 \\ 0 & 0 & 0 & 0 & 50 \\ 0 & 0 & 0 & 0 & 0 \end{bmatrix}$$

物流量和相互关系等级见表 4.15。

表 4.15　物流量和相互关系等级

物流量	80~100	60~80	30~60	10~30	0~10
关系等级	A	B	C	D	E

根据表 4.15 和矩阵 $\boldsymbol{Q}$ 可得相互关系图，如图 4.6 所示。

② 求 TCR。根据表 4.14 和图 4.6 求得各作业设施关系值，并用式（4-2）计算 TCR，结果见表 4.16。

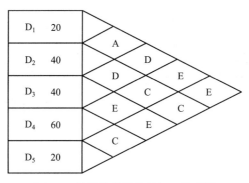

图 4.6 物流作业设施间相互关系图

表 4.16 物流作业设施关系值（r_{ij}）和关系总和值（TCR）

关系值 \ 作业设施	D_1	D_2	D_3	D_4	D_5	TCR	面积
D_1	0	6	3	2	2	13	20
D_2	6	0	3	4	4	17	40
D_3	3	3	0	2	2	10	40
D_4	2	4	2	0	4	12	60
D_5	2	4	2	4	0	12	20

③ 确定布置顺序。根据表 4.16 和图 4.6 确定进入布置图的作业设施的顺序。D_2 的关系总和值最高，首先进入布置图。其次，由于 D_1 与 D_2 的关系为 A 级，因此随后布置 D_1。设施 D_4、D_5 与设施 D_2 同属 C 级关系，TCR 值相等，但是设施 D_4 的面积较大，所以先布置 D_4，后布置 D_5，最后安排布置设施 D_3。布置设施的顺序为 21543。

④ 生成设施布局图。根据表 4.16 所示各设施的面积，以及 CORELAP 布局法中的相对位置确定方法，可生成设施布局图，布置过程如图 4.7 所示。

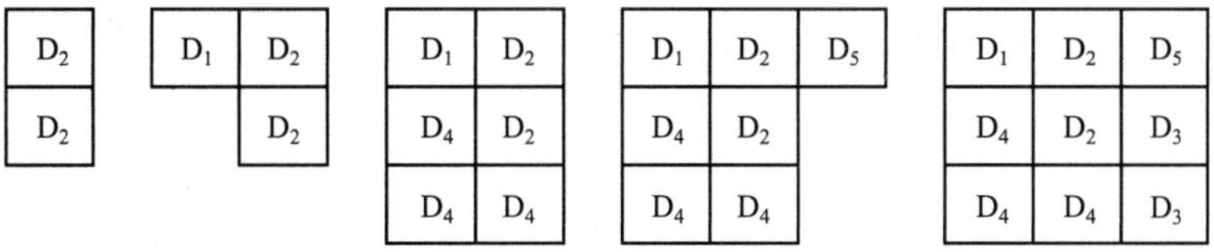

图 4.7 CORELAP 布局法的设施布局图的布置过程

⑤ 评估布局方案。

在物流设施布置过程中可以生成不同的设施布局图。下面仅对图 4.7 所示的布局方案计算其质量指标 Z。根据图 4.7，各设施间的折线距离由矩阵 D 表示：

$$D = \begin{bmatrix} 0 & 1.5 & 3.5 & 2 & 2 \\ 1.5 & 0 & 2 & 2.5 & 1.5 \\ 3.5 & 2 & 0 & 2.5 & 1.5 \\ 2 & 2.5 & 2.5 & 0 & 4 \\ 2 & 1.5 & 1.5 & 4 & 0 \end{bmatrix}$$

D 中元素 d_{ij} 表示设施 i 到设施 j 的折线距离。

由式（4-1）得到该布局方案的质量指标：

$$Z = \sum_{i<j} r_{ij} d_{ij}$$

=6×1.5+3×3.5+2×2+2×2+3×2+4×2.5+4×1.5+2×2.5+2×1.5+4×4

=73.5

选择质量指标值最小的布局方案作为最终方案。

复习思考题

一、填空题

1. 物流系统中所有的物流活动都是在_____和_____上进行的。
2. 物流节点是物流系统网络中货物_____流动过程中需要停靠的地点。
3. 物流节点的主要功能是_____。
4. 系统布局设计法的依据和切入点包括五项基本要素：_____。
5. 按照技术处理方式，仓库可分为_____、_____、_____、_____。

二、多项选择题

1. 物流节点布局规划的目标是（   ）。
   A. 有效利用空间设备人员和能源
   B. 简化作业流程，最大限度地减少物流搬运
   C. 便于政府部门的管理
   D. 缩短生产周期，减少投资
   E. 员工工作便利、安全
2. 物流节点布局规划的原则中不包括（   ）。
   A. 整体最优化　　　B. 作业流程少　　　C. 合理使用土地
   D. 提高物流效率　　E. 降低设备投资
3. 层次分析法一般分为（   ）个层次。
   A. 1　　　　　　　B. 2　　　　　　　C. 3
   D. 4　　　　　　　E. 5

三、简答题

1. 物流节点选址规划的目标是什么？
2. 不同类型物流节点的主要区别是什么？
3. 物流节点选址中层次分析法的主要步骤是什么？
4. 物流节点选址时应考虑的影响因素是什么？
5. 物流节点布局设计中 SLP 方法的流程是什么？

案例分析

Q 市农产品物流中心的布置

Q 市农产品物流中心位于市北部,毗邻高速公路和铁路线,交通方便,规划总用地面积为 400 公顷[①],建成后年交易额将突破 200 亿元。

该物流中心分为四大功能区和九大专业区块。

四大功能区是:

(1)交易功能区,进行粮食及农产品交易、信息发布和配送,包括粮食、肉类、水产品、蔬菜、果品和食品六大专业市场。

(2)加工功能区,进行农产品加工、包装、检测。

(3)仓储功能区,进行粮食和农产品仓储。

(4)配套功能区,包括商务配套区、居住安置区和停车场、商业街等。

九大专业区块包括:粮油综合区、肉类区、水产区、果品区、蔬菜区、食品区、农产品加工区、仓储配送区、公共配套区。

根据系统布局设计法的流程,对该农产品物流中心进行分析。

1. 物流货物分析

由于进出物流中心的货物种类繁多,现仅就三种农产品进行分析:

(1)粮食——包括大米、小麦、玉米等粮食作物,物流作业流程相似,通常在常温库保持一定湿度保存;

(2)水产品——包括虾、蟹、贝类等,在冷冻状态下保存在冷冻库中;

(3)蔬菜——对温度的要求介于水产品和粮食作物之间,通常储藏在低温库中。

2. 物流量分析

(1)粮食——Q 市年消费量为 340 万 t 左右。

(2)水产品——Q 市年消费量为 45 万 t 左右。

(3)蔬菜——Q 市优势产业之一,人均占有量超过人均消费量。

3. 作业流程分析

分为三种物流方式:一是作为中转地或集散中心,农产品经过暂存和分拣组合后,直接转运到其他市场;二是以交易为核心,从仓储区提取农产品进行交易结算;三是经过加工、包装完成后进行交易或转运到其他市场。因此,可分为八个功能区:理货区、仓储区、暂存区、交易区、流通加工区、拣货区、垃圾区、配套服务区。

4. 物流量的确定

通过对各类农产品需求的预测和农产品在各作业区流量的调查,计算各作业单元之间的物流量及流向,见表 4.17。

---

① 1 公顷=10 000 平方米。

表 4.17 物流量及流向

各作业单元	理货区	暂存区	常温库	低温库	冷冻库	交易区	加工区	拣货区	垃圾区
理货区		118.29	318.80	290.67	57.24	0	0	0	0
暂存区	0		0	0	0	0	0	118.29	0
常温库	0	0		0	0	6.38	15.94	296.48	0
低温库	0	0	0		0	5.80	29.00	255.26	0
冷冻库	0	0	0	0		1.15	11.45	44.65	0
交易区	0	0	0	0	0		0	13.32	0
加工区	0	0	15.94	29.00	11.45	0		0	11.28
拣货区	0	0	0	0	0	0	0		0
垃圾区	0	0	0	0	0	0	0	0	

根据表4.17的统计结果,可对各作业单元之间的物流强度进行划分,结果是:

A级包括理货区—常温库、常温库—拣货区、理货区—低温库、低温库—拣货区;E级有暂存区—拣货区、理货区—暂存区;I级有低温库—加工区、理货区—冷冻库、冷冻库—拣货区;O级有常温库—加工区、交易区—拣货区、冷冻库—加工区、加工区—垃圾区、常温库—交易区、低温库—交易区、冷冻库—交易区。

回答下列问题:

1. 结合案例说明各功能区之间的物流过程。
2. 结合案例,绘制出各物流作业单元之间的相互关系图。

实训项目

实训项目四：物流节点选址与布局设计

实训目的	（1）掌握物流节点的类型、选址的目标和影响因素； （2）重点掌握物流节点选址方法中的 AHP 法、重心法，了解 CFLP 法； （3）熟悉物流节点布局设计的流程，掌握空间关系图的做法； （4）掌握物流节点布局设计方法中的系统布局设计法（SLP）和 CORELAP 布局法。
实训内容	查找资料，根据本章所学知识，完成以下内容的学习和掌握： （1）沃尔玛配送中心的选址考虑的主要因素； （2）调研当地连锁超市配送中心的基础信息，利用重心法研究其选址问题，并提出改进方案； （3）根据【案例 4.2】，利用 CORELAP 布局法对作业区域的布局进行设计。
实训记录	
教师评语	
实训成绩	

第五章

物流园区规划与设计

教学目标

要求学生了解物流园区的基础知识,掌握物流园区选址,熟悉物流园区的规划分析,能够对物流园区进行总体的规划设计。

学习任务

了解物流园区的内涵和功能,掌握物流园区的分类和作用、物流园区选址的原则。

案例导入

天津港保税物流园区经国务院批准,于2004年8月16日设立。该园区位于保税区东北侧,面积为1.5 km²。该园区的外沿距离港口海岸线仅700 m,紧邻东部集装箱码头和滚装船码头。该园区于2005年3月30日经国家六部委验收组验收通过,于同年5月11日开始封关试运行。2006年1月1日起《中华人民共和国对保税物流园区的管理办法》开始生效,该园区也同时进入正式运作阶段。保税区海关以"立足天津,依托京冀,服务环渤海,辐射'三北',面向东北亚的国际物流中心"为目标,不断改善通关环境,拓展园区功能,创新海关监管模式,提高物流周转速度。其物流辐射北京、天津、河北、苏州、常州、上海、杭州、深圳等省市,新加坡锦佳、叶水福、瑞士名门、川崎振华、东方海外等一批国际知名物流企业纷纷落户该园区。

创新特色园区之所以能够取得如此好的经济及社会效益,是因为其在运营、政策及服务上的大胆创新,具体表现如下:

(1)运营创新。由政府投资、统一规划、牵头开发,采取BOT(修建-营运-移交)的方式,选择合格的开发商,对保税物流园区的各项基础设施和公共项目进行开发和建设,并由政府设立天津保税园区管理委员会,对园区的开发建设以及区内企业的日常运营进行监督和管理。赢利模式是通过提供优惠的税收政策和低廉的土地价格,吸引大量物流服务企业入区投资建厂,开展业务。入区企业除了自建厂房,还可以向管理委员会租赁库房、堆场、车间等基础设施。这一方面可以通过园区土地增值,使园区企业从中受益,经营管理者将可以提高其仓库、堆场等基础设施的租金收入；另一方面可以通过向区内企业提供配套服务，如信息、招聘、培训等，获得相应的收入。

（2）政策创新。保税物流园区享受只有自由贸易区才可享受的优惠政策，境外货物进入园区免征关税和进口环节增值税，国内货物进入园区给予退税，改变了现行的"离境退税"和加工贸易"境外一日游"现象。

在海关和港口集团的支持下，实现了货物从港口到园区的直提直放，减少了货物存放时间和报关层次，提高了物流运作效率，降低了企业成本。同时，园区企业国际中转业务大幅上升，天津保税物流园区推出了加快通关速度和完善出口退税的一系列举措。同时，该园区投入300多万元加强信息化建设，实现了网络化管理、电子化通关、电子化监控，通关数据一次录入、多次使用、信息共享。其对进出区货物采取一次申报、一次查验、一次放行，构建了通关便捷、服务完善、管理规范有效的海关监管平台，营造了大口岸、大通关、大辐射的现代物流发展环境。

根据国家规定，保税物流园区享受保税区相关政策，即对园区的基础设施建设项目所需的设备、物资等，园区企业为开展物流业务所需的机器、装卸设备、仓储设施、管理设备及其维修用零配件等，办公用品等予以免税；在进出口税收方面，国内货物进入园区视同出口，办理报关手续，实行退税；园区货物内销按货物进口的有关规定办理报关手续，货物按实际状态征税；在园区内部或在园区和境外之间进行的贸易可免税，也无须进出口许可证。

对国内外投资者来说，在保税物流园区除可获得保税区的所有传统免税优惠，以及通常只有自由贸易区才能享受的出口退税政策，货物一旦从国内到园区，出口商即有权申请退税，这改变了现行的"离境退税"方式，是该园区最吸引加工贸易的政策。

（3）服务创新，即区港联动提供全方位功能服务。该园区充分利用港口的航运、停泊、装卸等业务优势，实现一体化运作。例如，将港口功能引入物流园区，在中转集拼方面，可以对中转集装箱进行拆、拼箱，这改变了以往在港区只能整箱进出的状况，实现了集装箱综合处理以及货物分拨、分销、配送等业务的联动，使该园区成为支线箱源和国际中转箱源的集散地。该园区实行封闭管理，专门发展仓储和物流产业，同时兼有加工贸易业务，这使该园区既有仓储物流功能，又有生产加工功能，甚至有商品展示功能，物流功能得到了很大提升。

天津保税物流园区未来的发展思路是，以发展兼具综合化和专业化的物流园区为方向，以区港联动为发展依托，通过加强园区内产业集群和第四方物流的形成来促进园区的服务整合，最终使园区创造出更大的经济和社会效益。

第一节　物流园区概述

物流园区是指运输公司、配送中心、货物中转站、仓库、批发中心及流通加工厂等多个物流企业在空间上集中布局的场所，或物流企业共同使用的物流空间场所，也就是多个物流中心在某一空间的聚集体，其是提供综合物流及其他配套服务的场所。

一、物流园区的内涵和功能

1. 物流园区的内涵

物流园区将众多物流企业聚集在一起，实行专业化和规模化经营，发挥整体优势，促物

流技术和服务水平的提高,共享相关设施,降低运营成本,提高规模效益。其内涵可归纳为以下 3 点:

(1) 物流园区是由分布相对集中的多个物流组织设施和不同的专业化物流企业构成的具有产业组织、经济运行等物流组织功能的规模化、功能化的区域。其首先是一个空间概念,与工业园区、经济开发区、高新技术开发区等概念一样,具有产业一致性或相关性,拥有集中连片的物流用地空间。

(2) 物流园区是对物流组织管理节点进行相对集中建设与发展的具有经济开发性质的城市物流功能区域。作为城市物流功能区,物流园区包括物流中心、配送中心、运输枢纽设施、运输组织及管理中心和物流信息管理中心等适应城市物流管理与运作需要的物流基础设施。

(3) 物流园区也是依托相关物流服务设施,进行与降低物流成本、提高物流运作效率和改善企业服务有关的流通加工、原材料采购和便于与消费地直接联系的生产等活动的具有产业发展性质的经济功能区。作为经济功能区,其主要任务是开展满足城市居民消费,就近生产、区域生产组织所需要的企业生产、经营活动。

2. 物流园区的功能

物流园区作为物流中心或配送中心集中布局的场所,是多种物流设施和不同类型物流企业在空间上集中布局的场所,是具有一定规模和综合服务功能的物流集结点。

1) 物流服务

物流园区集中物流基础设施,提供各项物流服务,完成各种流作业功能。其具体包括以下 3 个方面:

(1) 具有综合各种物流方式和物流形态的作用,可以全面处理进货、验货、储存、订单处理、分拣、包装、装卸、流通加工、配送等作业方式及不同作业方式之间的转换。

(2) 第三方物流服务:借助专业优势和信息优势,为各类企业提供配送、加工和其他服务。

(3) 城市配送服务:对社会消费物流实现全面的高效配送。

2) 集中仓储

物流园区建立现代化的仓储设施,利用科学的仓库管理方法,实现高效、低成本的仓储。

3) 物流信息服务

物流园区利用自身的信息平台,同社会公用信息网及大型企业内联网进行连接,使园区成为信息汇集地,并实现高效处理信息功能,同时利用现代化的通信技术,提高物流系统管理效率。

4) 多式联运

对于枢纽型的物流园区,它的主要功能还表现在:在发挥其作为物流网络节点优势的同时,起到运输枢纽的作用,实现多式联运功能。

5) 辅助服务

物流园区可通过政府管理部门、行业管理部门和配套服务企业,为物流行业提供全方位的配套服务。

6) 车辆停放

物流园区可以为外地车辆集中停放、城市便捷车辆临时停放、园区自身车辆停放提供场地。

7）结算功能

结算功能是物流功能的一种延伸，不仅仅是物流费用的结算，在从事代理、配送的情况下，物流园区还要替货主向收货人结算货款等。

8）预测功能

现代物流的供应链管理一体化要求物流园区要经常根据物流园区商品进货、出货信息和库存周转信息来预测未来一段时间内的商品进出库量和市场销售情况，进而预测市场对商品的需求。这样可在提高供应链上各环节的物流效率的同时，实现供应链上各部门的最佳经营效益。

9）物流系统设计咨询功能

物流园区由于集中了专业物流设施、现代化信息技术和专业化物流人才，因此具备专业物流系统设计咨询功能。其可为不同的服务对象提供它们需要的物流系统设计。这是一项增加价值、增加物流园区竞争力的服务。

10）配套服务功能

物流园区通过入驻形式，在有关部门（商检、税务、保险、银行、铁路、民航）的配合下，开展相关领域的配套服务。例如，协助进行商品的仓储检验和报关、代理征税；开设货物运输紧急救援系统；利用信息技术，协助进行货物跟踪；通过仲裁系统，帮助交易双方处理纠纷。另外，物流园区可以通过提供物流教育与培训功能，提高客户对物流管理的认知能力和物流管理水平。

二、物流园区的分类

1. 按服务对象和服务范围的不同划分

按服务对象和服务范围的不同，物流园区的形式主要划分为以下 3 种。

1）国际型物流园区

国际型物流园区是依托港口、陆路口岸，与集装箱运输和海关监管通道相结合的大型转运枢纽。

2）区域型物流园区

区域型物流园区是跨区域的长途运输和城市配送体系之间的转换枢纽。

3）市域配送型物流园区

市域配送型物流园区是支持商贸和城市生活的物流园区。

以上划分方式为规划期间物流园区的功能定位进行了初步界定，但实际上物流园区的服务对象和服务范围并非一个绝对准确的划定范围，因此多数物流园区往往同时具有以上 3 种类型的交叉定位，而以其中某一种为主。

2. 根据开发主体和发起者的不同划分

根据开发主体和发起者的不同，可将物流园区划分为以下 3 种。

1）公共投资型物流园区

公共投资型物流园区在德国较为多见，国内规划的也有相似实例，例如深圳平湖物流基地、上海西北物流园区等。对德国物流园区的考察分析表明，德国现有物流园区多数为公共投资型物流园区，但也不排除个别私营企业的完全投资行为。对德国 11 个物流园区的分析结果显示，其中 10 个为公共投资或公共-私人合资型物流园区，1 个为完全企业投资型物流园区。

2）私有投资型物流园区

没有公共机构的资金支持，完全或绝大部分由私有公司投资开发的物流园区为数较少，但也不乏有人投资这种回报率较低、回收期较长的大型基础设施项目。

3）公共–私人合资型物流园区

实际上，绝对的公共机构或绝对的私人财团投资物流园区这种大型公益性的物流基础设施的例子并不多见，国内外现行的物流园区大多均为公共机构主导、多渠道融资建设开发的。

3. 根据物流园区发展的行业导向的不同划分

根据物流园区发展的行业导向的不同，可将物流园区划分为专业型物流园区和综合型物流园区两大类。

1）专业型物流园区

专业型物流园区在行业导向上常以某个行业为主导。例如，德国的德累斯顿、沃尔夫斯特等物流园区均是以汽车制造业为主导的物流园区，埃姆斯兰则是以造纸业为主导的物流园区。

2）综合型物流园区

综合型物流园区在行业导向方面以混合行业导向为主，可以由零散的多个行业构成，例如由石油产品制造业、汽车制造业、家电制造业、家具制造业等共同构成物流园区。国外现有的物流园区多数均为综合型物流园区。

4. 根据物流园区位置构成的不同划分

借鉴国外的成功经验，在原有物流园区类型划分的基础上人们又提出了集中型物流园区和非集中型物流园区的全新划分思路。

1）集中型物流园区

集中型物流园区的主要特点表现在用地的集中连片上，连续用地规模较大，区内包含一套通达性较强的联合运输（公路、铁路、航空、水运等）转运系统，这套转运系统可以位于园区内部，也可以位于园区附近，与园区本身在组织上是一体的。

在开发集中型物流园区时主要以规划发展新的场地为主，在行业导向上以发展、吸引专业物流企业为主旨，集中发展大型货运商和物流服务商，在开发运输载体方面最好能与两种或两种以上运输方式连接。

2）非集中型物流园区

非集中型物流园区在表现形式上与集中型物流园区恰恰相反，它在空间上可以是数个被分开的区域的联合体，人们通过信息网络化的手段将这些分散的个体相互连接起来。它可以是多个公路运输站场、铁路枢纽站、航空港或水运港的松散联合体，区域内又可包含一些原有的物流密集型的企业基地或市场，通过信息网络的实体将它们组织在一起，以尽可能地发挥各自的功能与优势。

非集中型物流园区在场地开发时主要以发展现有物流企业的土地面积为主，在行业导向方面既可以物流企业为主，也可以混合行业导向为主，重要的是对原有基础设施的有效开发利用以及采取现代的物流技术对它们进行资源整合。由于个体分散和运输方式相对聚集的特点，非集中型物流园区中通常有两种以上的运输载体存在。

三、物流园区的作用

1. 对各类物流资源的有效整合作用

物流园区建立后，有利于物流业的集聚，发挥整体集聚效应，吸引物流相关企业及政府的相关部门进驻园区或在园区设立分支机构，从而把运输、配送、仓储、信息、政务等所有物流资源适当地融合在一起，形成较为完善的物流系统。通过系统内部优化，物流园区能更完整地发挥出物流行业的整体优势，使各类资源优势互补，各取所长，从而加快流通速度、提高流通效率、降低物流成本。建设物流园区有利于物流业健康有序地发展，也便于政府及相关部门实施规范而有效的管理。

2. 对货站与堆场、技术与管理的集约作用

量的集约，将过去许多个货站、堆场集约在一处；货场处理的集约，表现在将过去多处分散的货场进行处理，集约在一起；技术的集约，表现在物流园区中采用有效的生产流程和大规模处理设备；管理的集约，表现在利用现代化手段进行有效的组织和管理。

3. 对各类运输方式的衔接作用

具有多式联运功能的物流园区，能把传统运输方式下相互独立的海、陆、空各个运输手段以科学合理的流程统筹组织起来。一般来说，长距离运输，宜采用铁路、水路或空运等运输方式，而两头的衔接和货运集散则以公路运输为主。

4. 对联合运输的支撑作用

物流园区对联合运输的支撑作用主要表现在对已经应用的集装、散装等运输形式，通过联运形式使之获得更大的发展。

5. 对联合运输的扩展作用

过去受条件的限制，联合运输仅在集装系统等领域才能获得稳固的发展，其他散杂和分散接运的货物很难进入联合运输领域。采用物流园区后，可通过园区之间的干线运输和与之衔接的配送、集货运输使联合运输的对象大为扩展。

6. 提高物流水平的作用

物流园区对提高物流水平的作用主要表现在缩短了物流时间，提高了物流速度，减少了多次搬运、装卸、储存的环节，提高了准时服务水平，减少了物流损失，降低了物流费用。

7. 改善城市环境的作用

物流园区对改善城市环境的作用主要表现在减少了线路、货站、货场、相关设施在城市内的占地面积，减少了车辆出行次数，集中进行车辆出行前的清洁处理，从而减少了噪声、尾气、货物对城市环境的污染。

8. 促进城市经济发展的作用

物流园区促进城市经济发展的作用主要表现在降低物流成本、降低企业生产成本，从而促进经济发展，以及完善物流系统在保证供给、降低库存从而解决企业后顾之忧方面的作用。

四、物流园区的发展模式

1. 开发与发展模式

从宏观经济的角度，物流园区应仅存在于经济中心城市，交通枢纽和工业、商业组织的中心地区，而且，从区域经济关系及经济组织的特点、物流的发展趋势和物流园区的总体功能考虑，中心城市应需要相应的物流组织功能区，即规模化的物流园区。反之，作为经济开发功能的体现和使城市发展成为经济中心城市的潜在动力，利用物流园区进行带动在理论上是成立的，但必须慎重决策。

根据国内外与物流园区功能相同或相当的物流基础设施开发建设的经验，中心城市物流园区在发展模式上的可能选择有4种，即经济开发区模式、主体企业引导模式、工业地产商模式和综合运作模式。

1）经济开发区模式

物流园区的经济开发区模式，是将物流园区作为一个类似目前的工业开发区、经济开发区或高新技术开发区的项目进行有组织的开发和建设。

中心城市物流园区的经济开发区模式，是在特定的开发规划、政策和专门的开发部门的组织下进行的经济开发项目。由于物流园区具有物流组织管理功能和经济发展功能的双重特性，因此，建立在经济开发区模式基础之上的物流园区建设项目，实际上就是在新的经济发展背景下的全新的经济开发区项目，而且以现代物流的发展特点、趋势和在经济发展中的地位和作用来说，物流园区无疑是构筑高效率和转变经济增长方式与增长质量的新的经济发展体系的重要组成部分。

2）主体企业引导模式

从市场经济发展的角度和利用市场进行物流资源和产业资源合理有效配置的角度来看，利用在使用物流技术进行企业经营和企业供应链管理中具有优势的企业，由其率先在园区的开发和发展，并在宏观政策的合理引导下，逐步实现物流产业的聚集和依托物流环境进行发展的工业、商业企业的引进，达到物流园区开发和建设的目的，这就是主体企业引导下的物流园区开发模式。

主体企业引导的物流园区开发模式，要求在城市经济管理体制、管理机制等制度方面具有较大的改革步伐和创新，要求能从中心城市发展和区域经济发展的高度，培育物流园区发展所需要的实力企业和良好的市场环境。

3）工业地产商模式

物流园区开发的工业地产商模式，是指将物流园区作为工业地产项目，通过给予开发者与工业项目开发相适应的土地政策、税收政策和优惠的市政配套等相关政策，由工业地产商主持，进行物流园区的道路、仓库和其他物流基础设施及基础性装备的建设和投资，然后以租赁、转让或合资、合作经营的方式进行物流园区相关设施的经营和管理。

物流园区的工业地产商开发模式的理论基础是物流园区的开发和建设，其目的在于建立良好的物流运作与管理环境，为工业、商业以及物流经营企业创造提高物流效率和降低物流成本的条件，园区建设自身不是为了赢利，是一种社会效益的体现，城市及政府的收益来自整体经济规模的扩大和经济效率与效益的提高。

4）综合运作模式

综合运作模式是指对上述经济开发区模式、主体企业引导模式和工业地产商模式进行混合运用的物流园区开发模式。

物流园区项目由于一般具有较大的建设规模和涉及经营范围较广的特点，既要求在土地、税收等政策上的有力支持，也需要在投资方面能跟上开发建设的步伐，还要求具备园区的经营运作能力。因此，单纯采用一种开发模式，往往很难达到使物流园区建设顺利推进的目的，必须对经济开发区模式、主体企业引导模式、工业地产商模式等进行综合运用。

2. 建设和发展机制

物流园区的建设和发展机制主要体现在以下几个方面：

（1）建立科学的园区建设发展机制；
（2）对园区建设项目的实施提供宏观环境支持；
（3）落实园区开发优惠政策及运作保障；
（4）引导和培育市场需求；
（5）协调与园区发展相关的各个部门的关系。

第二节　物流园区选址

物流园区选址是指在一个具有若干供应点及若干需求点的经济区域内选一个地址设置物流园区的规划过程。

一、物流园区选址的原则

为了使物流园区发挥其应有的作用，物流园区规划选址时应遵循以下几条原则。

1. 经济合理性原则

为物流企业发展提供有利空间、吸引物流企业是决定物流园区规划成败的关键。在物流园区选址时，必须以物流现状分析和预测为依据，按照空间范围的大小，综合考虑影响物流企业布局的各种因素，选择最佳地点，确定最佳规模。

2. 环境合理性原则

缓解城市交通压力、减轻物流对环境的不利影响是物流园区建设的目的之一，也是"以人为本"思想的直接体现。使占地规模较大、噪声污染严重、对周围环境具有破坏性的物流园区尽量远离交通拥挤、人口密度大和人类活动比较集中的城市中心区，为人们创造良好的工作生活环境，这既是物流园区产生的直接原因，也是城市可持续发展的必然要求。

3. 利用现有仓储设施原则

在诸多物流基础设施中，仓库以其庞大的规模和资产比率，成为物流企业的空间主体，国外的仓库用地占整个配送中心用地的40%左右。仓库资金投资大、回收期长且难以拆迁，充分利用现有的仓储设施，则可基本解决原有设施再利用及优化资本结构的问题。仓库多分布在交通枢纽和商品主要集散地，交通便利，区位优势明显，可满足物流企业对市场区位和交通区位的要求。充分利用已有仓储用地，可以减少用地结构调整和资金投入，是物流园区选址的捷径。

4. 循序渐进原则

物流园区的建设具有一定的超前性，但任何盲目的、不符合实际的超前都可能造成不必要的资源浪费。因此，必须坚持循序渐进原则，结合地区实际，在客观分析物流业发展现状和未来趋势的基础上，合理布局物流园区。

5. 与地区及城市总体规划相协调原则

物流园区选址应与国家以及省市的经济发展方针、政策相适应，与我国物流资源和需求分布相适应，与国民经济和社会发展相适应，以城市的总体规划和布局为蓝本，顺应城市产业结构调整空间布局的变化要求，与城市功能定位和远景发展目标相协调。

6. 结构合理性原则

物流园区选址应将国家的物流系统网络作为一个大系统来考虑，使物流园区的设施、设备在地域分布、物流作业生产能力、技术水平等方面相互协调。

二、物流园区选址的影响因素

在城市现代物流体系规划过程中，物流园区选址主要应考虑表 5.1 所示的因素。

表 5.1 物流园区选址的主要影响因素

需求因素	运输费用
	准时运送
	商品的本质特征
自然环境因素	气象条件
	地质条件
	水文条件
	地形条件
经营环境因素	经营环境
	商品特征
	物流费用
	服务水平
基础设施因素	土地资源利用
	环境保护要求
	周边环境

三、物流园区选址的方法

随着选址理论的发展，很多种物流园区选址的方法被开发出来，归结起来主要有 5 种：解析方法、最优化规划方法、启发式方法、仿真方法以及综合因素评价法。

1. 解析方法

解析方法通常是指物流地理重心法。这种方法通常只考虑运输成本对物流节点选址的影响，而运输成本一般是运输需求量、距离以及时间的函数，因此解析方法根据距离、需求量、时间或这三者的结合，通过在坐标上显示，以物流节点位置为因变量，用代数方法来求解物流节点的坐标。

2. 最优化规划方法

最优化规划方法一般是在一些特定的约束条件下，从许多可用的选择中挑选出一个最佳方案。运用线性技术解决选址问题一般需要具备两个条件：一是必须有两个或两个以上的竞争对象；二是所有的相关关系总是确定的。最优化规划方法中的线性规划技术以及整数规划技术是目前应用最为广泛，也是最主要的选址方法。

3. 启发式方法

启发式方法是一种逐次逼近最优解的方法，大部分在 20 世纪 50 年代末期以及 20 世纪 60 年代期间被开发出来。用启发式方法进行物流园区选址及网点布局时，首先要定义计算总费用的方法，拟定判别规则，规定改进途径，然后给出初始方案，迭代求解。

4. 仿真方法

仿真方法是试图通过模型模拟某一系统的行为或活动，而不必实实在在地建造并运转一个系统，因为那样可能会造成巨大的浪费，或根本没有可能实地去进行运转实验。在选址问题中，仿真技术可以十分显著地通过反复改变和组合各种参数，多次试行来评价不同的选址方案。利用这种方法还可以进行动态模拟，例如，假定各个地区的需求是随机变动的，通过一定时间长度的模拟运行，可以估计出各个地区的平均需求，从而在此基础上确定物流园区的位置。

5. 综合因素评价法

综合因素评价法是一种全面考虑各种影响因素，并根据各影响因素重要性的不同对方案进行评价、打分，以找出最优的选址方案的方法。常用的方法有层次分析法和综合模糊评价法。

四、物流园区选址的模型

物流园区选址的模型通常包括重心法（第三章已详细讲解）、线性规划和非线性规划模型，但是在长期的应用实践过程中人们发现非线性模型能更好地解决物流园区选址问题，因此在现行的物流园区选址规划中多采用非线性规划模型。

第三节　物流园区的规划分析

物流园区规划指的是对物流园区进行比较全面的、长远的发展计划，是对未来整体性、长期性、基本性问题的思考、考量和对未来整套行动方案的设计。物流园区规划有别于国家与区域物流发展规划，又不同于工业与房地产业园区的规划。物流园区规划更偏重于在较大规模的地域范围内，土地布局与功能布局结合的科学性，更偏重于园区建设发展的基础条件规划，更突出物流产业的特点以及相关产业发展的协调等要素规划。

一、物流园区的可行性分析

在当今社会的物流发展中，物流园区起着至关重要的作用。因此，对物流园区的规划设计也应该有一个较为全面的、系统的流程和要求。物流园区的可行性分析包括多个方面的分析，如市场调查，物流园区的主体分析、风险分析、收益分析等，主要进行主体分析和风险分析。

1. 物流园区主体分析

在我国，物流园区的兴建主要是由政府主持的，但不能忽略的是物流园区的主体不应该是政府及一些领导部门，而应该是那些在园区内和园区外分布的各类型的企业。虽然政府的支持是必不可少的，但政府过多干涉只会制约物流园区的发展，甚至影响整个物流产业的发展。因此，只有置物流园区于经济市场的潮流中，物流园区和其领导的整个物流行业才能够真正地发展，才能够真正带动第三利润源的增长。

2. 物流园区风险分析

"风险"一词包括两个方面的含义：一是风险意味着出现了损失，或者未实现预期的目标；二是这种损失的出现是一种具有不确定性的随机现象，可以用概率表示其出现的可能程度，但是不能对其出现与否作出确定性判断。

1）造成规划过程中风险的原因

（1）物流园区规划分析的非精确性。物流园区选址工作的第一个步骤就是进行调研，进行相关资料的收集和整理，而对物流园区未来所在地的判定也是建立在相关资料的收集和整理的基础上的，只有根据所收集到的资料，才能对物流园区建成后的流量、运价、成本和收益等因素予以初步的确定，从而据此建立模型，进行判断。

（2）人们对物流园区问题认识的有限性和短视行为。物流园区是现代经济发展的产物，在我国，其更是近10年才出现的，因此人们对物流园区的认识是极为有限的。这种对物流园区问题认识的有限性，导致了选址过程中存在着许多人们尚未进行考虑的影响因素，例如竞争性因素与可持续性因素，而这些影响因素又极可能对物流园区的规划有着极大的影响，因此这些影响因素便成为物流园区规划中的风险因素，其一旦发生，会对物流园区的建设与运营产生极大的影响。

2）物流园区规划中的风险分类

在物流园区规划过程中，物流园区规划的风险可以分为经济风险、竞争性风险和可持续性风险3种。

（1）经济风险中最为重要的4个风险因素为：流量、运费、收益与成本。

（2）竞争性风险包括临近上游供应商的程度、临近下游客户的程度、临近竞争者的程度、临近市场的程度以及市场增长潜力。以发展和战略的眼光看，竞争性风险将会是物流园区规划中变化最大和最为重要的因素。

（3）可持续性风险主要分为两种：自然环境合理性和进一步发展空间。

了解了物流园区规划过程中可能出现的风险，就要针对其进行系统的风险管理，将风险所造成的损失降到最低。

二、物流园区规划的原则

1. 坚持科学选址原则

物流园区如何选址，一般来说取决于建立物流园区的主要目的。例如，如果以解决市内交通拥挤、缓解城市压力为重点考虑建立物流园区，可以将其建在城乡连接处；如果以经济收益为重点考虑建设物流园区，则可以将其建在交通枢纽地区或产品生产与销售的集散地区。最理想的物流园区，应该建在铁路网络，公路网络，航空、水空网络的连接点和交汇地。

2. 坚持统一规划原则

建设物流园区需从宏观经济的角度出发，对国内外市场的发展和货物流通量等情况进行认真的调查分析和预测，根据长远的和近期的货物流通量，确定物流园区长远和近期的建设规模。同时，对物流企业、交通运输设施等的分布和发展现状也要作好调查。在充分掌握第一手材料的基础上，搞好物流园区规划。这要求政府具体问题具体分析，按照区域经济的功能、布局和发展趋势，依据物流需求量及其不同特点进行统一规划，尤其要打破地区、行业的界限，按照科学布局、资源整合、优势互补、良性循环的思路进行规划，防止各自为政、盲目布点、恶性竞争、贪大求洋，避免走弯路、误时间、费钱财。

3. 市场化运作原则

建设物流园区，既要由政府牵头，统一规划和指导协调，又要坚持市场化运作原则。应该按照"由政府搭台，企业唱戏，统一规划，分步实施，完善配套，搞好服务，市场运作"的企业主导型市场化运作模式进行规划，吸引企业进驻和整合资源，打造物流园区优良的基础设施、先进的物流功能、健康的生活环境和周到有效的企业服务。

4. 以市场需求为依据原则

物流园区的建设要结合当地的实际，以免建成后无人进驻，有场无市。物流园区的建设规模要与物流市场的需求相适应，服务水平和服务价格要与市场需求相适应，不能脱离需求盲目发展。

5. 高起点现代化原则

现代物流园区是一个具有关联性、整合性、集聚性和规模性的总体，其规划应该是个高起点、高重心的中长期规划，并具有先进性和综合性。因此，规划现代物流园区必须瞄准世界物流发展的先进水平，以现代化物流技术为指导，坚持高起点、现代化。物流园区必须以市场为导向，以物流信息管理系统的建设为重点，以第三方物流企业为主体，成为现代物流技术的研发、应用或转化的孵化基地。

6. 合理利用现有物流资源原则

在进行物流园区的新建或改建时，一定要综合考虑既有物流资源的利用情况，避免重复建设或物流资源的浪费。目前，我国仓库资源规模较大，仅流通领域的仓库面积就达 3 亿多平方米，但仓储管理落后，设备陈旧，平均资源利用率还不到 40%。

7. 柔性化原则

针对我国目前现代物流产业发展还不够完善，人们的认识还不够深入的情况，现代物流园区规划应采取柔性规划，突出规划中持续改进机制的确定，确立规划的阶段性目标，建立规划实施过程中的阶段性评估检查制度，以保证规划的最终实现。

8. 风险预防原则

由于现代物流园区的建设投资大、周期长、效应长、建设风险大，因此必须有合理的"风险评估报告"，通过定性、定量结合的风险评估，真正建立一套科学的投资决策机制和项目风险评估机制，以提高规划的科学性和可行性，起到风险预防的作用。

9. 人才优先原则

物流园区的建设规划是非常复杂、非常庞大的工程，涉及的专业领域也很广泛，必须有众多的各种类型的专家型人才参与才能妥善地完成。所谓专家型人才，是指在某个领域积聚了多年经验、在理论上有一定造诣、有一定技术专长的人员。在项目进行的不同阶段，应该让不同类型的专家发挥作用。

10. 理想模式与现实相结合原则

在设计和规划物流园区时，既要照顾长远，又要考虑现实，宏伟计划与可操作性要融为一体。在制订物流园区规划时，要了解国外的经验和教训，要使计划与我国的国情和经济发展阶段相一致，应该花些时间进行详细调研和认真分析，防止盲目性，不能脱离现实单一地追求形式。

11. 长远规划与眼前利益兼顾原则

物流园区建设由于投资规模巨大等原因,有时需要统一规划、分期建设、分期进行。物流园区规划也要有长、中、短之分,要把有限的财力用在关键部位上,做到长远规划与眼前利益兼顾。

12. 关联性原则

关联性是产业系统性、综合性的补充和丰富,系统的有机联系一般表现为系统的一定结构。就产业集群而言,其是指集群内众多的企业在产业上有关联性,能共享诸多产业要素,包括专业人才、市场、技术和信息等。产业关联是产业集群布局战略选择的主要组成部分,因此产业的关联性对产业集群布局战略及其结构调整有极大的影响。

13. 效率和公平原则

一般而言,有效率的资源配置在利益的驱动下通常会造成空间的非均衡,因此政府的地区政策的主要目标是实现地区总体效率与空间的公平兼容与结合,同时根据我国国情,我国在今后相当长的一段时期内,地区经济布局和发展仍将注重效率兼顾公平,采取地区经济不平衡发展战略。

三、物流园区规划建设布局

1. 依托运输组织枢纽进行布局

依托运输组织枢纽进行布局,即物流园区往往伴随着枢纽港口、机场、铁路货站(场)、公路运输主枢纽进行布局,或直接与运输枢纽合而为一,最大限度地利用运输组织枢纽在货源集中和运输便利上的优势,减少装卸和搬运作业环节和降低相关环节的费用,提高物流作业效率。

2. 依托交通枢纽进行布局

依托交通枢纽进行布局的物流园区在空间布局上的突出特点是位于两种运输方式的线路交叉点,或不同方向的同一种运输方式的干线网络节点上,其目的是在物流组织时具有各个方向上的干线大运量、快捷运输组织条件,也便于降低运输成本和减少迂回运输,区域型物流园区和商贸流通型物流园区多采用此种空间布局方式。

3. 依托制造业基地进行布局

经过十多年的发展,我国相当数量的经济开发区、工业开发区、产业园区、保税区等形成了规模,自身逐步具有配套生产能力,或者成为进出口加工工业的制造中心,对规模化的物流服务与组织需求较大。因此,许多物流园区依托这些产业集中地区进行布局,以便为制造业的原材料采购、产品生产、产成品销售等的物流组织与管理提供便捷的服务。

第四节 物流园区规划与设计

一、标准的物流园区规划与设计的主要内容

标准的物流园区规划与设计应包括基础设施规划与设计、功能布局、设施配置与规模计

算、信息平台建设等方面的内容。

1）基础设施规划与设计

我国一些物流园区的规划面临着基础设施不完善、与物流园区建设要求不相适应的现象，比如广西省南宁港港口物流园区。从陆路交通条件来看，南宁市目前城乡交通运输基础设施还不够完善，许多高速公路、通信等网络设施严重缺乏。在城市内现有物流基础设施如大量的仓库多为老旧建筑，专业化和社会化物流基础设施如物流配送中心、高架自动仓库等尚处于发展初期，只能满足低水平、低效率的物流服务需求。

基础设施建设是物流园区规划建设的一个重要组成部分，是物流企业开展业务的实体依托，是物流园区发展的必要基础。它不仅包括物流相关设施的建设部分，还包括对既有基础设施的改造部分。

（1）交通基础设施规划。物流园区集中较多的物流企业，每日的运输量十分庞大，这对交通基础设施提出了很高的要求。规划需要结合所处位置的交通运输网络进行资源配置，积极发展各种运输方式多式联运、集装箱运输、城市配送等，以实现货畅其流。交通基础设施还应该结合物流园区的服务功能和范围逐步加以改善。

（2）通信网络规划。通信网络建设是物流园区进行信息沟通的重要保证，在对园区信息量进行预计的基础上，合理铺设光纤线缆、电网等通信物理基础设施，从而实现园区内外企业资源、信息的快速高效交流与共享。

（3）市政基础设施规划。市政基础设施规划主要由给水、排水、燃气、环卫、供电、通信、防灾等各项工程系统构成，是物流园区正常运作的基础，能够保证园区的正常生产生活。

（4）环境设施规划。物流园区集中了大量物流企业，这一方面集中了大量的车辆，另一方面其开展的物流经营业务，如流通加工，势必给园区环境造成不利影响。物流园区规划应注意合理设置排污设施和环境监测仪器、预留绿化带用地等。

2）功能布局

目前我国物流园区功能定位不明确，园区布局不科学。一方面，物流园区内不同的功能区之间业务重叠，比如物流分拨区内可能存在大量的仓储设施，仓储服务区内又过多地开展加工增值服务；另一方面，各个园区之间、园区内的功能区之间，缺少交流与合作，其注重的都是按规划自我发展，忽视了合作的重要性，这使得物流园区不能通过在功能上的合作增强竞争力。如上海浦西的西北综合物流园区和南方物流园区，两者地理位置相近，功能定位也十分相近，增强合作将同时加强两园区的竞争力，但这两大园区并没有建立起很好的合作关系。

国标《物流园区分类与基本要求》将物流园区分为几种类型：货运服务型、生产服务型、商贸服务型和综合服务型。物流园区的功能依据定位的要求确定，是实现园区的主要用途及发展目标的基础。物流园区的主要功能区包括：

（1）物流分拨区。物流分拨区着眼于货物集散，吸引企业开展国际、国内货物的分拨、整理、配送、运输、报关等业务。其满足周边城市企业货物的运输、仓储、中转、信息发布等需求，把物流园区打造为区域物流枢纽，结合航空、铁路、公路等交通网络资源，开展多式联运。

（2）仓储服务区。仓储服务区运用现代技术对物流园区内物品的进出、库存、分拣、包装、配送及其信息进行有效的计划、执行和控制。需要建设自动化立体仓库、冷藏冷冻库，应用自动分拣技术、RFI 等先进的科技手段和设备，提高仓储效率。仓储服务区不仅提供传统的存储服务，还提供组装、包装、贴签等增值服务。

（3）加工增值区。加工增值区借助优越的交通优势，吸引产品的加工业务。周边企业将产品的加工业务转移到物流园区内，能节约物流成本、增强对订单的反应速度、减少不合理库存，物流园区也能通过这一增值服务获得新的价值。

（4）展览展销区。作为一个综合服务型物流园区，展览展销区是必备的功能区，它能为企业提供产品或服务的展示场所，同时负责展览前后的运输、仓储、包装、报关和展览中的装卸、搬运、保管，以及在此过程中所需要的信息交流与沟通。物流园区也能在提供此功能的同时获得高附加值和高利润，扩大自身的影响力。

（5）管理办公区。管理办公区应位于物流园区入口处，沿主干道设置，主要设置政府职能部门、海关、"三检"等管理机构，以及负责园区建设、管理、招商全面工作的联合办公机构。以上管理部门分工合作，负责物流园区招商，为企业办理入驻相关证件，入驻后对企业进行业务服务并实施监管。

（6）配套服务区。配套服务区应与管理办公区相邻，主要设置金融、保险、银行、代理、会计、邮电通信等为企业和货主提供服务的机构，以及为物流园区内的人员提供日常生活所需要的餐饮、就医、交通等服务的设施。

3）设施配置与规模计算

不少物流园区不切实际地规划建设先进、超前的物流设施与设备，没有采取分阶段、分步骤地根据物流需求状况建设、完善物流园区的方法，一味追求大、全、新，陷入了高空置率的窘境。例如北京西南综合物流基地的规划面积为 33.3 万 m^2，预期投资为 100 亿元人民币；南京港龙潭物流园区的规划面积为 758 万 m^2，一期投资为 2 亿元人民币；某直辖市已经规划的物流园区用地是东京的 4~5 倍，而这个城市的物流量却远不及东京的物流量。

决定物流园区规模的设施主要包括办公楼、停车场、集装箱堆场、各类仓库、园区交通线路、绿化等，其中停车场、集装箱处理区和仓库、道路都有相应的设计规范或标准，下面根据《物流园区规划与设计》一书，对各部分设施面积的计算进行简要阐述。

（1）停车场面积。由于物流园区停车场中所停放车辆车型结构复杂，不宜使用停车场规划方法计算面积，可采用如下方法：

$$T = k \times S \times N$$

其中，T——停车场面积；k——单位车辆系数（$k=2$~3）；S——单车投影面积，根据主要车型的投影面积来确定；N——停车场容量，通过调查及预测方法结合物流园区作业量获得。

另外，停车场的纵横坡度结合物流园区内有组织排水的设计严格控制。一般的，停放车辆的纵向坡度应小于 2%，横向坡度应小于 3%。

（2）集装箱处理区面积。集装箱处理区是办理集装箱重箱或空箱装卸、转运、保管、交接和处理拼箱货物的场所。其规模设置主要依据国标《集装箱公路中转站站级划分和设备配备》规定的有关参数，主要包括拆装箱库面积、集装箱堆场面积、装卸作业场面积和集装箱库站台面积等。

（3）物流仓储、流通加工区面积。物流仓储、流通加工是物流园区的主要功能之一，这部分面积根据物流园区功能定位的不同，一般在物流园区总占地面积的 30%和 40%之间变化。其主要提供标准化的各类仓库，为客户提供仓储和配送等服务，同时也为入驻物流园区的企业提供流通加工的场所。其主要包括各类库房（收货区、收货暂存区、存储区、流通加工区、发货区等）。

由于物流园区处理的货物种类多、特性各异，可根据下面的公式计算仓库的需求面积：

$$C=(Q\times\alpha\times\beta)/(m\times n)$$

其中，C——仓库的需求面积；Q——日货物处理量（t）；α——货物平均存储天数；β——每吨货物平均占用面积（m^2）；m——仓库利用系数；n——仓库空间利用系数。

（4）线路面积。进出物流园区的车流量大、车型复杂，交通线路系统的科学设置能保证园区内良好的交通秩序，应采用单向行驶、分门出入的原则。园区内线路是相对于外部的省、国道的支路而言的，以承担园区内短距离交通为主，支路可以视地块大小的实际情况进行取舍，主干道设计为双车道，辅助道路设计为单车道，每车道宽 3.5 m，单侧净空为 0.5 m。物流园区道路面积一般占总面积的 12%~15%。

（5）绿化面积。根据国家规定，园区内绿化覆盖面积要达到总占地面积的 30%，除考虑利用上述占地面积间的空余地带进行绿化（如道路两旁、广场、建筑物边等）外，还至少应有 15%~20%的地带专设为绿化用地。

（6）其他建筑面积。物流园区为入驻企业、相关机构提供商务办公场所和相关人员的生产、生活设施，此部分面积根据企业开展商务活动的具体情况确定，并且随着园区的不断发展、区内入驻企业的增多、相关人员生产生活、餐饮娱乐设施的逐渐完善而增大。

（7）发展预留用地。考虑物流园区发展过程中的不可预见因素的影响，一般应预留 3%~5%的空地，近期可作为绿化用地或其他简易建筑用地。

4）信息平台建设

我国物流园区急需构筑物流信息平台、应用物流标准化软件。全国物流标准化技术委员会早在 2003 年就启动了有关研究项目，但从我国信息化程度较高的物流园区来看，有时数据交换仍然要面向七八种不同的模式。同时，标准化的数据交换还要受到许多条块分割体制的制约，这阻碍了物流园区内企业的信息交流与共享，不利于企业间的合作与园区内业务效率的提高。

发展现代物流业离不开信息技术与网络技术的支持。在物流园区规划与设计中要注意信息平台的规划，通过物流信息整合已有资源，构筑物流信息平台。信息平台涉及贸易流通、国际通关等多个环节，是多方参与的复杂系统。规划与设计时应考虑物流园区与政府的共用性以及园区内企业对时效性、零库存及物流功能外包的要求，以确定各功能模块的详细功能及开发次序。

二、物流园区规划与设计的内容

在区域物流系统和物流园规划理论与方法方面，我国还处在起步阶段，有相当多的理论和方法尚待研究。要实施把物流作为新的经济增长点的发展策略，物流规划理论与方法的研究必须扎实地展开。物流园区规划是对城市区域物流用地进行空间布局，对区内功能进行设计和定位、对设备与设施进行配置、对物流园区的经营方针和管理政策进行规划。通过合理规划和建设物流园区，可以实现对货物、货场、物流技术，甚至物流企业的集约化管理,最大限度地发挥现有物流资源的效益,增强物流园区的竞争力。图 5.1 所示为物流园区规划与设计的内容,主要包括功能规划与设计、用地规划与设计、交通组织设计与交通影响分析、规划仿真及评价。通过这些子模块,可以得到物流园区的初步规划方案。

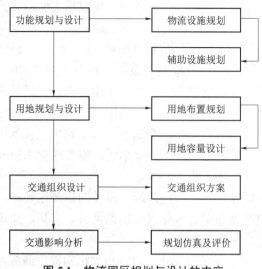

图 5.1 物流园区规划与设计的内容

1. 物流园区功能规划与设计

所谓物流园区功能规划与设计,即确定物流园区应该具备的功能之后,根据设备、设施选型、运作流程和停车场规划的理论和原则,确定功能中各个要素的数量、容量等特征,定出物流设施规划方案和辅助设施规划方案两部分。

(1)功能预测。物流园区功能预测就是采用货运规划理论、城市交通理论和经济理论确定物流园区的规模和容量,主要包含物流设施规划和辅助设施规划两部分。物流设施规划主要是对库存区、装卸平台和拣货区、进货暂存区、理货区等进行设施规划,包括确定容量、形式和数量等重要指标。然后根据设施的形式和操作要求,选择所需的物流设备的形式(比如容器设备、储存设备、拣取设备、物料搬运设备、流通加工设备和装卸设备等的形式)。

(2)辅助设施根据物流园区的功能的不同而有所区别,比如作为综合性节点的物流园区,其一般包括停车场、加油站、修理厂、结算中心、商务区、信息中心、生活区及其他附属设施(比如水电设施等)等,需对这些功能所需设备及活动空间作出详细分析。此部分规划涉及设备、设施选型和停车场规划的理论和原则,规划的详细程度视要求而定。物流园区功能规划与设计是否正确合理,取决于对物流园区功能及其构成的研究、对物流设备的研究和对车辆行为的研究是否正确,而我国目前尚缺少相应的数据、标准和规范,比如关于装卸平台的停车行为的研究及相关参数、指标等,所以还有待深入研究。

2. 物流园区用地规划与设计

物流园区用地规划主要包括用地布置规划和用地容量设计两部分。首先根据物流流程,通过分析物流园区内各个功能区的活动关系、作业空间关系等,进行物流园区空间区域的布置规划,也就是对各个单体进行合理的布置。然后根据土地规划原则和方法,利用功能预测的结果（单体数量、形式等）对物流园区内部的用地进行规划，包括各类单体的用地面积、容积率、用地红线及机动车道路和步行道路系统的规划（走向、红线宽度等）。

3. 物流园区交通组织设计与交通影响分析

物流园区作为一个新开发项目，其物流功能是否能够得到顺利的实现，其物流流程是否顺畅和富有效率，在很大程度上取决于物流园区内部的交通组织是否科学、合理。所以在物流园区用地规划之后，要进行物流园的交通组织，包括机动车交通组织（包括货运车辆和客运车辆）、自行车交通组织、步行交通组织以及标志、标线、信号灯规划等。同时物流园区作为一个新开发项目，由此所诱发的新增交通需求会使物流园区周边地区的交通设施乃至整个路网的服务水平下降，所以进行物流园区交通影响分析是很有必要的。

4. 物流园区规划仿真及评价

以上规划均属于宏观规划评价，不能对物流园区内部的敏感物流设施、交通设施进行评价分析，而这些均是目前物流园区规划和建设中急需解决的问题。为了对宏观规划进行详细的评估，有必要进行更为详细的规划及评价。

1）物流园区微观仿真评价

通过对物流园区企业的物流流程进行调查，得到与物流操作相关的数据，进行统计分析，获得相关参数，结合交通流理论，利用微观仿真技术对物流园区内部的物流行为和交通行为进行仿真，并对仿真结果进行评价，以确定物流园区的服务水平。该模块的评价体系主要包括：

（1）装卸平台服务水平评价；
（2）停车服务水平评价；
（3）交通服务水平评价。

2）物流园区经济分析评价

利用经济分析评价方法，比如费用效益分析法、费用效益分析与环境评价结合的分析方法等，对物流园区规划方案进行评价，主要包括成本分析、效益分析和服务水平分析（物流设施的空间利用率和高峰率等）。

5. 物流园区规划与设计 CAD

根据我国对物流理论与应用的迫切需要，也为了使我国物流园区的规划、建设朝着更科学、更合理的方向发展，同时推动物流理论的应用，物流园区规划与设计 CAD 的开发有着重要的意义，它使得我国的物流系统和物流园区规划与设计实现了计算机化。

复习思考题

1. 简述物流园区的内涵。
2. 物流园区的作用有哪些？
3. 物流园区选址的原则是什么？
4. 如何进行物流园区规划建设布局？

案例分析

烟台市物流园区发展规划

一、选址

该物流园区建设在烟台经济技术开发区西南角沿同三高速公路旁，东起海通工业园，西至同三高速公路与 206 国道交叉口。

二、规模

（1）物流园区规划占地 100 000 m^2。

（2）物流园区建设周期：至 2005 年征地 43 000 m^2（现海通工业园范围）；至 2010 年征地 57 000 m^2（现舒家村以西）。

（3）物流园区用地划分（按入驻企业性质）为第三方物流企业用地、物流软件开发企业用地、物流咨询培训公司用地、物流设备生产厂商用地共 4 类。

物流园区用地比例为 4:2:2:2，即第三方物流企业用地 40 000 m^2，物流软件开发用地 20 000 m^2，物流咨询培训公司用地 20 000 m^2，物流设备生产厂商用地 20 000 m^2。物流园区基础设施用地比例：仓库用地、停车场用地、集装箱堆场用地、道路用地、绿化用地、办公用地的比例分别为 3:1.5:1:1.5:2:1。

三、服务范围

该物流园区立足于经济技术开发区、保税加工区以及相邻的高新技术工业园区等，面向烟台市、辐射东南亚。

四、中、远期目标

至 2005 年通过招商引资使物流园区入驻率达到规划面积的 40%以上。至 2010 年该物流园区发展为大型社会化物流服务和国际商贸后勤基地，为烟台经济提供了强有力的保证，带动了烟台现代物流产业的发展。

五、总体定位

（1）该物流园区是烟台物流产业孵化器。进一步发挥物流产业的主观能动性，通过物流园区建设拉动其他产业的发展，进而起到培育物流市场的作用，长此以往，形成良性循环（辅助原有的优惠政策，通过物流设施的完善，吸引生产、流通企业入驻经济开发区，即拉动其他产业发展，通过其他产业的发展拉动物流需求，从而培育物流市场）。

（2）该物流园区通过吸引第三方物流企业、物流设备生产企业、物流软件开发企业、物流咨询服务企业、物流金融服务企业入驻，相互促进、支持彼此的发展。

六、设施

该物流园区内部规划和建设完善的道路、桥梁、站场网络，与高速公路、城市环路、国道主干线、铁路、机场等要有方便的接口。按照规划面积的 15%规划道路，设计和安装明确的交通标志，实现铺设完善的宽带电信网络。按照规划面积的 20%规划绿地，给水、排水、电力、供热、燃气、环保、防灾、安全保卫等网络设施一次总体规划，统一施工。

该物流园区建立了先进的指挥调度与监控系统和公共物流信息网络平台，建立了物流资源网，设立了烟台物流运价指数，建立了物流资源招投标与拍卖系统。

分析：烟台市物流园区发展规划的成功之处是什么？其战略目标是否切合实际？

实 训 项 目

实训项目五：物流园区规划与设计

实训目的	（1）能够知道物流园区选址的注意事项； （2）对物流园区的规划布局有详尽的了解，将理论运用于实践； （3）能对当地某物流园区的总体规划给出意见和建议。
实训内容	（1）对班级成员进行分组，并选出组长一名，各组长为组员分配任务； （2）对某物流园区进行参观、调研； （3）调研方式多样化，让物流园区的相关负责人带领参观，实际观摩物流园区的规模及运作流程，并进行详细的记录，以便资料的整理； （4）在实训室利用网络等方法收集与该物流园区相关的资料，结合调研、参观的实际情况，对物流园区不同阶段的发展给出自己的意见和建议。
实训记录	
教师评语	
实训成绩	

第六章

物流系统配送中心规划

教学目标

要求学生掌握配送中心的概念和类型，配送中心的设施、设备规划，配送中心的布局和规划。

学习任务

了解配送中心的含义和作用，掌握配送中心规划的原则和程序、配送中心选址的程序和步骤、配送中心的内部布局、配送中心设施与设备的规划。

案例导入

设施选址程序由于受到环境、方法和相关政治问题的影响而变得相当复杂。1993 年，美国百货连锁店 Target，在为发展中的芝加哥地区的市场服务建立一个 9.3 万 m^2 的分销中心的选址中，就遇到了这样的问题。Target 使用室内模型软件分析了由 55 个团体提供的成本和税务鼓励，其中包括诸多因素，如市场的接近度、运输成本、劳动力成本及其可用性。最初的分析将选址限于三个可能的地点，最后，Target 选择了威斯康星州 Oconomoroc 的工业园。Target 完成了所有必要的法律程序来为 Oconomoroc 地址开工，并相信选址程序已经完成了。然而，此时一个称作"银湖环境协会"的非营利性环境组织在威斯康星州收集了许多庭审案例，要求进一步听证。该组织关心的问题集中于暴风雨的排水及其对地表水的影响和由雇员交通所引起的空气污染的影响，以及根据现行的法令工程是否会在任何方面伤害到环境。

Target 项目的反对者相信这个项目是政治上权衡的结果。Stan Riffle 说，银湖环境协会的律师这样讲，"我们潜心研究各层次的许多不同的庭审案例。我们理解 Target 想很快转移。所以我认为，他们会意识到，转移到更适合其工作和设施的地方是明智的"。

从威斯康星州的角度来看，规划一个进攻性的、提倡商业的态度而非反发展的姿态是重要的。威斯康星州的发展部公共信息官员 Tony Honzeny 说："这个社区的人们在发布建设方案之前就知道这个计划。现在为了保护这个地址，其必须符合 58 项独立的条件，这不是一件好像今天你加入进来，明天你就得到允许的事情。在这里，我们试图避免官僚主义，所以在这里如果你能在 90 天内得到一个处理的许可，那是个好消息。"

从 Target 的角度看，公司已经决定在未来的情况下，必须有足够的时间来准备"许可"程序（在这事件上）及任何潜在的政治上的动乱。不久之前，社区还很愿意接受向 Target 这样的大项目，但是由于环境、社会和基础设施问题，当地律师团体就将问题直接指向选址程序。在这些条件下，公司最佳的战略似乎是直接面对环境程序，因为这将有可能由此得到合法权。因而这个战略意味着一个更长、更慢的过程，但结果可能是提供一个最终令所有涉事方更容易接受和满意的解决方案。

第一节　配送中心概述

一、配送中心的含义

配送中心是专业从事货物配送活动的物流场所和经济组织，是集加工、理货、送货等多种职能于一体的多功能、集约化的物流节点。

货运物流实用手册对配送中心的解释：配送中心（Distribution Center，DC）是实现配送业务的现代化流通设施。配送中的"货物配备"是配送中心主要的业务，该业务全部由配送中心完成，而送货既可以完全由配送中心承担，也可以由社会货运企业来完成。

中华人民共和国国家标准物流术语规定，从事配送业务的物流场所和组织，应附合下列条件：

（1）主要为特定的用户服务；
（2）配送功能健全；
（3）有完善的信息网络；
（4）辐射范围小；
（5）多品种，小批量；
（6）以配送为主，以储存为辅。

二、配送中心的类型

1. 按照配送中心的内部特性分类

1）储存型配送中心

这是一种有很强的储存功能的配送中心。一般来讲，在买方市场下，企业成品销售需要较大的库存支持，其配送中心可能有较强的储存功能；在卖方市场下，企业原材料、零部件供应需要较大的库存支持，这种供应配送中心也有较强的储存功能。大范围配送的配送中心需要有较大的库存，其也可能是储存型配送中心。我国目前拟建的一些配送中心，都采用集中库存形式，库存量较大，多为储存型。

2）流通型配送中心

这种配送中心基本上没有长期储存功能，仅以暂存或随进随出的方式进行配货、送货。其典型方式是，大量货物整进并按一定批量零出，采用大型分货机，进货时直接进入分货机传送带，分送到各用户货位或直接分送到配送汽车上，货物在配送中心里仅作少许停滞。日本的阪神配送中心，中心内只暂存货物，大量储存则依靠一个大型补给仓库。

3) 加工配送中心

配送中心具有加工职能。加工配送中心是指根据用户的需要或者市场竞争的需要，对配送物进行加工之后进行配送的配送中心。在这种配送中心内，有分装、包装、初级加工、集中下料、组装产品等加工活动。许多材料都指出配送中心的加工职能，但是加工配送中心的实例目前不多。我国上海市和其他城市已开展了配煤配送，在配送点中进行配煤加工，上海六家船厂联建的船板处理配送中心、原物资部北京剪板厂也都属于这一类型的配送中心。世界著名连锁服务店肯德基和麦当劳的配送中心，就属于这种类型的配送中心。在工业、建筑领域，混凝土搅拌的配送中心也是属于这种类型的配送中心。

2. 按照配送中心承担的流通职能分类

1) 供应配送中心

供应配送中心执行供应的职能，是专门为某个或某些用户（例如连锁店、联合公司）组织供应的配送中心，例如，为大型连锁超级市场组织供应的配送中心；代替零件加工厂送货的零件配送中心（使零件加工厂对装配厂的供应合理化）。供应配送中心的主要特点是，配送的用户有限并且稳定，用户的配送要求范围也比较确定，属于企业型用户。因此，配送中心集中库存的品种比较固定，配送中心的进货渠道也比较稳固，同时，可以采用效率比较高的分货式工艺。

2) 销售配送中心

销售配送中心执行销售的职能，是以销售经营为目的，以配送为手段的配送中心。销售配送中心大体有三种类型：一种是生产企业将本身产品直接销售给消费者的配送中心，在国外，这种类型的配送中心很多；另一种是流通企业作为本身经营的一种方式，建立配送中心以扩大销售，我国目前拟建的配送中心大多属于这种类型，国外的例证也很多；第三种是流通企业和生产企业联合的协作性配送中心。比较来看，国外和我国都在向以销售配送中心为主的方向发展。

3. 按配送区域的范围分类

1) 城市配送中心

城市配送中心是以城市为配送范围的配送中心，由于城市范围一般处于汽车运输的经济里程，这种配送中心可直接配送到最终用户，且采用汽车进行配送。所以，这种配送中心往往和零售经营相结合，由于运距短，反应能力强，因而从事多品种、少批量、多用户的配送较有优势。

2) 区域配送中心

区域配送中心是以较强的辐射能力和库存准备，向省（州）际、全国乃至国际范围的用户配送的配送中心。这种配送中心的配送规模较大，一般而言，用户也较大，配送批量也较大，而且往往是配送给下一级的城市配送中心，也配送给营业所、商店、批发商和企业用户，其虽然也从事零星的配送，但那不是主体形式。这种类型的配送中心在国外十分普遍，阪神配送中心、美国马特公司的配送中心、蒙克斯帕配送中心等都是区域配送中心。

4. 按配送货物的种类分类

根据配送货物的属性，配送中心可以分为食品配送中心、日用品配送中心、医药品配送中心、化妆品配送中心、家用电器配送中心、电子（3C）产品配送中心、书籍产品配送中心、服饰产品配送中心、汽车零件配送中心以及生鲜处理中心等。

5. 按配送的专业程度划分

1）专业配送中心

专业配送中心大体上有两个含义：一是配送对象、配送技术属于某一专业范畴，在某一专业范畴有一定的综合性，综合这一专业的多种物资进行配送，例如多数制造业的销售配送中心，我国目前在石家庄、上海等地建的配送中心大多采用这一形式；二是以配送为专业化职能，基本不从事经营的服务型配送中心，如蒙克斯帕配送中心。

2）柔性配送中心

柔性配送中心是在某种程度上和专业配送中心对立的配送中心，这种配送中心不向固定化、专业化的方向发展，而向能随时变化，对用户要求有很强的适应性，不固定供需关系，不断向发展配送用户和改变配送用户的方向发展。

3）综合配送中心

配送商品种类较多，不同专业领域的产品在一个配送网点中组织对用户的配送，这类配送中心由于综合性较强，因此被称为综合配送中心。综合配送中心可以减少用户组织所需全部物资的进货负担，它们只需要和少数配送企业联系，便可以解决多种需求的配送。因此，这是服务能力较强的一种配送中心类型。

6. 按运营主体分

1）以生产厂商为主的配送中心

这种配送中心以家用电器、汽车、化妆品、食品等国有工厂为主。流通管理能力强的厂商，在建立零售制度的同时，通过配送中心缩短物流距离，并迅速向顾客配送。其特点是环节少、成本低。但对零售商来说，从这里配送的商品只局限于一个生产厂商的产品，难以满足销售的需要，因此这是一种社会化程度较低的配送中心。

2）以批发商为主的配送中心

专职流通业的批发商把多个生产厂商的商品集中起来，作为批发商的主体商品。对这些产品可以以单一品种或者搭配向零售商进行配送。这种形式虽然多了一道环节，但是其一次送货，品种多样，对于不能确定独立销售路线的工厂或本身不能备齐各种商品的零售店是一种有效的办法。

3）以零售商为主的配送中心

其一般是指大型零售店或集团联合性企业所属的配送中心。零售商从批发部进货或从工厂直接进货，经过零售店自有的配送中心，再向自己的网点和柜台直接送货。为保证商品不脱销，零售店必须有一定的"内仓"来存放商品，配送中心可以及时不断地向商店各部门送货，这不仅有利于减轻商店"内仓"的压力，节约"内仓"占用的面积，而且有利于库存集中于配送中心，还有利于减少商店的库存总量。

4）以商业企业集团为主的配送中心

其是指由商业企业集团组建的完成本企业集团商品供应或销售的配送中心。它是为适应商业企业集团的产品销售而组建的。

5）以物流企业为主的配送中心

这是为批发企业服务的综合性物流中心。各地批发企业都有相当一部分的商品存储在当地储运公司的仓库里。在储运公司仓库由储存型向流通型转变的配送中心，可以越过批发企业自己的仓库或配送中心,直接向零售店配送商品。与批发企业各自建立的配送中心对比,它的特点是物流设施的利用率高,成本低,服务范围广。

三、配送中心的地位

无论从现代物流学科建设方面还是从经济发展的要求方面来讲,都需要对配送中心这种经济形态有一个明确的界定。

1. 层次定位

在整个物流系统中,流通中心定位于商流、物流、信息流、资金流的综合汇集地,具有非常完善的功能;物流中心定位于物流、信息流、资金流的综合设施,其涵盖面较流通中心小,属于第二个层次的中心;配送中心如果具有商流职能,则属于流通中心的一种类型,如果只有物流职能,则属于物流中心的一种类型,可以被流通中心或物流中心所覆盖,属于第三个层次的中心。

2. 横向定位

从横向来看,和配送中心的作用大体相当的物流设施有仓库、货栈、货运站等。这些设施都可以处于末端物流的位置,实现资源的最终配置。不同的是,配送中心是实行配送的专门设施,而其他设施可以实行取货、一般送货,而不是按照配送要求有完善组织和设备的专业化流通设施。

3. 纵向定位

配送中心在物流系统中的纵向位置应该是:如果将物流过程按纵向顺序划分为物流准备过程、首端物流过程、干线物流过程、末端物流过程,配送中心则处于末端物流过程的起点。它所处的位置是直接面向用户的位置,因此,它不仅承担直接对用户服务的功能,而且根据用户的要求,起着指导全物流过程的作用。

4. 系统定位

在整个物流系统中,配送中心处于可以提高整个系统的运行水平的位置。尤其是目前利用集装方式在很多领域中实现了"门到门"的物流,其利用集装方式对提高整个物流系统效率的物流对象作了很大的分流,剩下的主要是多批量、多品种、小批量、多批次的货物,这种类型的货物是传统物流系统难以提高物流效率的对象。在包含配送中心的物流系统中,配送中心对整个系统的效率提高起着决定性的作用,所以,在包含配送系统的大物流系统中,配送中心处于重要的位置。

5. 功能定位

配送中心的功能,是通过配货和送货完成资源的最终配置。配送中心的主要功能是围绕配货和送货而确定的,例如有关的信息活动、交易活动、结算活动等虽然也是配送中心不可缺少的功能,但是它们必须服务和服从于配货和送货这两项主要的功能。

因此,配送中心是一种末端物流的节点设施,其通过有效地组织配货和送货,使资源的最终端配置得以完成。

四、配送中心的功能

1. 采购功能

配送中心必须首先采购所要供应配送的商品,才能及时、准确无误地为其用户,即生产企业或商业企业供应物资。配送中心应根据市场的供求变化情况，制定并及时调整统一的、周全的采购计划，并由专门的人员与部门组织实施。

2. 储存保管功能

储存一是为了解决季节性货物生产计划与销售季节性的时间差问题，二是为了解决生产与消费之间的平衡问题，保证正常配送的需要，满足用户的随机需求，配送中心不仅应保持一定量的商品储备，而且要做好储存商品的保管保养工作，以保证储备商品的数量，确保质量完好。配送中心通常要兴建现代化的仓库并配备一定数量的仓储设备，储存一定数量的商品。某些区域性的大型配送中心和开展"代理交货"配送业务的配送中心，不但要在配送货物的过程中储存货物，而且它所储存的货物数量更大、品种更多。配送中心所拥有的储存货物的能力使得储存保管功能成为配送中心中仅次于组配功能和分送功能的一个重要功能。

3. 配组功能

由于每个用户企业对商品的品种、规格、型号、数量、质量、送达时间和地点等的要求不同，配送中心就必须按用户的要求对商品进行分拣和配组。配送中心的这一功能是其与传统的仓储企业的明显区别之一。这也是配送中心最重要的特征之一。可以说，没有配组功能，就没有所谓配送中心。

4. 分拣功能

作为物流节点的配送中心，其为数众多的客户，彼此差别很大，不仅各自的性质不同，而且经营规模也大相径庭。因此，在订货或进货时，不同的用户对于货物的种类、规格、数量会提出不同的要求。针对这种情况，为了有效地进行配送，即为了同时向不同的用户配送多种货物，配送中心必须采取适当的方式对组织来的货物进行拣选，并且在此基础上，按照配送计划分装和配装货物。这样，在商品流通实践中，配送中心就又增加了分拣货物的功能，发挥了分拣中心的作用。

5. 分装功能

从配送中心的角度来看，它往往希望采用大批量的进货来降低进货价格和进货费用，但是用户企业为了降低库存、加快资金周转、减少资金占用，则往往采用小批量进货的方法。为了满足用户的要求，即小批量、多批次进货，配送中心就必须进行分装。

6. 集散功能

集散功能是指货物由几个公司集中到配送中心再进行发运或向几个公司发运。凭借其特殊的地位及其所拥有的各种先进的设施和设备，配送中心能够将分散在各个生产企业的产品集中到一起，然后经过分拣、配装向多家用户发运。集散功能也可以将其他公司的货物放入该配送中心来处理、发运，以提高卡车的满载率，降低费用成本。

7. 流通加工功能

在配送过程中，为了解决生产中大批量、少规格和消费中小批量、多样化要求的矛盾，配送中心会按照用户对货物的不同要求对商品进行分装、配装等加工活动，这也是配送中心的功能之一。

8. 送货功能

送货功能是指将配好的货物按到达地点或到达路线进行运送。对于运输车辆，可以租用社会车辆或使用自己的专业运输车队。

9. 物流信息、汇总及传递功能

它为管理者提出更加准确、及时的配送信息,也是用户与配送中心联系的渠道。

10. 衔接功能

在生产过程中,不但半成品和原材料等从各地运来,需要仓库储存,并且生产过程中各道工序的物资也要进行配送。这些都由配送中心完成。

11. 服务功能

配送中心以顾客需要为导向,为满足顾客需要而开展配送服务。此外,配送中心还有加工功能、运输功能、信息功能、管理功能等。配送中心一般都具有这些功能,对其中某一功能的重视程度,决定着该配送中心的性质,而且它的选址、房室构造、规模和设施等也随之变化。

第二节 配送中心规划的原则与程序

一、配送中心规划的原则

由于配送中心是集约化、多功能的物流据节点,故系统极为复杂,各子系统间的协调尤为重要。此外,配送中心的建设是一项规模大、投资额高、涉及面广的系统工程。要建设一个高效率、高服务水平的现代化配送中心,物流系统设计乃是成败的关键。配送中心一旦建成,就很难再改变性质和用途,所以,在规划设计时必须切实掌握以下几项原则。

1. 系统最优原则

企业的物流配送管理在操作层面上出现的许多问题,都是由于没有把某项具体决策的所有影响因素都考虑进去。在某个领域内所作的决策常常会在其他领域产生出乎意料的后果。如配送中心规划与设计必须与城市总体规划相协调。配送中心的路线一经建成就会对整个城市的布局、交通、环境等造成重大影响,由于运输的路线和物流节点交织成网络,配送中心的选址也非常重要。此外,在进行配送中心规划时,应当追求系统总成本最优,而不能是单项成本最优;不能考虑到某个部门、某项物流活动的效益,而应当追求配送系统整体的总效益;必须高度重视各作业环节之间的紧密衔接,互相适应,特别是前一道环节要为后一道环节创造条件。各个环节要为物流配送大系统取得最好的、整体的经济效益创造条件,这才是真正的配送系统化。

2. 价值工程原则

在激烈的市场竞争中,人们对配送及时准点和缺货率低等方面的要求越来越高。而在满足服务高质量的同时,又必须考虑物流成本。特别是建造配送中心耗资巨大,必须对建设项目进行可行性研究,并作多方案的技术、经济比较,以求最大的企业效益和社会效益。

3. 尽量实现工艺、设备、管理科学化原则

近年来,配送中心均广泛采用电子计算机进行物流管理和信息管理,大大加速了商品的流转,提高了经济效益和现代化管理水平。同时,要合理地选择、组织、使用各种先进的机械化、自动化物流设备,以充分发挥配送中心多功能、高效益的特点。

4. 因地制宜原则

建设我国的配送中心,应特别重视因地制宜原则,必须考虑自身的财力规模、土地成本、建筑成本和设备成本等条件，应尽量结合现有基础设施、仓储设施、人力资源等条件，从而大大降低建设成本，并且采用适合本地区、本企业特点的设施设备，而不应一味贪大求洋。

5. 交通便利原则

对于配送中心的主要活动，一方面在配送中心内部，其有赖于配送中心的设计及工艺装备；另一方面，配送中心的配送活动领域远在中心之外的一个辐射地区，这一活动则需依赖交通条件。

6. 发展原则

规划配送中心时，无论是建筑物、信息处理系统的设计，还是机械设备的选择，都要考虑到有较强的应变能力，以适应物流量的扩大、经营范围的拓展。在规划设计第一期工程时，应将第二期工程纳入总体规划，并充分考虑扩建时业务工作的需要。

二、配送中心规划的程序

1. 规划准备阶段

（1）组建配送中心规划建设项目组，成员应来自投资方、工程设计部门等；

（2）明确制定配送中心未来的功能与运营目标，以利于资料收集与规划需求分析；

（3）收集所处地区的有关发展资料和有关基本建设的政策、规范、标准，还有自然条件资料和交通等协作条件资料，资料收集的目的在于把握现状，掌握市场容量。

基础规划资料的搜集包括：

（1）物流网络：包括服务据点（转运站、仓库、零售点）、服务水准（交货期、缺货率、送达时间）。

（2）信息网络：计算机在各物流节点的配置，各层计算机服务范围、联机（on line）、实时（read time）的程度，同时表明何处没有联机而仍使用电传或电话；库存登录及货品移送在信息网络中的登录程序；接单、紧急配送的频率及处理方式。

（3）配送工具：配送工具包括配送中心内部所使用的拖板车、堆高机、吊车、货柜、拖车、大货车、小货车等；同时也应根据个别的路线、地区分析各种配送工具的便利性、确实性、迅速性、安全性、经济性、可信赖性等。

（4）人员配置：人员配置可根据配送中心的组织机构设置确定，对现有人员的职责、教育程度、年龄、性别等应充分掌握。

（5）作业成本：配送中心的成本科目包括：土地成本——租金、地价税；建筑物——折旧费、保险费、租金；设备与工具——折旧费、租金、保养；其他——水电费、通信费、外包费、人事费、员工交通费等。

（6）投资效率：对上述土地、建物、设备等的利用率，也应充分掌握。

（7）物流量：商品的种类、数量、商品特性、装运姿势、装运尺寸、进出货频率、尖峰流量等。库存包含库存量、库存金额、周转率、库存期限、规则变动、不规则变动、季节变动。

（8）作业流程与前置时间：这项分析应"以顾客的观点来看交货期"为基准，作业流程及其所需时间大概可分为：由请购到供货商交货、上架所需时间；顾客下单到拣货完成所需时间；上配送车辆到货品上顾客货架所需时间。

2. 总体规划设计阶段

1）基础资料分析

将收集到的相关资料进行汇总整理，作为规划设计阶段的依据，包括订单变动趋势分析、物品特性分析、储运单位分析等。物品特性是货物分类的参考因素，按货物重量可分为重物区、轻物区；按货物价值可分为贵重物品区及一般物品区等。因此仓库规划时首先需要对货物进行物品特性分析，以划分不同的储存和作业区域。储运单位（PCB）分析就是考察仓库各个主要作业（进货、拣货、出货）环节的基本储运单位。一个仓库的储运单位包括 P（托盘）、C（箱子）和 B（单品），而不同的储运单位，其配备的储存和搬运设备也不同。因此掌握物流过程中的单位转换相当重要，需要对这些包装单位（P、C、B）进行分析，即所谓的"PCB 分析"。

2）规划条件设定

通过对现状资料的分析，可以充分了解企业或地区原有仓库网络的弱点，进而设定配送中心的规划条件，包括仓储能力、自动化程度等。

3）作业需求功能规划

其包括配送中心的作业流程、设备与作业场所的组合等。配送中心的作业包括入库、仓储、拣取、配货、出货、配送等，有的还有流通加工、贴标签、包装、退货等。在规划时，首先要分析每类物料的作业流程，作出作业流程表。

4）设施需求规划与选用

一个完整的配送中心建设规划中所包含的设施需求相当广泛，可以既包括储运生产作业区的建筑物与设备规划，又包括支持配送中心运作的服务设施规划，以及办公室和员工活动场所等场地设施规划。

5）信息情报系统规划

配送中心管理的特点是信息处理量比较大。配送中心中所管理的物品种类繁多，而且由于入库单、出库单、需求单等单据发生量大、关联信息多，查询和统计需求水平很高，管理起来有一定困难。为了避免差错和简化计算机工作，需要统一各种原始单据、账目和报表的格式。程序代码应标准化，软件要统一化，确保软件的可维护性和实用性。界面应尽量简单化，做到实用、方便，以满足企业中不同层次员工的需要。

6）整体布局设计

估算储运作业区、服务设施的大小，并依据各区域的关联性来确定各区的摆放位置。

（1）作业流程原则（依顺序处理）。

（2）整合原则（商品、人、设备间有整体性配合）。

（3）弹性原则（适合高低尖峰、季节的变化及商品的调整的拣货配送作业）。

（4）管理容易化原则（各项作业能目视管理）。

（5）作业区域相关分析：依据各作业区域间的相互关系，经调查后得到其作业区域相互关系分析图。

（6）物料流程分析：绘制作业区域物料流程形式图与物料流程图。

3. 方案评估决策阶段

一般的规划过程均会产生多种方案，应根据各方案的特点，采用各种系统评价方法或计算机仿真的方法，对各方案进行比较和评估，从中选择出一个最佳方案进行详细设计。

4. 详细设计阶段

经过总体方案设计与评估之后，应该进行详细设计。在此设计阶段主要是对配送中心作业场所的各项物流设备、运营系统与信息系统以及物流周边设施进行规格设计与布置。本阶段的主要任务如下。

1) 物流系统设备规格型号的设计

在配送中心系统规划阶段,主要规划设计全系统的功能、数量和形式,而在详细设计阶段主要设计各项设备的详细规格型号和设施配置,包括运输车辆的类型、规格,储存容器的形状和尺寸等。

2) 设备面积与实际位置的设计

在此阶段根据配送中心各区域规划图逐步进行分区的详细配置设计和区域内通道设计。其中包括主要物流作业区、办公室区、劳务设施区、餐厅、盥洗室、休息室和停车场等区域布置。

3) 运营系统与信息系统详细规划

首先把配送中心的物流和信息流统一起来,完成物流中心各项作业流程和事务流程详细规划,实现合理化的物流作业,然后便可进行信息系统的功能和整体框架、设备和界面等的设计。系统设计包括系统和子系统的系统关系、档案结构、资料关系等的设计。硬件设备和信息网络界面设计是根据系统功能设计硬件设备和相关软件、系统界面以及输入/输出界面和格式等。

4) 周边设施的设计

周边设施的设计主要是针对配送中心周边如配送中心发货接货站台、附近物流通道等设施的设计。

5. 计划执行阶段

在各项成本和效益评估完成以后,如果企业决定建设该配送中心,则可以进入计划执行阶段,即配送中心建设阶段。为了保证系统的统一性和系统目标与功能的完整性,应对参与设计施工各方所设计的内容从性能、操作、安全性、可靠性、可维护性等方面进行评价和审查,在确定承包工厂前应深入现场,对该厂的生产环境、质量管理体制以及外协件管理体制等进行考察,如发现问题应提出改善要求。在设备制造期间也需要进行现场了解,对质量和交货日期等进行检查。

随着超市、商场以及便利店如雨后春笋般地出现,低温物流已日渐重要。低温配送中心的规划与设计将影响物流作业的效率和服务水平。建立低温配送中心,能帮助货主减少管理库存的费用及麻烦,提供高效率的后勤支持和改包装、贴卷标、促销商品组合等物流加工服务。现通过以下案例,介绍一套系统的、符合逻辑的规划设计步骤,详述各步骤的重点,以协助设计者以最短的时间和最低的人力成本,完成低温配送中心的规划设计工作。

深圳某公司现规划建设一个低温配送中心,目的在于利用企业的自身优势,在低温配送中心市场占据一席之地,通过升值服务、低成本、供应链管理,取得与竞争者之间的差异化竞争优势[①]。

1) 计划准备阶段

(1) 制定规划目标。

① 短期规划:满足自用需求(冷冻水产约 3 600 t),并对下游经销商客户提供冷冻食品的配送物流服务。

② 中长期规划:在深圳北部、西部各建立一个转运型配送中心,占地面积为 3 000 m²

---

① 编辑注:本部分与第一章【案例分析】所举案例相同。

左右，发展鲜食水果等产品的加工、网络营销及宅配服务。

（2）基本资料的搜集。

配送中心现状是：将原来的冷冻库承租下来改造为低温配送中心。地点为工业区，临近盐田港，距高速公路路口 2 km 左右，临近 8 车道快速道路，方便北部、西部之整车配送。附近冷冻加工厂林立，又有许多住宅区，招募具有低温作业经验的人员非常容易，交通方便，土地价格低，自然条件（如地震、降雨、盐度等）无直接威胁。

基本要素如下：

① 订单 E：订单来自经销商、便利店、超市、量贩店。

② 种类 I：配送商品为冷冻水产品，种类约 600 种。

③ 数量 Q：配送商品平均每日 5 300 箱，库存量平均每日 2 800 托盘。

④ 配送渠道 R：本市、直送批发零售商。

⑤ 服务对象 S：物流的服务对象为本公司及零售商。

⑥ 时间 T：交货时间为下单当日或次日，配送频度为一天一次。

⑦ 成本 C：物流费用约占商品价格的 9%。

（3）基本资料分析。

① 仓储设备：原油仓库缺乏货架、储位，无法做计算机储位管理。理货区级装卸区无空调冷冻设备，理货区为常温，严重影响产品质量，缩短了产品的保存期限。楼高约 6 m，扣除空调管路空间，实际可用高度约 5 m，只能叠放三层托盘。由于原为储存原料及成品之冷冻库，并未配置货架，托盘只能以堆板方式存放。

② 配送作业：目前配送回程几乎为空车。每月配送峰值低谷之数量差异大，出现月初量大送不完，月中、月底量小而闲置的情况。其原因为付款条件是月底月结制，造成客户订货集中在月初的一周里。若能与其他物流公司共同配送，将可降低配送成本。

③ 库存管理：储位无法妥善管理，造成空间的浪费及盘点困难。没有计算机配车系统，配送成本难以掌握。因为缺乏信息系统，时常造成库存重复被卖而无法交货的窘境。而零散货品寻找不易，常发生库存表有货却找不到货的情况。目前每三个月盘点一次，因仓储设备不足而无法做到精确地盘点。

2）系统规划阶段

（1）EIQ 参数的分析。

E——配送的对象：经销商、便利店、超市、百货公司。出货状况：整托盘出货 12%，整箱出货 88%。

I——配送的商品种类：冷冻的水产品、畜产品、蔬菜、水果和调料食品，其数量大，体积小。

Q——商品的配送数量及库存量：目前的总量为签约企业水产品之配送数量的总和。因采取月结货款结算方式，每月 20~30 日为波谷时间，每月 1~10 日为高峰时间。若能配合其他进口商/制造商以每月 20 日为月结款日，可以有效改变上述不平衡峰谷问题。

R——配送渠道：配送中心—经销商—零售商（便利店、超市、百货公司）—消费者。

S——物流服务：渠道合理成本下的服务质量，即成本不比竞争对手高，而服务水平比其高的服务原则。

T——物流的交货时间，配送频度为一天一次，次日送达（12~24 小时）。

C——建造预算中的物流成本以仓储费、装卸费、流通加工费、配送费等分别计费。

（2）规划方案中的基本设计参数。

规划的库存周期天数为 27 天。营收（出入库数量）与库存同步增长。出租储位之种类数与使用储位数同比例增长。

中心总面积为 2 928 m²（楼梯间另计），长 89 m×宽 32.9 m。仓库区长 64.4 m，宽 32.9 m，高 24 m。处理区长 24.6 m，宽 32.9 m，高 23.1 m。

温度要求：自动仓库库温为−25 ℃，面积为 50 000 m²，总收容量为 8 800 托盘，最大入库量为 200 托盘/日，入库初温为−15 ℃，入库 24 小时内可达−25 ℃。冷冻区库温为−25 ℃，面积为 300 m²。前室室温为+1 ℃～+3 ℃，面积为 50 m²。理货区室温为+5 ℃～+10 ℃，面积为 700 m²。冷藏区室温为+1 ℃～+3 ℃，面积为 400 m²。

每月出库 3 500 托盘≈120 托盘/日，每月订单数为 3 582 张,每月累计出货箱数为 124 478 箱，每日出库种类预估为 200 项（目前为 170 项/日）。

拣货频率：出库 25 托盘/小时，再入库 25 托盘/小时；拣货入库 15 托盘/小时；峰值时间带：6:00—8:30 和 16:30—19:30。每日车辆进出频率（现况）：进拖车 2 辆，作业时间为 1.5 小时；出车 1 辆，作业时间为 1.5 小时。

（3）规划方案说明。

规划的两个方案由于篇幅限制，这里作简单介绍：

① 方案一（平货架）：总费用为 4 325 万元。

a. 低温配送中心建筑面积为 4 347 m²（63 m×69 m），仓库采用一层厂房，内部净高 12 m，仓储设备采用托盘货架搭配窄道式堆高机的作业方式，共有储位 5 640 个。规划为 6 个区域，温度可控制在 0 ℃～25 ℃。

b. 生鲜加工厂建筑面积为 3 760 m²（40 m×94 m）。预计建三层楼，一楼的后面规划为冷冻机械室，右边为原料仓库及活鱼养殖池。生鱼片生产线，其设备包括生鲜冻机、生鲜切割机、急速冷冻机、包装线及冷藏库等。二楼计划生产鲜食产品。

c. 进出货区为三层楼方式：一楼作进出货暂存区，其温度设定为 5 ℃～7 ℃，面积为 756 m²（63 m×12 m），楼高 5.5 m，月台高 1.3 m，设有升降月台等设备。二楼作理货区或冷藏区，温度为 0 ℃～5 ℃，面积为 1 134 m²（63 m×18 m），楼高为 5 m，利用二楼延伸的 6 m 作遮雨棚。在楼层间利用电梯与垂直输送机搬运货物。三楼作行政办公室，面积为 1 134 m²（63 m×18 m），楼高为 3.5 m。

② 方案二（自动仓库+传统仓库）：总费用为 7 832 万元。

a. 低温自动仓储中心建筑面积为 2 915 m²（33.9 m×86 m），仓库主体采用一体式自动仓储厂房，高度为 24 m。有自动高架堆垛机 5 台，储位为 9 400 个。温度可控制在−25 ℃左右。

b. 进出货物暂存区规划为四层楼。一楼作进出货装卸暂存区，其温度设定为 5 ℃～7 ℃，面积为 508 m²（33.9 m×15 m），楼高为 5.6 m，月台高为 1.5 m，设有升降月台等。二楼作理货区，其温度设定为 0 ℃～5 ℃，面积为 847 m²（33.9 m×25 m），楼高为 5 m，利用二楼延伸的 8 m 当作遮雨棚。在楼层间利用电梯与自动高架存取机来搬运货物。三楼作冷藏及冷冻两用的仓储区，其温度为 7 ℃～25 ℃，面积为 847 m²（33.9 m×25 m），楼高为 5.5 m，储放不能进自动仓的商品。四楼作行政办公室，面积为 847 m²（33.9 m×25 m），楼高为 4 m。

c. 加工厂为三层楼建筑，面积为 4 000 m²，一楼的后面规划为冷冻机械室，右边为原料仓库及活鱼养殖池,生鱼片生产线设备包括生鲜解冻设备、生鲜切割处理台、急速冷冻机、包装线及冷藏库等。二楼生产鲜食产品。

3)方案评估阶段

根据规划的基本方式,计算各方案的投资金额以及运营收支的经济效益,进行效益评估分析。假设计算条件如下:

(1)仓库利用率第一年为65%,第二年为75%,第三年为85%,第四年之后按95%计算。

(2)拣货时每箱以10元计算,每托盘堆码30箱,因此每托盘理货费为300元。

(3)集装箱装载量换算时,40英尺集装箱以堆码30托盘计算。拆箱数量以仓库库存量的60%计算。

(4)物流费在第五年调整费率,仓租费为650元/箱,入库费调整为150元/箱。

为了利于收发货、库存管理等,由计算机管理,随时掌握库存量,正确提供库存状态,而且通过仓储计算机与公司的主计算机联机,向客户提供实时信息及网上订单查询服务。由于采用高技术可迅速占领市场以及投资可较快回收,最后决议选第二方案。

4)详细设计阶段

从规格种类繁多的各类设施中挑出最佳设备,将之集成以满足整体效率最大化,需要各专业相互配合。

以下针对重点设施加以叙述:

(1)自动仓库室内货架净高24 m,采用一体式设计,外墙板直接固定于货架钢柱,以节省厂房成本。前处理区为四层:一楼为收出货区,月台可停放货车5台,配5台月台跳板供装卸货。二楼为批量订单拣货区,可供多订单合并拣货。三楼一半为冷藏储存区,另一半为冷冻储存区。电动推高机作业。仓库侧边配置2层低温零星拣货区,货品由高架吊车(激光定位FS系统)取至指定区域,员工以拣料单指示拣取。

(2)处理区厂房:一楼月台高为1.45 m,一楼楼高为6 m,二楼楼高为5 m,三楼楼高为5.5 m,四楼楼高为4 m。货用电梯可承重4.5 t,每分钟运行30 m。

(3)冷冻、冷藏及空调系统由两台低温卤水冷冻机组(−25 ℃)负责自动仓库的冷却,由两台中温卤水冷冻机(+1 ℃~+10 ℃)负责理货区、冷藏仓库等的冷却。

(4)信息系统功能:全自动低温仓储。储位管理计算机化,先进先出,以确保产品质量不逾期。客户能应用互联网实时查询库存。客户能使用Internet、EDI、FAX、TEL等方式下单。

第三节 配送中心的选址与布局

一、配送中心的选址

1. 配送中心的选址原则

物流配送中心的选址,对于物流企业经营全过程有着非常重要的影响。配送中心的地理位置直接影响它所能供应服务的区域和配送服务的数量,关系到配送的效率,最终影响企业本身的利益。因此,建设合理的配送中心必须经过充分的市场调查、科学合理的研究和规划。一般来说,在规划物流配送中心的时候,要遵循四条原则:适应性原则、协调性原则、经济性原则、战略性原则。

1）适应性原则

配送中心的选址必须与地区区域经济发展方针、政策相适应，与地区物流资源分布和需求分布相适应，与经济和社会发展相适应，并且物流配送中心的布局决不能将环境条件和影响因素绝对化，因为物流配送中心的服务对象的交通条件、成本和价格等因素都在不断地变化之中。因此，规划时要有相当大的柔性，能够在一定的范围内作出规范的适应变化。

2）协调性原则

配送中心的选址应将国家的物流系统网络作为一个大系统来考虑，使配送中心的设施在地域分布、物流作业生产力、技术水平等方面相互协调，同时周边的环境因素也是协调性发展的一个重要部分，如周边居民、河流、耕地作物等。

3）经济性原则

在配送中心的发展过程中，有关选址的费用，包括建设费用以及经营费用两个部分。配送中心的地址选定在郊区还是远郊区，其未来物流辅助设施的建设规模以及建设费用、物流运输费用等是不同的，选址时应当以总的费用最低作为配送中心选址的经济性原则。

4）战略性原则

配送中心的选址应有战略眼光。一是要考虑全局，二是要考虑长远。局部要服从全局，目前利益要服从长远利益，既要考虑目前的实际需要，又要考虑日后发展的可能。

2. 影响配送中心选址的因素

1）客户的分布

客户是配送中心存在的根本，因此配送中心所服务的客户资源分布情况是配送中心选址的首要考虑因素。例如供应配送中心是以提供供应服务为主的，其客户一般都是生产商，所以其主要分布在生产型的工业园区或与大企业相邻为主；销售配送中心面向的是消费者，因此这类配送中心应建在比较靠近城市的近郊地区；流通型配送中心一般需要较大的仓库和储存场地，其目的是通过储存功能提高商品在时间上的商业价值，所以这类配送中心一般选在远离城市的远郊地区；加工配送中心主要是根据客户的需求对商品进行再加工，使商品的价值得到提升，这类配送中心主要的服务就是加工，所以其建在生产商附近。

2）供应商的分布

配送中心选址的一个重要因素是供应商的分布状况。供应商所提供的商品就是配送中心所服务的对象，越是接近供应商，物流配送所产生的成本也就越低，而物流的根本作用就是为了降低成本，所以供应商的分布是配送中心选址的一个重要因素。例如柳州中铁物流园之所以建设在柳南区西环路河西路口，主要是因为其主要客户是上汽通用五菱汽车股份有限公司与柳州工程机械股份有限公司，而这两家公司就分布在西环路附近。

3）交通条件

配送的效率是影响物流成本的因素，而交通是影响配送效率的首要条件，交通条件的便利性直接关系到运输工具的交通速度。根据配送中心的辐射范围的不同，交通条件可以分为对内交通条件与对外交通条件两种。对内条件主要是针对城市配送中心，这类配送中心的辐射范围一般是以配送中心所在地的城市为主，其所服务的配送地理位置距离通常在汽车运输最佳的经济里程内，可以以汽车作为配送的运输工具，将客户所需要的商品送达最终用户，所以对内交通条件应该考虑城市的主要公路直通干线与迂回干线。对外交通条件按照配送的地理区域范围，主要相对于区域配送中心而言，这类配送中心要求库存商品准备充分，辐射能力强。因为其配送范围广，可跨省、市开展配送业务，经营范围比较大，配送商品的批量也相对较大，其服务的对象一般也是相邻的城市或者省份，甚至全国，所以这类配送中心一般考虑的对外交通条件对应高速公路、国道、铁路、港口等。

4）自然条件

自然条件也是配送中心选址过程中必须考虑的因素，配送中心的周围环境、下雨量、风度、温度等都是影响配送中心正常运转的因素。

5）土地条件

土地条件是影响配送中心建设的因素，对于土地的使用，必须考虑以后土地的可扩张性，而且购买土地所需要的资金是物流成本的重要部分，要降低成本就必须考虑地价、土地面积以及土地以后的增值性等因素。

6）人力资源条件

人力资源是一个配送中心发展与竞争的前提，配送中心需要的劳动资源较大，在包装、储存、加工、分拣等各环节都需要大量的劳动力，所以选择的时候还应该综合考虑劳动力来源、劳动力的专业技术水平、薪资要求等因素。最完美的选址是选择在一个消费水平低、交通比较便利的地方，因为这样有利于配送中心人员的生活及人员的流通。但如果两者不能兼顾，就必须根据实际情况有所取舍。例如沃尔玛公司位于中国深圳的配送中心，其配送范围包括日本、新加坡、澳大利亚等。沃尔玛公司之所以选择在中国建立配送中心，主要是因为中国的劳动力资源大，而且中国劳动力成本较低，深圳的交通条件比较发达等。

7）政策条件

政府的政策条件也是配送中心选址评估的重要因素之一。目前，因为配送中心用地较大，所以取得物流用地通常比较困难。如果能够得到政府政策的支持，这将有助于物流经营者的发展。政府的条件包括企业优待措施、城市计划、地区产业政策等。

8）通信技术

通信技术的高低直接影响配送中心的效率与服务水平。随着电子商务的发展，网络技术已经广泛地运用到物流系统中，如 EDI、ERP 系统等。这些技术能很好地与客户的需求跟进，使企业最快地了解客户的需求。

3. 配送中心选址的方法

影响配送中心选址的各种因素很多，关系复杂，这就必须对拟选地址进行仔细评估。在选址过程中，定性分析和定量分析都是必要的，但定性分析更重要，定性分析是定量分析的前提。定性分析的主要任务就是提出影响选址的各种因素，并根据企业的要求，分清主次，明确关键因素，在此基础上确定各因素的权重，找出最佳选址方案。选址方法主要有定性和定量的两种方法。定性方法有专家打分法、Delphi 法等，定量方法有重心法、P 中值法、数学规划方法、多准则决策方法、解决 NP hard 问题（多项式复杂程度的非确定性问题）的各种启发式算法、仿真法以及这几种方法相结合的方法等。

配送中心选址可分为单一配送中心的选址和多个配送中心的选址。这里只介绍单一选址的方法。单一选址是指一个配送中心对应多个客户的选址，其方法如下。

1）重心法

重心法主要是针对连续性的单一物流配送中心选址的模拟方法。重心法将物流系统中的需求点和客户资源点视为分布在某一相同平面范围内，而需求点与资源点分布在平面上作为物体的重心。平面的重心即物流网点的最佳设置点。假设物流配送中心选址问题：在某服务区内，有多个需求点和资源点，为配送中心单一选址以使总运输成本最低。重心法正是建立在以上假设基础上的一种对以总成本最低为目的函数的单一设施选址问题的求解方法。

2）加权评分法

选址时的许多重要因素难以精确量化，而对这些因素与指标缺乏一定程度的量化就难以对各种选址方案对比分析，常用的处理方法就是加权评分法。

加权平均法的步骤如下：

（1）列出备选地点；

（2）列出影响选址的各个因素；

（3）给出每个因素的分值范围，一般是 1~10 或 1~100；

（4）专家对各个备选地点就各个因素评分；

（5）将每个地点各因素的得分相加，求出总分后加以比较，将得分最多的地点作为选址地点。

4. 配送中心选址的程序

配送中心选址的程序如图 6.1 所示。

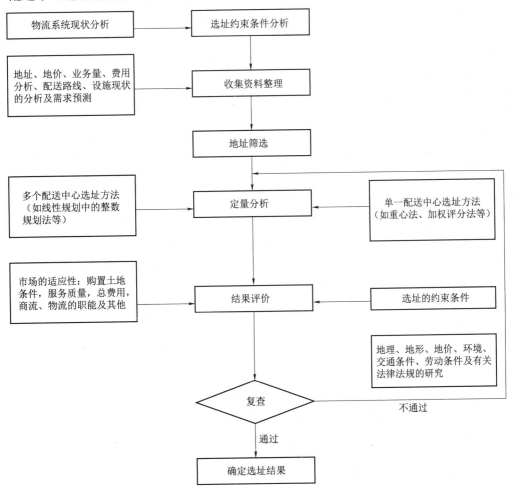

图 6.1 配送中心选址的程序

1）选址约束条件分析

选址时，事先要明确建立配送中心的必要性、目的和方针，明确研究的范围。另外，根据所确立的下属条件，可以大大缩小选址的范围。

（1）需要条件。它包括对配送中心的服务对象——顾客的现在分布情况及未来分布情况的预测、货物作业量的增长率及配送区域的范围。

（2）运输条件。配送中心应靠近铁路货运站、港口和汽车站等运输据点，同时也应靠近运输业者的办公地点。

（3）配送服务的条件。向顾客报告到货时间、发送频度、根据供货时间计算的从顾客到配送中心的距离和服务范围。

（4）用地条件。是利用配送中心现有的土地还是重新取得地皮？如果必须重新取得地皮，那么地价如何？地价允许范围内的用地分布情况如何？

（5）法规制度。根据指定用地区域的法律规定，确定哪些地区不允许建设仓库和配送中心。

（6）管理与信息职能条件。确定配送中心是否要求靠近本公司的营业、管理和计算机部门。

（7）流通职能条件。商流职能与物流职能是否要分工？配送中心是否也附加流通加工的职能？如果需要，从保证职工人数和通勤的方便出发，要不要限定配送中心的选址范围？

（8）其他。不同的物流类别，有不同的特殊需要。如以保证货物质量为目的的冷冻、保温设施，防止公害的设施或危险品保管等设施，对选址都有特殊要求，是否有能满足这种条件的地区？

配送中心的设计者，对上述各项条件必须进行充分详尽的研究。在某些条件下，设施的规模和选址决定不下来，就得不出最终结论，但是配送中心的地点一定要选择得令人满意。这就要对各种条件进行排列对比，将其描绘在地图上，经过反复研究再圈定出选址的范围和候选地址。

2）收集整理资料

选择地址的方法，一般是通过成本计算，也就是将运输费用、配送费用及物流设施费用模型化，采用约束条件及目标函数建立数学公式，从中寻求费用最小的方案。但是，采用这种选择方法，寻求最优的选址解时，必须对业务量和生产成本进行正确的分析和判断。

（1）掌握业务量。

选址时，应掌握的业务量包括：工厂至配送中心之间的运输量、向顾客配送的货物数量、配送中心保管的数量、不同配送路线的业务量。由于这些数量在不同时期、不同周、不同月、不同季节内均有波动，因此，要对所采用的数据水平进行研究。另外，除了对现状的各项数值进行分析外，还必须确定设施使用后的预测数值。

（2）掌握费用。

选址时应掌握的费用有：

① 工厂与配送中心之间的运输费；

② 配送中心与顾客之间的配送费；

③ 与设施、土地有关的费用及人工费，业务费等。

由于①和②两项费用随着业务量和运送距离的变化而变化，所以，必须对每一吨公里[①]的费用进行分析（成本分析）。③项包括可变费用和固定费用，最好根据可变费用和固定费用之和进行成本分析。

（3）其他。

用缩尺地图表示顾客的位置、现有设施的配置方位及工厂的位置，并整理各候选地址的配送路线及距离等资料。必备的车辆数、作业人员数、装卸方式、装卸机械费用等要与成本分析结合起来确定。

3）地址筛选

对所取得的材料进行整理和分析，考虑各种因素的影响并对需求进行预测后，初步确定选址的范围，即确定初始候选地点。

4）定量分析

针对不同的情况选用不同的模型进行计算，得出结果。单一配送中心选址的一个常用方法是重心法。除此之外，其他的单设施选址方法还包括图表技术法和近似法。这些方法体现现实情况的程度、计算的速度和难度、得出最优解的能力都各不相同。多个配送中心选址问题对大多数企业更为重要，对其可采用线性规划中的整数规划法等。

5）结果评价

对所得结果进行评价，看其是否具有现实意义及可行性。

6）复查

分析其他影响因素对计算结果的相对影响程度，分别赋予它们一定的权重。采用加权法对计算结果进行复查，如果复查通过，原计算结果即最终结果；如果经复查发现原计算结果不适用，则返回第三步计算，直至得到最终结果为止。

7）确定选址结果

在用加权法复查通过后，计算所得结果即可作为最终的计算结果，但是所得解不一定为最优解，有可能只是符合条件的满意解。

二、配送中心的内部规划与合理布局

1. 作业流程规划

配送中心的主要活动是订货、进货、储存、拣货、发货和配送作业。有的配送中心还有流通加工作业、退货作业。如有退货作业，还要进行退货品的分类、保管和退回作业。所以，只有经过基本资料分析和基本条件假设后，才能针对配送中心的特性进一步分析并制定合理的作业流程，以便选用设备和规划设计空间。通过对各项作业流程的合理化分析，找出作业中不合理和不必要的作业，力求简化配送中心可能出现的不必要的计算和处理环节。这样规划出的配送中心就减少了重复的工作，提高了配送中心的效率，降低了作业成本。如储运单位过多时，可将各个作业单位给予分类合并，以避免内部作业过程中储运单位的过多转换。尽量简化储运单位，以托盘或者储运箱为容器，把体积、外形差别大的商品归类于相同标准的储运单位。

---

① 1公里=1千米。

2. 作业区域功能规划

1）接货区

在这个区域里完成接货及入库前的工作，如接货、卸货、清点、检验、分类、入库准备等。由于货物在接货区停留的时间不太长，并且处于流动状态，所以接货区的面积相对来说都不算太大。接货区的设施主要是进货铁路或公路、装卸货站台、暂存验收检查区域等。

2）储存区

在这个区域里储存或分类储存所进的物资。和不断进出的接货区比较，这个区域所占的面积较大。在许多配送中心中，这个区域往往占总面积的一半左右。个别配送中心（如煤炭、水泥）的储存区面积甚至要占配送中心总面积的一半以上。从位置上来看，储存区多设在紧靠接货站台的地方，也有的设在加工区的后面。

3）理货、备货区

在这个区域里进行分货、捡货、配货作业，为送货作准备。对于多用户的多品种、少批量、多批次配送（如中、小件杂货）的配送中心，需进行复杂的分货、捡货、配货工作，这部分占配送中心的很大一部分面积，也有一些配送中心的这部分面积不大。

4）加工区

有许多类型的配送中心还设置配送加工区域，在这个区域进行分装、包装、切裁、下料、混配等各种类型的流通加工。加工区在配送中心所占面积较大，但设施装置随加工种类的不同而有所区别。

5）分放、配装区

在这个区域里，按用户需要，将配好的货暂存等待外运，或根据每个用户货堆的状况决定配车方式、配装方式，然后直接装车或运到发货站台装车。这个区域对货物而言是暂存，时间短、暂存周转快，所以其所占面积相对较小。

6）外运发货区

在这个区域将准备好的货装入外运车辆发出。外运发货区的结构和接货区类似，有站台、外运线路等设施。有时候，外运发货区和分放配装区还是一体的，分好的货直接通过传送装置进入装货场地。

7）管理指挥区（办公室）

这个区域可以集中于配送中心的某一位置，有时也分散设置于其他区域。其主要的内涵是营业事务处理场所、内部指挥管理场所、信息场所等。

为保证配送作业的有序进行，在对配送中心进行内部分区规划时，必须根据物流作业量的大小和作业工艺流程的合理性确定内部各作业区域的位置和面积。

3. 作业区域布局规划

1）活动关系的分析

配送中心的各类作业区域之间存在着相关关系，如有些是程序上的关系，有些是组织上的关系，有些是功能上的关系。有些作业区之间的相关性很强，有些相关性较弱。因此，在进行区域布置规划时，必须对各区域之间的关系加以分析，明确各区域之间的相关程度，将之作为区域布置规划时的重要参考。区域的关联程度一般分为6种：绝对重要、特别重要、重要、一般、不重要、不宜靠近。确定各区域之间相关程度可采用关联分析法。

关联分析法的步骤为：

(1) 划分区域关联的等级与原因；
(2) 用图或者表来表示区域之间的关联关系；
(3) 按照关系的紧密程度确定相邻布置的原则；
(4) 根据面积或者其他因素进行调整。

2) 作业区域规划布局

(1) 通道空间的布局规划。

通道的合理安排和宽度设计将直接影响物流效率。在规划布局时应当首先对通道的位置和宽度进行规划设计。在进行通道规划布局时要考虑影响通道布局的因素，结合通道类型合理布局规划。

(2) 进出货区的作业空间规划与布局。

物品在进出货时需要拆装、理货、检查或者暂存以待入库存储或者待车装载配送，为此在进出货平台上应当留空间作为缓冲区。为了使平台与车辆高度能使装卸货顺利进行，进出货平台需要连接设备。这种设备需要宽度为 1~2.5 m 的空间。若使用固定式连接设备，需要宽度为 1.5~3.5 m 的空间。为使车辆及人员畅通进出，在暂存区和连接设备之间应有出入通道。

(3) 进出货站台设计的形式。

① 站台空间布局。

站台的整个平台一般包括三个主要区域，第一个区域是站台内侧的接货区与发运区；第二个区域是装卸搬运设施所占的空间；第三个区域是为使搬运车辆及人员能顺畅进出而规划出的通道。

② 站台位置的设计。

库外进出货站台的相对位置直接影响进出货的效率及质量。设计时可以采用进出货共用站台、进货及出货站台相邻、进货及出货站台完全独立、多个进出货站台等方式安排站台。

a. 进出货共用站台如图 6.2 所示，这种设计可以提高空间利用率和设备利用率，但在进出货的高峰期容易造成进出货相互牵绊，不利于管理，所以，在管理上一般安排进货作业和出货作业错开。

b. 进出货相邻，分开使用站台，如图 6.3 所示，此种安排的进货作业和出货作业空间分隔，便于管理，设备仍然可以共用。这种安排方式适用于库房空间适中，进货和出货常易互相干扰的情况。

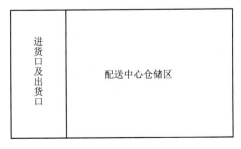

图 6.2 进出货共用站台

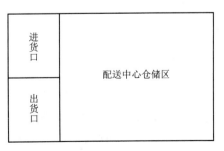

图 6.3 进出货相邻，分开使用站台

c. 进出货站台完全独立，两者不相邻，如图 6.4 所示，仓库的进货口和出货口不相邻，

图 6.4　进出货站台完全独立，两者不相邻

进出货作业空间独立，设备也是专用的，这种安排使进货与出货迅速、顺畅，但空间利用率及设备使用率降低。

d. 多个进出货站台。这种形式有多个进出货口，进出货频繁，且空间足够。

（4）站台的设计形式。

① 站台本身的设计形式。

站台本身的设计形式主要有锯齿型、直线型两种。锯齿型站台设计形式中，车辆回旋空间纵深较浅，但占用仓库内部空间较大。直线型站台设计形式占用仓库内部空间较小，但车辆回旋空间纵深较深，外部空间需求较大。

② 站台周边的设计形式（图 6.5）。

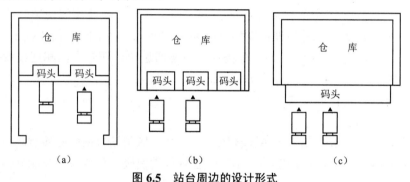

图 6.5　站台周边的设计形式
(c) 内围式；(b) 齐平式；(c) 开放式

在设计进出货空间时，除考虑作业效率和充分利用空间外，安全问题也必须考虑进去。尤其是设计车辆和站台之间的连接部分时，必须考虑防止风吹、雨水等浸入货柜或仓库内部，同时还应当考虑避免库内冷暖气外泄等。停车站台主要有以下三种设计形式：

a. 内围式：将站台围在一定空间内，这种形式的安全性最高，有利于防止风雨侵袭和冷暖气外泄，但造价也较高。

b. 齐平式：站台与仓库外缘齐平，整个站台仍在库内受到保护，能有效避免能源浪费，造价也较低，是目前使用最为广泛的形式。

c. 开放式：站台完全突出于库房，站台上的货物不受到保护，也容易引起冷暖气外泄，安全性较低。

（5）仓储作业空间规划。

在规划配送中心储存区空间时应当充分考虑商品的尺寸和数量，托盘的尺寸和货架空间、设备的型号及尺寸，通道的宽度、位置和需要空间、柱间距离、建筑尺寸和形式，进出货口的形式，其他服务设施的位置等，然后根据商品储存的形式，可以按照托盘平置堆放、使用托盘货架、使用轻型托盘货架的储存形式求出存货所占空间的大小。

（6）拣货区作业空间规划。

拣货作业是配送中心的核心作业环节，也是最费时的工作。拣货作业的合理布置可以提高整个配送中心的运作效率。根据配送中心的类型及其经营商品的特性，拣货方式可以分为储存区和拣货区共用托盘货架的拣货方式、储存区和拣货区共用的零星拣货方式、储存区与拣货区分开的零星拣货方式和分段拣货的少量拣货方式等。

3）信息系统规划

信息化、网络化、自动化是配送中心的发展趋势，信息系统已经成为配送中心的重要组成部分。在完成作业区域及基本作业流程之后，通过对配送中心事务流程的分析，根据各项作业活动及活动间的相关性分析，综合考虑配送中心的管理、业务部门信息传递的通畅度以及作业的高效率的需要规划配送中心的信息系统的功能并建立功能模块。

第四节　配送中心的设施与设备规划

一、配送中心的设施规划

1. 配送中心的设施规划的原则

1）减少或消除不必要的作业

这是提高企业劳动生产率和降低消耗的最有效的方法之一。只有在时间上缩短生产周期，在空间上减少占地，在物料上减少停留、搬运和库存，才能保证投入的资金最少，生产成本最低。

2）以流动的观点作为设施规划的出发点

因为生产或服务系统的有效运行依赖人流、物流、信息流的合理化，因此必须以流动的观点作为设施规划的出发点，并使之贯穿于规划设计的始终。

3）追求系统的整体优化

这是指运用系统的概念、系统分析的方法求得整个系统的整体优化，而不仅是物流系统的优化。同时也要把定性分析、定量分析和个人经验结合起来。

4）重视人的因素

作业地点的规划，实际是人-机环境的中和协调，要为员工创造一个良好、舒适的工作环境。运用人机工程理论，进行综合设计，并要考虑环境的条件，包括空间大小、通道配置、色彩、照明、温度、湿度、噪声等因素对人的工作效率和身心健康的影响。

5）反复迭代及并行设计

设施规划设计是从宏观到微观，又从微观到宏观的反复迭代、并行设计的过程。例如，布置设计要先进行总体布置，再进行详细布置，而详细布置方案又要反馈到总体布置方案中去评价，再加以修正，甚至从头做起。

总之，设施规划与设计就是要综合考虑各种相关因素，对生产系统或服务系统进行分析、规划、设计，使系统资源得到合理的配置。

2. 配送中心的设施规划与选用

配送中心的设施与设备是保证配送中心正常运作的必要条件，设施与设备规划是配送中心规划中的重要工作，涉及建筑模式、空间布局、设备安置等多方面问题，一个完整的配送中心所包含的设施基本上分为三类：物流作业区域设施、辅助作业区域设施和厂房建筑周边设施。

1）物流作业区域设施

配送中心的主要物流作业活动均与仓储、搬运和拣取作业有关。因此，规划的重点是对物流设备的规划设计和选用。不同功能的物流设备的要求与厂房布置与面积相适应。在系统规划阶段,由于厂房布置尚未定型,物流设备规划主要以要求的功能、数量和选用的型号等内容为主。物流作业区域的主要物流设备有:

(1) 容器设备。在配送中心作业流程及储运单位规划结束后,即可进行容器的规划,以利于商品在各作业流程中的流通。容器设备主要包括搬运、储存、拣取和配送的容器,如纸箱、托盘、铁箱、塑料箱等。

(2) 储存设备。储存设备包括自动仓库设备、重型货架、轻型货架等。

(3) 拣取设备。拣取设备包括一般型拣取设备和自动化拣取设备等。

(4) 物料搬运设备。物料搬运设备包括自动化搬运设备、机械化搬运设备、输送带设备、分类输送设备和垂直搬运设备等配合仓储和拣取的设备。估计每天进发货的搬运、拣货和补货次数,从而选择适用的搬运设备。

(5) 流通加工设备。流通加工设备包括裹包设备、集包设备、外包装配合设备、印贴条码标签设备、拆箱设备和称重设备等。为了满足用户的需求及进行多元化经营的需要,配送中心将越来越强化流通加工的职能。

2) 辅助作业区域设施

辅助作业区域设施是保证配送中心正常进行的辅助性设施,如文件保管等办公设施、信息系统和网络设施、员工休息及膳食等劳务设施。

3) 厂房建筑周边设施

厂房建筑周边设施主要是指水电、动力、土建、空调、消防等设施。

二、配送中心设备的选择

配送中心设备的配置必须根据设备的情况来权衡,主要考虑形状、尺寸、重量、使用方法、作业能力、占地面积、价格等因素。在选择设备时应遵循以下几个原则。

1. 合理定位

配送中心营运的目标是以最低的服务成本达到最高的服务水平。在考虑设备经济性的前提条件下,根据实际需要及发展规划在机械化系统、半自动化系统和自动化系统中作出合理定位。如选择装卸搬运设备时,在配送中心,对于货物的处理,如果作业量大、品种显著增多,作业方面要求的速度化、小批量化、多频率化等就会被迫降低。这对于装卸搬运合理化已经成为越来越重要的问题。因装卸搬运机械涉及分拣、分类,所以在此先分析与货物装车有关的设备。在配送中心的物流设施中,小批量、多品种处理货物时,大多设计高站台;大批量、少品种作业时,大多采用低站台。不管采用哪种站台,与货物搬运作业相关的几乎都是托盘装载,采用叉车装卸的方法。

2. 选择满足使用要求的设备

如在选择运输车辆时,为了选择合乎使用条件的车种,首先要全面了解市场上车辆的基本情况和样式范围。一般配送中心用车多是小型汽车和普通汽车两种。在车种选定方面,考虑具体样式时,要特别重视必要的项目,例如车厢底板的尺寸、车厢底板的高度和载重量、发动机的性能、车厢板的结构等重要部件。

3. 弹性化、适用性强

选择配送中心设备时要灵活,尽量节约成本。比如,在决定车辆台数的配置时,通常由于每日配送量有变动，不能完全实行计划，因此，要根据配送量安排好车辆。但拥有车辆台数过少，而配送量多时，难免出现车辆不足的现象，从而要从别处租车。相反，拥有车辆台数过多，而配送量少时，会出现车辆闲置的现象，造成浪费。所以，对配送中心来讲，应该配置多少台汽车是极为重要的决策。

4. 尽量选用标准化的设施设备

使用标准化的设施设备，便于日后设备的合理配套及维修。要求在选定叉车、托盘、集装箱、平板车等设备时将标准化、单元化作为原则。

三、配送中心设施与设备规划中存在的问题

从当前实际来看，在我国配送中心设施与设备规划过程中主要存在规划问题、使用问题、通信问题、业务流程问题、设计制造问题、安装使用问题、维护保养等问题。具体体现如下：

（1）当前自动化水平落后，整体信息化落后，信息系统和自动控制系统、自动设备之间联动很差；

（2）集成商素质普遍偏低，包括国内顶尖的集成商，依然和国际上的大集成公司有差距；

（3）物流配送中心的设施、设备，要从总体物流设计、布局出发，服务于这个宗旨，最终靠这些设备、设施实现功能，但设计咨询能力低下导致后期即便有好设备也无法发挥应有的功能；

（4）技术水平欠缺，自动设备、控制系统、软件系统之间联动不足，软件公司普遍因为缺乏现场经验、物流运作经验，做出的东西基本都有问题；

（5）使用者和施工者素质不高，导致即使有好设备，也因为安装、使用、维护本领不够，最后效果不理想。

复习思考题

一、填空题

1. _____ 是专业从事货物配送活动的物流场所和经济组织，是集加工、理货、送货等多种职能于一体的多功能、集约化的物流节点。

2. _____ 是在某种程度上和专业配送中心对立的配送中心，这种配送中心不向固定化、专业化方向发展，而向能随时变化，对用户要求有很强适应性，不固定供需关系，不断向发展配送用户和改变配送用户的方向发展。

3. _____ 主要是针对连续性的单一物流配送中心选址的模拟方法。

4. _____ 站台设计可以提高空间利用率和设备利用率，但在进出货的高峰期容易造成进出货相互牵绊，不利于管理。

5. 站台本身的设计形式主要有_____、_____两种。_____站台设计形式中，车辆回旋空间纵深较浅，但占用仓库内部空间较大。_____站台设计形式占用仓库内部空间较小，但车辆回旋空间纵深较深，外部空间需求较大。

二、多项选择

1. 按照内部特性，配送中心可分为（　　）。

    A. 储存型配送中心　　　　　　　　B. 流通型配送中心

C. 加工配送中心　　　　　　　　D. 供应配送中心
　　E. 销售配送中心
2. 配送中心规划的原则有（　　）。
　　A. 系统最优原则
　　B. 价值工程原则
　　C. 尽量实现工艺、设备、管理科学化原则
　　D. 发展原则
　　E. 战略性原则
3. 影响配送中心选址的因素有（　　）。
　　A. 客户的分布　　　　　　　　B. 供应商的分布
　　C. 交通条件　　　　　　　　　D. 自然条件
　　E. 土地条件
4. 以下（　　）属于加权平均法的步骤。
　　A. 列出备选地点
　　B. 列出影响选址的各个因素
　　C. 给出每个因素的分值范围
　　D. 专家对各个备选地点就各个因素评分
　　E. 将每个地点各因素的得分相加，求出总分后加以比较，将得分最多的地点作为选址地点
5. 厂房建筑周边设施主要是（　　）等设施。
　　A. 水电　　　　B. 动力　　　　C. 土建
　　D. 空调　　　　E. 消防

三、简答题

1. 简述配送中心规划的程序。
2. 影响配送中心选址的因素有哪些？
3. 简述配送中心选址的程序，并画出流程图。
4. 配送中心的设施规划的原则有哪些？

案例分析

家乐福配送中心选址问题

　　根据经典的零售学理论，一个大卖场的选址需要经过几个方面的测算。第一，商圈里的人口消费能力。需要对这些地区进行进一步的细化，计算这片区域内各个小区的详尽的人口规模和特征，计算不同区域内人口的数量和密度、年龄分布、文化水平、职业分布、人均可支配收入等指标。家乐福的做法还会更细致一些，它根据这些小区的远近程度和居民可支配的收入，划定重要的销售区域和普通的销售区域。第二，需要研究这片区域内的城市交通和周边商圈的竞争情况。设在上海的大卖场都非常聪明，例如，家乐福古北店周围的公交线路不多，家乐福就干脆自己租用公交车在一些固定的小区内穿行，以方便这些离得较远的小区

居民上门一次性购齐一周的生活用品。当然未来潜在的销售区域会受到很多竞争对手的挤压，所以家乐福也会将未来所有的竞争对手计算进去。

家乐福自己的一份资料指出，有60%的顾客在34岁以下，有70%的顾客是女性，有28%的顾客步行，有45%的顾客乘坐公共汽车而来。所以很明显，大卖场可以依据这些目标顾客的信息来微调自己的商品线。能体现家乐福用心的是，家乐福在上海的每家店都有微小的不同。在虹桥店，因为周围的高收入群体和外国侨民比较多，其中外国侨民占到了家乐福消费群体的40%，所以虹桥店里的外国商品特别多。因为南方商场的家乐福周围的居住小区比较分散，因此它在商场里开了一家电影院和麦当劳，以增加自己吸引较远的人群的力度。青岛的家乐福做得更到位，因为有15%的顾客是韩国人，所以其干脆做了许多韩文招牌。

请回答下列问题：
1. 结合案例，谈谈配送中心选址需要考虑哪些因素。
2. 通过此案例能得到什么启示？

实 训 项 目

实训项目六：配送中心的内部布局和基本作业流程

实训目的	（1）了解一般的配送中心的内部布局； （2）掌握配送中心的基本作业流程。
实训内容	实训参观： （1）参观某配送中心，仔细观察配送中心的内部布局、设施设备、员工岗位设置等情况； （2）参观该配送中心的进货、验收、储存、拣取、加工与包装、分类配货、配送出货检查、配送运输等作业环节以及信息流的过程； （3）画出配送中心布局结构简图和基本作业流程图。
实训记录	
教师评语	
实训成绩	

实训项目七：超市配送中心的设计

实训目的	(1) 了解配送中心设计的步骤和方法； (2) 能进行配送中心的初步设计； (3) 培养配送中心的规划建设与管理能力。
实训内容	进行配送中心方案设计： (1) 以当地一家大型超市为目标对象，设计一个配送中心； (2) 收集该超市的基本资料和经营状况信息； (3) 进行配送中心的目标及功能设计； (4) 进行选址设计，简要说明选址的理由。
实训记录	
教师评语	
实训成绩	

第七章

物流运输系统规划与设计

教学目标

要求学生掌握物流运输系统的功能和作用、运输方式的优化组合、运输路线的选择、多式联运的规划与设计。

学习任务

了解物流运输系统的定义和物流运输系统设计的重要性；会选择合理的物流运输方式和运输路线；掌握多式联运的分类和条件。

案例导入

物流运输是乳品企业的重大挑战之一。蒙牛目前的触角已经伸向全国各个角落，其产品远销到中国香港、中国澳门，甚至还出口至东南亚。蒙牛要如何突破配送的瓶颈，把产自大草原的奶送到更广阔的市场呢？另外一个重要的问题是，巴氏奶和酸奶的货架期非常短，巴氏奶的货架期仅为10天，酸奶的货架期也不过21天左右，而且它们对冷链的要求最高。从牛奶被挤出，运送到车间加工，直到运到市场销售，全过程中巴氏奶的温度都必须保持为0 ℃～4 ℃，酸奶的温度则必须保持为2 ℃～6 ℃。这对运输的时间控制和温度控制提出了更高的要求。为了能在最短的时间内、有效的存储条件下，以最低的成本将牛奶送到商场、超市的货架上，蒙牛采取了以下措施。

1. 缩短运输半径

对于酸奶这样的低温产品，由于其保质日期较短，加上消费者对新鲜度的要求很高，一般产品超过生产日期3天以后送达商场、超市，商场、超市就会拒绝该批产品，因此，对于这样的低温产品，蒙牛要保证在2～3天内将其送到销售终端。为了保证产品及时送达，蒙牛尽量缩短运输半径。在成立初期，蒙牛主打常温液态奶，因此奶源基地和工厂基本上都集中在内蒙古，以发挥内蒙古草原的天然优势。当蒙牛的产品线扩张到酸奶后，蒙牛的生产布局也逐渐向黄河沿线以及长江沿线伸展，以使牛奶产地尽量接近市场，从而保证将低温产品快速送达商场、超市。

2. 合理选择运输方式

目前，蒙牛的产品的运输方式主要有两种，即汽车和火车集装箱。蒙牛在保证产品质量的原则下，尽量选择费用较低的运输方式。

对于路途较远的低温产品运输，为了保证产品能够被快速地送到消费者手中，保证产品的质量，蒙牛往往采用成本较高的汽车运输。例如，北京销往广州等地的低温产品，全部走汽运，虽然其成本较铁运高出很多，但在时间上能有保证。

为了更好地了解汽车运行的状况，蒙牛还在一些运输车上装了 GPS 系统，GPS 系统可以跟踪了解车辆的情况，比如车辆是否正常行驶、车辆所处位置、车速、车厢内的温度等。蒙牛管理人员在网站上可以查看所有安装此系统的车辆信息。GPS 的安装，给物流以及相关人员，包括客户带来了方便，避免了有些司机在途中长时间停车而使货物未及时送达或者产品在运输途中变质等情况的发生。而像利乐包、利乐砖这样保质期比较长的产品，则尽量依靠内蒙古的工厂供应，因为这里有最好的奶源。产品远离市场的长途运输问题就依靠火车集装箱来解决。与公路运输相比，这样更能节省费用。

在火车集装箱运输方面，蒙牛与中铁集装箱运输公司开创了牛奶集装箱"五定"班列这一铁路运输的新模式。"五定"即"定点、定线、定时间、定价格、定编组"，"五定"班列定时、定点，一站直达，有效地保证了牛奶运输的及时、准确和安全。

2003 年 7 月 20 日，首列由呼和浩特至广州的牛奶集装箱"五定"班列开出，将来自内蒙古的优质牛奶运送到了祖国的大江南北，打通了蒙牛的运输"瓶颈"。目前，蒙牛销往华东、华南的牛奶 80%依靠铁路运到上海、广州，然后再向其他周边城市分拨。现在，通过"五定"班列，上海消费者在 70 个小时内就能喝上草原鲜奶。

3. 全程冷链保障

低温奶产品的温度必须全过程都保持为 2℃~6℃，这样才能保证产品的质量。蒙牛牛奶在"奶牛—奶站—奶罐车—工厂"这一运行序列中，采用低温、封闭式的运输。无论在茫茫草原的哪个角落，蒙牛的冷藏运输系统都能保证将刚挤下来的原奶在 6 个小时内送到生产车间，确保牛奶新鲜的口味和丰富的营养。出厂后，在运输过程中，则采用冷藏车保障低温运输。在零售终端，蒙牛在其每个小店、零售店、批发店等零售终端投放冰柜，以保证其低温产品的质量。

4. 将每一笔单子做大

物流成本控制是乳品企业成本控制中的一个非常重要环节。蒙牛降低物流费用的方法是尽量使每一笔单子变大，形成规模后，在运输的各个环节上就都能得到优惠。比如利乐包产品走的铁路，每年运送货物达到一定量后，在配箱等方面可以得到很好的折扣。而利乐枕产品走的汽运，走 5 t 的车和走 3 t 的车，成本相差很多。

此外，蒙牛的每一次运输活动都经过了严密的计划和安排，运输车辆每次往返都会将运进来的外包装箱、利乐包装等原材料和运出去的产成品作一个基本结合，这使车辆的使用率提高了很多。

第一节 物流运输系统概述

运输是物流作业中最直观的要素之一。运输就是通过运输手段使货物在物流节点间流动。它具有扩大市场、稳定价格、促进社会分工、扩大流通范围等社会经济功能。运输对经济发展、提高国民生活水平有着十分巨大的影响。现代的生产和消费,就是靠运输事业的发展来实现的。

自古以来,交通运输就是人类生存、发展的重要活动之一。物流作为现代社会经济活动的重要组成部分,在其发展和运行过程中,同交通运输的关系最为密切。早期,物流几乎不具有明确的内涵,常常被视同运输;随着物流内涵的扩展和物流功能的不断完善,物流形成了包含运输、储存、包装、装卸搬运等功能的完整体系,但是运输系统在整个物流活动中始终居于核心地位。

一、物流运输系统的作用

在物流活动中,运输承担了物品在空间各个环节的位置转移,解决了供给者和需求者之间场所的分离,是物流创造"空间效应"的主要功能要素,具有以时间(速度)换取空间的特殊功能,是城市、区域、国家以及国际物流经济发展的启动器。其重要作用具体表现在以下两个方面:

(1)物品运输是物流系统的主要内容之一,也是物流业务的中心活动。

一切物体的移动都离不开运输环节,运输合理化在很大程度上影响着物流合理化。在国外,尤其是在经济发达国家,运输业和物流业常常是联合经营的。在我国,运输业和物流业基本上分而设之,虽然一部分物流企业也自备一定的运输工具,但大量运输任务还是要通过运输部门来完成,因而运输的关键作用体现得更为明显。

(2)运输费用在物流费用中占较大的比重。

在物流活动中,直接耗费的活劳动和物化劳动所需支付的直接费用主要有运输费、保管费、包装费、装卸搬运费和运输损耗等。而其中运输费所占的比重最大,是影响物流费用的主要因素之一。世界各国都十分重视对运输费用的研究,如日本曾对部分企业进行了调查,在成品从供货者到消费者手中的物流费用中,保管费占16%,包装费占26%,装卸搬运费占8%,运输费占44%,其他费用占6%,在整个国民生产总值中流通费用则占到9%~10%,可见运输费用在物流费用中的比重之大。因此在物流系统中,如何搞好运输子系统的工作、积极开展合理运输,不仅关系到物流的效率,而且直接影响物流的费用。运输系统合理化,包括运输方式的选择分工、运输范围的优化设计,以及运输路线的规划等,其对降低物流费用、提高经济效益有着十分重要的作用。

对比发展中国家和发达国家中运输所扮演的不同角色,也能看出运输在流通中的重要作用。发达国家因为有比较低廉的运输费用,其带来物品和人口的大量流动,因此产品生产地和消费地大多不在一起,社会分工比较发达,城市化程度比较高,其结果是运输在整个经济中所占的比重很大,但是却带来总的社会劳动的节约;而发展中国家因为运输费用比较高,所以产品产销大多在同一个区域内,这导致大量人力、物力被束缚于农业中,对应的城市化程度也较低,造成整个社会劳动的浪费。正如亚当·斯密在他的著作《国民财富的性质和原因的研究》一书中指出的那样，良好的道路、运河或可通航河流由于减少了运输费用，可以开拓更大的市场，因而推动劳动分工和经济发展。当然，这里讲的运输是指作为物流大系统中一个子系统的运输，它同作为国民经济生产部门的交通运输业是有区别的。物流中的运输子系统不含客运流，主要解决物品在空间中的位移问题。

在现代综合运输体系中，联运作为一个重要组成部分，代表了交通运输发展的一种趋势。联运通过两种以上运输方式的紧密衔接，把多区段、多环节、超区域的运输过程组成一个连续有效的运输链，从而实现"门到门"运输。它以极大方便用户和合理利用运输能力的经济优势在竞争激烈的世界运输市场上迅速发展，广为流行。进入 20 世纪 80～90 年代以后，世界经济呈现出新的特点，工业化的深度发展、世界经济的日益国际化和一体化，使得商品分配的质量成为新时期影响经济发展和增长的最重要的因素之一，而分配质量的主要表现就是可方便、快捷、安全地实现国际的"门到门"运输。进入 20 世纪 90 年代以后，在企业国际化浪潮的推动下，跨国的海运公司为追求多方面的经济效益采取"船公司登陆"战略，介入陆上运输、代理、仓储以及流通领域，使运输同物流的关系变得更为密切。

二、物流运输系统的功能

1. 产品转移

无论物品处于什么形式，是材料、零部件、装配件、在制品还是制成品，不管是在制造过程中被移到下一阶段，还是实际上更接近最终的顾客，运输都是必不可少的。运输的主要功能就是产品在价值链中的来回移动。运输利用的是时间资源、财务资源和环境资源。只有当运输确实提高产品价值时，该产品的移动才是重要的。

运输涉及利用时间资源，这是因为产品在运输过程中是难以存取的。这种产品通常是指转移过程中的存货，是供应链战略，如 JIT 和快速响应等业务所要考虑的一个因素，以减少制造和配送中心的存货。

运输要使用财务资源，这是因为运输队所必需的内部开支。这些费用包括司机的劳动报酬、运输工具的运行费用，以及一般杂费和行政管理费用分摊。

运输的主要目的就是以最低的时间、财务和环境资源成本，将产品从原产地转移到规定地点。产品损坏的费用也必须是最少的。产品转移的方式必须能满足顾客有关交付履行和装运信息的可得性的要求。

2. 产品存放

对产品进行临时存放是一个特殊的运输功能，这个功能在以往并没有被人们关注。人们将运输车辆临时作为相当昂贵的储存设施。这是因为转移中的产品需要储存，但在短时间内（1～3 天）又将重新转移，那么该产品在仓库卸下来和再装上去的成本可能高于存放在运输工具中支付的费用。

在仓库有限的时候，利用运输车辆存放也许是一种可行的选择。可以采取的一种方法是，将产品装到运输车辆上去，然后采用迂回或间接线路将之运往其目的地。对于迂回线路来说，转移时间将大于直接路线。当起始地或目的地的仓库的储存能力受到限制时，这样做是合情合理的。在本质上，运输车辆被用作一种临时储存设施，它是移动的，而不是处于闲置状态。

三、物流运输系统的特征

运输在方法和形态上是多种多样的,针对不同的目标、需求等情况,具体方法和措施千变万化,但是多样、复杂的运输系统也有一定的共性,这主要体现在以下几个方面:

(1) 快递运输这种服务是可以通过多种快递运输方式来实现的。

不同的运输方式与其技术特点相适应,这决定了不同的运输质量,货物运输方式主要有汽车、铁路、航空、船舶以及在我国占比率尚不高的管道运输。各种运输方式因为不同的技术特征,有不同的运输单位、运输时间和运输成本,各种运输方式同时对应着不同的服务质量。也就是说,运输服务的利用者可以根据货物的性质、大小、所要求的运输时间和运输成本等条件来选择相适应的运输方式,或者利用各种运输方式实行复合快递运输。

(2) 运输服务可以分为自用型和营业型两种形态。

自用型运输是指企业自己拥有运输工具并且自己承担运行责任,从事货物的运输活动。此种运输多限于货车运输,还有一部分水路运输,但是数量很少。航空、铁路这种需要巨大投资的运输方式,不能开展自用型运输。与自用型运输相对应的是营业型运输,即以输送服务作为经营对象,为他人提供运输服务,营业型运输在汽车、铁路、水路、航空等运输业中广泛开展。对于一般企业来讲,可以在自用型运输和营业型运输中进行选择,最近的趋向是企业逐步从自用型运输向营业型运输方向转化。

(3) 运输者不仅在各自的行业中相互竞争,而且还与运输方式相异的其他运输行业竞争。

虽然各种运输方式都存在一些与其特征相适应的不同的运输对象,但是也存在一些能适应各种运输方式的货物,这类货物就成了不同运输手段、不同运输者的竞争对象。这种不同运输方式、不同运输业者间的竞争关系的形成,为企业对运输服务和运输业者的选择奠定了基础。

(4) 在把运输服务作为货物提供给顾客的运输者中,存在着实际运输和利用运输两种形式。

实际运输是利用运输手段进行运输,完成货物在空间中的移动。利用运输是自己不直接从事货物运输,而是把运输服务再委托给实际运输商进行。也就是说,利用运输业的代表就是自己不拥有运输工具也能开展运输业务,这种利用运输业的代表就是代理者。

四、现代物流运输系统

智能化和信息化将在未来物流的发展中占据重要的地位,先进的电子技术必将成为一个不可忽视的力量,左右物流发展的方向。在物流的下一步发展中,人们可以使卫星导航定位系统(GPS)、地理信息系统(GIS)等多种技术相结合,架设一个基于 GPS/GIS 的物流运输管理系统。主要通过 GPS 车载终端、手机接收模块、AT 指令集、MSComm 控件、GPS 短信接收与处理、MAPX、实时车辆跟踪等多种手段,尽量使现代物流与智能化和信息化的结合相得益彰,去追求最低的成本,获得最大的效益。当然,仅仅只是智能化和信息化并不能有效地促进物流发展的进步,运输路径的优化与选择始终影响着成本和效益之间的比例。在 GIS 环境下,可以应用现代物流运输系统对物流运输路径进行动态规划,以获得最优路径。在现代物流的前进道路上,一切阻碍物流发展的弊端都日益明显,在抛弃和改进了这些弊端之后,现代物流的发展必将蒸蒸日上。

沃尔玛采用全球定位系统对车辆进行定位。因此，在任何时候，调度中心都可以知道车辆到什么地方了，离门店还有多远，其时间可以精确到小时。

知道卡车在哪里，产品在哪里，就可以提高整个运输系统的效率。卡车在路上跑的费用是很高的，而且驾驶员也比较危险，可能会出事故。因此，对于运输车队来说，既要保证人车的安全，也要确保公路的畅通，以减少出事故的概率。沃尔玛运输的原则是"安全第一，礼貌第一"。

在运输过程中，如果其他车的人需要帮助的话，这些卡车司机必须给予及时、周到、热情的帮助。卡车司机们都非常遵守交通法规。沃尔玛定期对车辆进行检查。沃尔玛的每辆卡车上都明显地标有沃尔玛车辆编号，如果看到沃尔玛司机违章，包括闯红灯等，有关人员就可以根据车上的沃尔玛编号来进行处罚。

而事实上，很多打来的电话都是表扬沃尔玛司机的，说他们非常有礼貌，而且严格遵守交通规则，还表扬这些司机对其他开车人提供了及时、周到、热心、友善的帮助。这些都证明沃尔玛的司机素质很高，实际上他们的行为并不是沃尔玛所进行的一种公关活动，而是他们的一种自觉行为。对于沃尔玛来说，卡车不出事故就是节省公司的费用，就是节省物流成本。

第二节　物流运输方式的优化组合

一、物流运输方式的选择

按照运输工具及运输设备的不同，运输包括铁路运输、公路运输、水路运输、航空运输、管道运输五种主要方式，各种运输方式有其自身的特点，并且分别适用于运输不同距离、不同形式、不同运费负担能力和不同时间需求的物品，因此要根据实际情况选择合适的运输方式。

1. 铁路运输

铁路运输的最大特点是适合长距离的大宗货物的集中运输，以集中整列为最佳，整车运输次之。其优点是运载量较大、速度快、连续性强、远距离运输费用低，一般不受气候因素影响，准时性较强，安全系数较大，能耗小，污染程度小，是最可靠的运输方式。铁路运输系统的主要缺点是营运缺乏弹性、货损较高、近距离运输费用较高。

根据上述特点，铁路运输主要适用于以下作业：

（1）大宗低值货物的中、长距离运输，也较适合散装货物、罐装货物；
（2）大量货物一次高效率运输；
（3）运费负担能力小、货物批量大、运输距离长的货物运输。

2. 公路运输

公路运输是影响面最广的运输方式。其优点是机动灵活、适应性强、可实现直达运输、运送速度较快、始建投资少，其可为铁路、水路、航空等运输方式集散或疏运客货，掌握车辆驾驶操作技术较易。其缺点是单位运输成本较高、运行持续性较差、安全性较低。

根据上述特点，公路运输最适宜于承担短距离、小批量的货运任务。

3. 水路运输

水路运输有以下形式：沿海运输、近海运输、远洋运输、内河运输。水路运输的优点是运输能力大、能源消耗低、航道投资省、节约土地资源，能以最低的单位运输成本提供最大的运量。水路运输的缺点是运输速度慢、港口的装卸搬运费用较高、不适合短距离运输、航运和装卸作业受气候条件影响较大、波动性较大、安全性和准确性难以得到保障。

水路运输最适宜于承担运量大、运距长、对时间要求不太紧、运货负担能力相对较低的货运任务。

4. 航空运输

航空运输的优点是速度快、机动性大、舒适安全、对运输货物包装的要求较低。其缺点是运输成本和运价较高、受气候条件限制、可达性差、载运量小。

航空运输最适宜于承担运输量较小、运距大、对时间要求紧、运费负担能力较高的货运任务。

5. 管道运输

管道运输的优点是运量大、占地少、受各种恶劣气候条件影响小、安全性较好、劳动生产率高、运输耗能低、成本低、效益好、沿途无噪声、漏失污染少。其缺点是灵活性差、承运的货物比较单一、运输量较小时运输成本显著增大。

管道运输适用于单向、定点、量大的货物运输。我国的管道运输目前多用于运输石油和天然气。

二、运输方式选择的制约因素

由于各种运输方式和运输工具都有各自的特点，而且不同特性的货物对运输的要求也不一样，所以要制定一个选择运输方式的标准是很困难的，而且也不现实。但是，根据物流运输的总目标，确定一个基本的原则还是可以的。

一般来讲，运输方式的选择受运输物品的种类、运输量、运输距离、运输时间、运输成本五个因素的影响。当然，这些因素不是互相独立的，而是紧密相连、互为决定的。如果对运输方式选择条件进行具体的分析，可以将其分成两种类型。

1. 不可变量因素

（1）运输物品的种类；

（2）运输量；

（3）运输距离。

以上三个因素是由货物自身的性质和存放地点决定的。对这三个因素进行大幅度变更，将会使改变运输方式的可能性变小。

2. 可变量因素

（1）运输时间；

（2）运输成本。

运输时间与运输成本是不同运输方式相互竞争的重要条件，运输时间与运输成本的变化必然带来所选择的运输方式的改变。

在选择运输方式时需要注意的是，保证运输的安全性是选择的首要条件，包括人身、设备和货物的安全等。为了做到运输货物的安全，首先应该了解货物的特性，如物理特性和化学特性等，然后选择安全可靠的运输方式。货物运输的在途时间和到货的准时性是衡量运输效果的一个重要指标，是客户服务水平的一项具体表现。而运输费用是衡量运输效果的综合标准，也是影响物流成本的主要因素。但是在一般情况下，运输费用与运输时间总是一对矛盾体，速度快的运输方式一般费用较高，运输费用低的运输方式则速度较慢。在这两者之间寻找平衡是运输决策人员重点考虑的内容。

运输服务的需求者一般是企业，目前企业对缩短运输时间、降低运输成本的要求越来越强烈，这主要是因为在当今经营环境较为复杂和困难的情况下，只有不断降低各方面的成本，加快商品周转，才能提高企业的经营效率，确立竞争优势。所以，在企业的物流体系中，JIT运输在快速普及，这种运输方式为了实现顾客库存的最小化，对其所需的产品在必要的时间，以必要的数量进行运输。JIT运输方式要求必须缩短从订货到进货的时间。正因为如此，对进货方来讲，为了实现迅速的进货，必然会在各种运输方式中选择最为有效的方式来从事物流活动。例如，以缩短运输时间为主要特征的"宅急便"是一个很典型的例子，正因为"宅急便"能实现第二天在全国范围内进行商品配送，所以它的顾客群体不仅包括一般消费者，也包括很多要求实现迅速运输服务的企业。

削减成本是企业在任何时期都强调的战略，尤其是在企业经营面临挑战与困难的时期，削减运输成本是企业生存与发展的重要手段之一。物流成本一直被称作企业经营中的"黑暗大陆"，只有高度重视运输成本的削减，选择合适的运输方式，才能使物流成为企业利润的第三大来源。从运输方式的发展来看，不同的运输方式具有不同的成本构成，货车运输由于能提供低成本的运输服务，所以在不断地发展壮大。

企业要保持缩短运输时间与降低运输成本的均衡状态。缩短运输时间与降低运输成本是一种此消彼长的关系，如果利用快速的运输服务方式，就有可能增加运输成本；同样，运输成本的下降，有可能导致运输速度减缓。所以，如何有效地协调运输成本与运输速度之间的关系，使其保持一种均衡状态是企业选择运输方式时必须考虑的因素。

综上所述，选择运输方式时，通常是在保证运输安全的前提下再衡量运输时间和运输费用，在到货时间得到满足时再考虑费用低的运输方式。当然，计算运输费用不能单凭运输费用的高低，而应该对运输过程中产生的各种费用以及其对其他环节费用的影响进行综合分析。

第三节　物流运输决策

一、物流运输合理化

由于运输是物流中最重要的功能要素之一，物流合理化在很大程度上依赖于运输合理化。影响物流运输合理化的因素很多，起决定作用的有五个方面，它们称作合理运输的"五要素"。

1. 运输距离

在运输过程中，运输时间、运输费用等若干技术经济指标都与运输距离有一定的关系，运距是判断运输是否合理的一个最基本的条件。

2. 运输环节

每增加一个运输环节，就势必要增加运输的附属活动，如装卸、包装等，各项技术经济指标也会因此发生变化。运输环节越多，运费越高，运输货损率也随之增加。因此减少运输环节对运输合理化有一定的促进作用。

3. 运输工具

运输工具主要是由运输方式决定的,但是同一种运输方式也可以选择不同的运输工具。各种运输工具都有其优势领域,对运输工具进行优化选择,按照运输工具的特点进行装卸搬运作业,最大限度地发挥运输工具的特点和作用,是运输合理化的重要一环。

4. 运输时间

在全部物流时间中,运输时间占绝大部分,因此运输时间的缩短对整个流通时间的缩短起着决定性的作用。此外,运输时间过长会造成运输成本增加。运输时间缩短,还有待加速运输工具的周转,充分发挥运力效能,提高运输线路通过能力,不同程度地改善不合理状况。

5. 运输费用

运输费用在全部物流费用中占很大的比例,运输费用的高低在很大程度上决定了整个物流系统的竞争能力。实际上,运输费用的相对高低,无论对货主还是对物流企业都是运输合理化的一个重要的标志。运输费用的高低也是各种合理化措施是否行之有效的最终判断依据之一。

二、不合理运输的类型

不合理运输的主要形式有:返程或起程空驶、对流运输、迂回运输、重复运输、倒流运输、过远运输、运力选择不当、托运方式选择不当、无效运输。在实践中,必须将其放在物流系统中作综合判断,在不作系统分析和综合判断时,很可能出现"效益悖反"现象。单从一种情况来看,有些选择可能避免了不合理,但它的合理却使其他部分出现不合理。

1. 返程或起程空驶

空车无货载行驶,可以说是不合理运输的最严重的形式。在实际运输组织中,有时候必须调运空车,从管理上不能将其看成不合理运输。但是,调运不当、货源计划不周、不采用运输社会化所形成的空驶,是不合理运输的表现。造成空驶的原因主要有以下几种:

(1)能利用社会化的运输体系而不利用,却依靠自备车送货、提货,这往往导致出现单程重车、单程空驶的不合理运输。

(2)工作失误或计划不周,造成货源不实,车辆空去空回,形成双程空驶。

(3)由于车辆过分专用,无法搭运回程货,只能单程回空周转。

2. 对流运输

对流运输亦称"相向运输""交错运输",指同一种货物,或彼此间可以互相代用而又不影响管理、技术及效益的货物,在同一线路或平行线路上作相对方向的运送,而与对方运程的全部或一部分发生重叠交错的运输。已经制定了合理流向图的产品,一般必须按合理流向图的方向运输,如果与合理流向图指定的方向相反,也属于对流运输。

在判断对流运输时需注意的是,有的对流运输是不明显的隐蔽对流运输,例如不同时间的相向运输,从发生运输的那个时间看,并未出现对流,这可能导致人们作出错误的判断,所以要注意隐蔽对流运输。

3. 迂回运输

这是一种舍近取远的运输,即可以选取短距离进行运输而不办,却选择路程较长的路线进行运输的一种不合理形式。迂回运输有一定的复杂性,不能简单对待,只有因计划不周、地理不熟、组织不当而发生的迂回,才属于不合理运输,因最短距离有交通阻塞,道路情况不好或有对噪声、排气等特殊限制而发生的迂回,不能称为迂回运输。

4. 重复运输

本来可以直接将货物运到目的地,但是在未达目的地之处,或目的地之外的其他场所将货卸下,再重复装运送达目的地,这是重复运输的一种形式。其另一种形式是,同品种货物在同一地点一面运进,同时又向外运出。重复运输的最大毛病是增加了非必要的中间环节,这就延缓了流通速度,增加了费用,增大了货损。

5. 倒流运输

倒流运输是指货物从销地或中转地向产地或起运地回流的一种运输现象。其不合理程度要甚于对流运输,其原因在于,往返两程的运输都是不必要的,形成了双程的浪费。倒流运输也可以看成隐蔽对流运输的一种特殊形式。

6. 过远运输

过远运输是指调运物资舍近求远,近处有资源不调而从远处调,这就造成可采取近程运输而未采取,拉长了货物运距的浪费现象。过远运输占用运力时间长、运输工具周转慢、物资占压资金时间长,远距离自然条件相差大。其又易出现货损,增加了费用支出。

7. 运力选择不当

运力选择不当是指未选择各种运输工具的优势而不正确地利用运输工具所造成的不合理现象,常见的有以下形式:

(1) 弃水走陆。其指在同时可以利用水运及陆运时,不利用成本较低的水运或水陆联运,而选择成本较高的铁路运输或汽车运输,使水运优势不能发挥。

(2) 铁路、大型船舶的过近运输。其指不在铁路及大型船舶的经济运行里程内却利用这些运力进行运输的不合理做法。其主要不合理之处在于火车及大型船舶起运及到达目的地的准备、装卸时间长,且机动灵活性不足,在过近距离中利用,发挥不了运速快的优势。相反,由于装卸时间长,反而会延长运输时间。另外,和小型运输设备相比,火车及大型船舶装卸难度大、费用也较高。

(3) 运输工具承载能力选择不当。其指不根据承运货物的数量及重量选择,而盲目决定运输工具,造成过分超载、损坏车辆及货物不满载、浪费运力的现象。尤其是"大马拉小车"现象发生较多。由于装货量小,单位货物运输成本必然增加。

8. 托运方式选择不当

对于货主而言,其指可以选择最好的托运方式而未选择,造成运力浪费及费用支出加大的一种不合理运输。 例如,应选择整车而未选择,反而采取零担托运,应当直达而选择了中转运输,应当中转运输而选择了直达运输等都属于这一类型的不合理运输。

9. 无效运输

凡装运的物资中无使用价值的杂质(如煤炭中的矸石、原油中的水分、矿石中的泥土和沙石)含量过多或含量超过规定标准的运输均属于无效运输。

三、运输路线的选择

货物运输在途时间的长短由运输距离和运输方式决定,在确定运输方式的情况下,运输距离起决定作用。这里的"距离"是指运输工具沿着交通路线运输的距离,而不是两地之间的直线距离。最佳的运输路线可以大大缩短运输时间,从而降低运输成本。运输路线的选择问题有很多种,下面分别介绍起讫点相同的路线选择、起讫点不同的路线选择。

1. 起讫点相同的路线选择

物流管理人员经常会遇到起讫点相同的路线选择问题,例如,某物流配送中心需把各种货物配送给某一片区的销售门店;企业自有运输车辆时,把客户需要的商品送到指定地点,然后返回等。管梅谷于1962年首先提出了著名的中国邮递员问题。邮递员需要把某一天到达的信件送给某片区的住户,在两个站点之间的路上其可以重复行走,目的还是在送信的过程中,使总行程最短。邮递员问题在现实中还是非常常见的,有的客户与别的客户的道路不通,这样就必须走回头路,即重复走原来的路。关于这类问题,一般可以用图论方法来求解。下面给出一个简单的例子。

某快递员负责某区的快件分发。该快递员必须经过的路线网络如图7.1所示。问快递员应如何走才能使总路线最短?

显然,该快递员最好能不重复地一次走完规定路线(图中的实线)。如果在距离最短的两点间加一条重复路线(图中的虚线EF),则可沿路线$ABEFADGCEFG$走,除EF街道重复一次外,其余街道都是不重复地一次走完。假定该快递员从A点出发,最后又回到A点,则该快递员的行走路线可以转化为图论中的"一笔画"问题。

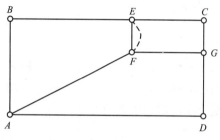

图7.1 最短路线问题举例

2. 起讫点不同的路线选择

当运送商品的开始地点与收货地点不同时,一般用最短路线法求解。这类问题在大批量长距离干线运输中比较常见。运输网络由节点和线组成,节点代表运输网络中的不同地点,线代表节点之间运行的成本(距离、时间或时间和距离加权的组合)。寻求网络中两点间最短线路的方法——狄克斯特拉标号法,其计算原理是:若$(v_1, v_2, v_3, \cdots, v_{n-1}, v_n)$是从$v_1$到$v_n$的最短路径,则$(v_1, v_2, v_3, \cdots, v_{n-1})$也必是从$v_1$到$v_{n-1}$的最短路径,因此可采用标号的方法,从起始点开始,逐步向外搜索从起始点到其他各点的最短路径。

从起始点v_1开始,给每点一个数,或称为标号,分T标号与P标号两种:T为临时标号,P为固定标号。给v_j点P标号时,表示从v_1到v_j的最短路长。给v_j点一个T标号时,表示从v_1到v_j的估计最短路长。一个点v_j的标号只能是两种标号之一。若为T标号,则需要进一步修改,直到成为P标号为止。开始标号时规定:给起始点v_1标上P标号为0,给其他各点都标上T标号为∞。凡是没有标上P标号的点,标以T标号,以便用来进一步计算该点的P标号。已得到P标号的点不再改变标号。一旦终点得到P标号,算法停止。

【例7.1】在某货运公司优化线路的决策中,试求图7.2中的仓库u到运输站点v的最短路径,并计算里程。

(1)从点u出发,给u标号$P(u)=0$,其余各点标号

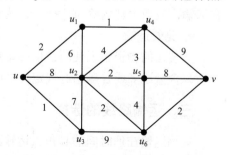

图7.2 网络示意

$T(u_i)=\infty$。

（2）同点 u 相邻的未获得 P 标号的点有 u_1、u_2、u_3，$\min\{d(u, u_1), d(u, u_2), d(u, u_3)\}=\min\{2, 8, 1\}=1$，故给各最小值对应的点 u_3 标号 $P(u_3)=1$。

（3）同点 u_3 相邻的未获得 P 标号的点有 u_2、u_6，同点 u 相邻的未获得 P 标号的点有 u_1、u_2，$\min\{d(u, u_1), d(u, u_2), d(u_3, u_2), d(u_3, u_6)\}=\min\{2, 8, 1+7, 1+9\}=2$，故给各最小值对应的点 u_1 标号 $P(u_1)=2$。

（4）同点 u_1 相邻的未获得 P 标号的点有 u_2、u_4，同点 u_3 相邻的未获得 P 标号的点有 u_2、u_6，$\min\{d(u_1, u_2), d(u_1, u_4), d(u_3, u_2), d(u_3, u_6)\}=\min\{2+6, 2+1, 1+7, 1+9\}=3$，故给各最小值对应的点 u_4 标号 $P(u_4)=3$。

（5）同点 u_4 相邻的未获得 P 标号的点有 u_2、u_5、v，同点 u_1 相邻的未获得 P 标号的点有 u_2，同点 u_3 相邻的未获得 P 标号的点有 u_2、u_6，$\min\{d(u_1, u_2), d(u_3, u_2), d(u_3, u_6), d(u_4, u_2), d(u_4, u_5), d(u_4, v)\}=\min\{2+6, 1+7, 1+9, 3+4, 3+3, 3+9\}=6$，故给各最小值对应的点 u_5 标号 $P(u_5)=6$。

（6）同点 u_5 相邻的未获得 P 标号的点有 u_2、u_6、v，同点 u_4 相邻的未获得 P 标号的点有 u_2、v，同点 u_1 相邻的未获得 P 标号的点有 u_2，同点 u_3 相邻的未获得 P 标号的点有 u_2、u_6，$\min\{d(u_1, u_2), d(u_3, u_2), d(u_3, u_6), d(u_4, u_2), d(u_4, v), d(u_5, u_2), d(u_5, u_6), d(u_5, v)\}=\min\{2+6, 1+7, 1+9, 3+4, 3+9, 6+2, 6+4, 6+8\}=7$，故给各最小值对应的点 u_2 标号 $P(u_2)=7$。

（7）同点 u_2 相邻的未获得 P 标号的点有 u_6，同点 u_5 相邻的未获得 P 标号的点有 u_6、v，同点 u_4 相邻的未获得 P 标号的点有 v，同点 u_3 相邻的未获得 P 标号的点有 u_6，$\min\{d(u_3, u_6), d(u_4, v), d(u_5, u_6), d(u_5, v), d(u_2, u_6)\}=\min\{1+9, 3+9, 6+4, 6+8, 7+2\}=9$，故给各最小值对应的点 u_6 标号 $P(u_6)=9$。

（8）同点 u_6 相邻的未获得 P 标号的点有 v，同点 u_5 相邻的未获得 P 标号的点有 v，同点 u_4 相邻的未获得 P 标号的点有 v，$\min\{d(u_5, v), d(u_4, v), d(u_6, v)\}=\min\{6+8, 3+9, 9+2\}=11$，故给各最小值对应的点 v 标号 $P(v)=11$。

终点 v 得到 P 标号，算法结束。于是可知，从 u 到 v 的最短距离为 11，可导出从 u 到 v 的路径 $u \to u_1 \to u_4 \to u_2 \to u_6 \to v$ 就是最短路径。

四、车辆调度

车辆调度就是在运输中对车辆进行的调派、运行组织和运行中的管理及监督。车辆在运行过程中，有关的人（驾驶员、行人和装卸工人）、车辆、道路、运输对象（旅客和货物）和环境等因素处于经常变化而又互相影响和制约之中。因此，车辆调度对于协调运输系统各因素的关系、组织运输、实现连续和均衡生产是必不可少的重要工作。

1．车辆调度原则

1）近点货集中装车

车辆的运送路线应将相互接近的停留点串联起来，以便停留点之间的运行距离最小化，这样才能使总的路线上的运行时间最小化，如图 7.3 所示。

从图 7.3 中可以看出，图 7.3（a）中由于各停留点串联起来之后，车辆的运行线路较长，因此不合理，应尽量避免；图 7.3（b）中各停留点串联起来之后，车辆运行线路较图 7.3（a）短，较为合理，调度员应选择图 7.3（b）所示的线路安排。

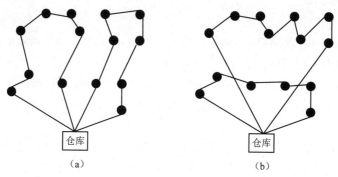

图 7.3　停留点串联图

2）聚集点集中送货

当停留点的送货时间定在一周的不同天数进行时，应当将集聚在一起的停留点安排在同一天送货，以避免不是同一天送货的停留点在运行线路上重叠，这样可有助于使所需的服务车辆数目最小化，及一周中的车辆运行时间和距离最小化，如图 7.4 所示。

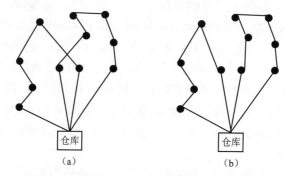

图 7.4　同一天停留点集聚

从图 7.4 中可以看出，图 7.4（a）中在同一天送货的停留点运行线路上有一次交叉，出现不是同一天送货的停留点在运行线路上重叠，因此不合理，应尽量避免；图 7.4（b）中各停留点串联起来之后，运行线路上无交叉现象，较为合理，调度员应选择图 7.4（b）所示线路安排。

3）就远点集中装车

合理的运行路线应从离仓库最远的停留点开始，将该集聚区的停留点串联起来，然后返回仓库。一旦确认了最远的停留点，送货车辆应满载贴近这个关键停留点的一些停留点的货物。这辆货车满载后，再选择另一个最远的停留点，用另一辆货车转载贴近第二个最远停留点的一些停留点的货物，按此程序进行下去，直至所有停留点的货物都分配给运货车辆。这样可使最远集聚区的停留点得以优先妥善安排车辆，以确保服务的重点和难点。

4）送货路线成凸状

运货车辆顺序途经各停留点的路线不应交叉，并应该呈凸状（图 7.4）。不过，停留点工作时间的约束和在停留点送货后再提货的要求往往会导致路线交叉。

5）有效选择送货车辆

在运输货物时，最好使用一辆载重量大到能将路线上所有停留点所要求运送的货物都能装载的送货车，这样一来可将服务各停留点的总的运行距离或时间最小化。因此，在具有多种规格车型的车队中,应优先使用载重量最大的送货车。

6)合理安排提货送货

提货应尽可能在送货过程中进行,以减少交叉路程量。而在送货结束后再进行提货经常会发生交叉路程。提货混在送货过程中进行,需要做到合理安排,这取决于送货车辆的形状、提货量以及所提货物对车辆内后续送货通道的影响程度。

7)偏远点单独送货

偏离集聚停留点远的停留点,特别是那些送货量小的停留点一般要花费大量的时间和费用。因此使用小载重量的车辆专门为这些停留点送货是经济的,其经济效益取决于该停留点的偏离度和送货量。一般偏离度越大,送货量越小,使用小载重量的车辆专门为这些停留点送货较经济。另一个可供选择的方案是租用车辆为这些停留点送货,这也能获得同样的经济效果。

8)调整停留点工作时间

停留点工作时间太短常会迫使途经停留点的顺序偏离理想状态。由于停留点的工作时间约束一般不是绝对的,因此如果停留点的工作时间确实影响到合理的送货路线,则可以与停留点商量,调整其工作时间或放宽其工作时间约束。

正确地利用上述原则能使调度人员制定出令人满意(不一定是最优的)、现实、可行的合理路线和时间安排。但由于车辆运作的复杂性并不是上述原则所能全部包容的,所以上述原则仅可作为合理路线设计的指导。当遇到特殊的约束条件时,调度人员要根据自己的经验随机处理。

2. 车辆调度的程序

1)作好用车预约

应坚持做到:当班用车一小时前预约,下午用车上午预约,次日用车当日预约,夜间用车下班前预约,集体活动用车两天(三天)前预约,长途用车三日或一周前预约等。调度对每日用车要心中有数,做好预约登记工作。

2)作好派车计划

调度根据其所掌握的用车时间、等车地点、乘车人的单位和姓名、乘车人数、行车路线等情况,作计划安排,并将执行任务的司机的姓名、车号、出车地点等在调度办公室公布或口头通知司机本人。

3)做好解释工作

对未能安排上车辆,或变更出车时间的人员,要及时说明情况,做好解释工作,以减少误会,或造成误事。调度工作应做到原则性强,坚持按制度办事,不徇私情;要有科学性,即掌握单位车辆使用的特点和规律;还要加强预见性,做好车辆强度的准备工作。

3. 车辆调定工作方法

1)制定车辆运行路线

当附加了许多约束条件之后,要了解车辆运行路线和时间安排问题就变得十分复杂,而这些约束条件在实际工作中又是很常见的,例如停留点的工作时间约束、不同载重量和容积的多种类型车辆、一条路线上允许的最大运行时间、不同区段的车速限制、运行途中的障碍物(湖泊、山脉等)、司机的短时间休息等,此时调度员可利用扫描法来确定车辆运行路线。

用扫描法确定车辆运行路线的方法十分简单,甚至可用手工计算。一般来说,它求解所得方案的误差在 10% 左右，这样水平的误差通常是可以接受的，因为调度员往往在接到最后一份订单后一小时内就要制定出车辆的运行路线。

扫描法由两个阶段组成。第一个阶段是将停留点的货运量分配给送货车，第二个阶段是安排停留点在路线上的顺序。由于扫描法是分阶段操作的，因此有些时间方面的问题，如线路上的总时间和停留点工作时间的约束等可能会难以得到妥善处理。

扫描法的步骤可简述如下：
（1）将仓库和所有的停留点位置画在地图或坐标图上。
（2）在仓库位置放置一直尺，直尺指向任何方向均可，然后顺时针或逆时针方向转动直尺，直到直尺遇到一个停留点，判断累计的装货量是否超过送货车的载重量或装载容积（首先要使用容量最大的送货车辆）。若是，则将最后的停留点排除后将路线确定下来，再从这个被排除的停留点开始继续扫描，从而开始一条新的路线。这样扫描下去，直至全部的停留点都被分配到路线上。
（3）为每条运行路线安排停留点顺序，以求运行距离最小化。

2）安排车辆运行时间

假设一辆送货车服务一条路线，如果路线短，就会发生送货车辆在剩余时间里得不到充分利用的问题。实际上，如果第二条路线能在第一条路线任务完成后开始，则完成第一条路线任务的送货车辆可用于第二条路线的送货。因此，送货车的需求量取决于路线之间的衔接，应使车辆的空闲时间最短。

3）图上作业法

图上作业法是在运输图上求解线性规划运输模型的方法。对于交通运输以及类似的线性规划问题，都可以首先画出流向图，然后根据有关规则进行必要的调整，直至求出最小运输费用或最高运输效率的解。图上作业法的内外圈流向箭头，要求重叠且各自之和都小于或等于全圈总长度的一半，这时的流向图所显示的就是最佳调运方案。

第四节　多式联运系统规划与设计

一、多式联运

由两种及以上的交通工具相互衔接、转运而共同完成的运输过程统称为复合运输，我国习惯上称之为多式联运。《联合国国际货物多式联运公约》对国际多式联运所下的定义是：按照多式联运合同，以至少两种不同的运输方式，由多式联运经营人把货物从一国境内接运货物的地点运至另一国境内指定交付货物的地点。而中国海商法对国内多式联运的规定是必须有种方式是海运。

根据不同的原则，对多式联运可以有多种分类形式，但就其组织方式和体制来说，其基本上可分为协作式多式联运和衔接式多式联运两大类。

1. 协作式多式联运

协作式多式联运是指采用两种或两种以上运输方式的运输企业，按照统一的规章或商定的协议，共同将货物从接管货物的地点运到指定交付货物的地点的运输。

协作式多式联运是目前国内货物联运的基本形式。在协作式多式联运下，参与联运的承运人均可受理托运人的托运申请,接收货物,签署全程运输单据,并负责自己区段的运输生产;后续承运人除负责自己区段的运输生产外,还需要承担运输衔接工作;最后承运人则需要承担货物交付以及受理收货人的货损货差的索赔。在这种体制下,参与联运的每个承运人均具有双重身份。对外而言,他们是共同承运人,其中一个承运人(或代表所有承运人的联运机构)与发货人订立的运输合同,对其他承运人均有约束力,即视为每个承运人均与货方存在运输合同关系;对内而言,每个承运人不但有义务完成自己区段的实际运输和有关的货运组织工作,还应根据规章或约定协议,承担风险,分配利益。

目前,根据开展联运依据的不同,协作式多式联运可进一步细分为法定(多式)联运和协议(多式)联运两种。

1)法定(多式)联运

它是指采用不同运输方式的运输企业之间根据国家运输主管部门颁布的规章开展的多式联运。目前铁路、水路运输企业之间根据铁道部、交通部共同颁布的《铁路水路货物联运规则》开展的水陆联运即属此种联运。在这种联运形式下,有关运输票据、联运范围、联运受理的条件与程序、运输衔接、货物交付、货物索赔程序以及承运之间的费用清算等,均应符合国家颁布的有关规章的规定,并实行计划运输。这种联运形式无疑有利于保护货方的权利和保证联运生产的顺利进行,但其缺点是灵活性较差,适用范围较窄,它不仅在联运方式上仅适用于铁路与水路两种运输方式之间的联运,而且对联运路线,货物的种类、数量及受理地、换装地也作出了限制。此外,由于发货方托运前需要报批运输计划,这给发货方带来了一定的不便。法定(多式)联运通常用于保证指令性计划物资,重点物资和国防、抢险、救灾等急需物资的调拨。

2)协议(多式)联运

它是指运输企业之间根据商定的协议开展的多式联运。比如,不同运输方式的干线运输企业与支线运输或短途运输企业,根据所签署的联运协议开展的多式联运,即属此种联运。与法定(多式)联运不同,在这种联运形式下,联运采用的运输方式、运输票据、联运范围、联运受理的条件与程序、运输衔接、货物交付、货物索赔程序,以及承运人之间的利益分配与风险承担等,均按联运协议的规定办理。与法定(多式)联运相比,该联运形式的最大缺点是联运执行缺乏权威性,而且联运协议的条款也可能损害发货方或弱小承运人的利益。

2. 衔接式多式联运

衔接式多式联运是指由一个多式联运企业(以下称"多式联运经营人")综合组织两种或两种以上运输方式的运输企业,将货物从接管货物的地点运到指定交付货物的地点的运输。在实践中,多式联运经营人既可能由不拥有任何运输工具的国际货运代理、场站经营人、仓储经营人担任,也可能由从事某一区段的实际承运人担任。但无论如何,其都必须持有由国家有关主管部门核准的许可证书,能独立承担责任。

在衔接式多式联运下,运输组织的工作与实际运输生产实现了分离,多式联运经营人负责全程运输组织工作,各区段的实际承运人负责实际运输生产。在这种体制下,多式联运经营人也具有双重身份。对于发货方而言,其是全程承运人,与发货方订立全程运输合同,向发货方收取全程运费及其他费用,并承担承运人的义务;对于各区段实际承运人而言,其是托运人,与各区段实际承运人订立分运合同,向实际承运人支付运费及其他必要的费用。很明显,这种运输组织与运输生产相互分离的形式,符合分工专业化的原则,由多式联运经营人"一手托两家",不但方便了货主和实际承运人,也有利于运输的衔接工作,因此,它是联运的主要形式。

二、国际多式联运

国际多式联运是采用两种或两种以上不同运输方式进行联运的运输组织形式。这里所指的至少两种运输方式可以是海陆、陆空、海空等。货运物流实用手册对此的解释为:国际多式联运(Multimodal Transport)是一种以实现货物整体运输的最优化效益为目标的联运组织形式。它通常以集装箱为运输单元,将不同的运输方式有机地组合在一起,构成连续的、综合性的一体化货物运输。

1. 国际多式联运的条件

进行国际多式联运应具备以下条件:

(1)多式联运经营人与托运人之间必须签订多式联运合同,以明确承托双方的权利、义务和豁免关系。多式联运合同是确定多式联运性质的根本依据,也是区别多式联运与一般联运的主要依据。

(2)必须使用全程多式联运单据(Multimodal Transport Documents,M.T.D),我国现在使用的是 C.T.B/L。该单据既是物权凭证,也是有价证券。

(3)必须采取全程单一运价。这个运价一次收取,包括运输成本(各段运杂费的总和)、经营管理费和合理利润。

(4)必须由一个多式联运经营人对全程运输负总责。其是与托运人签订多式联运合同的当事人,也是签发多式联运单据的人或多式联运提单者,其承担自接受货物起至交付货物止的全程运输责任。

(5)必须是两种或两种以上不同运输方式的连贯运输。如为海/海、铁/铁、空/空联运,虽为两程运输,但仍不属于多式联运,这是一般联运与多式联运的一个重要区别。同时,在单一运输方式下的短途汽车接送也不属于多式联运。

(6)必须是跨越国境的国际货物运输。这是区别国内运输和国际运输的限制条件。

2. 国际多式联运经营人

国际多式联运经营人指本人或通过其代表与发货人订立多式联运合同的任何人,其是事主,而不是发货人的代理人,或代表,或参加多式联运的承运人的代理人或代表,并且负有履行合同的责任。

多式联运经营人可以分为两种:一种为有船承运人为多式联运经营人,另一种为无船承运人为多式联运经营人。前者在接收货物后,不但要负责海上运输,还须安排汽车、火车与飞机的运输,对此经营人往往再委托给其他相应的承运人来运输,对交接过程中可能产生的装卸和包装储藏业务,也委托给有关行业办理。但是,这个经营人必须对货主负整个运输过程中产生的责任。后者在接收货物后,也是将运输委托给各种方式运输承运人进行,但其本人仍应对货主负责。无船承运人不拥有船舶,通常是内陆运输承运人、仓储业者或其他从事陆上货物运输中某一环节的人,也就是说无船承运人往往拥有除船舶以外一定的运输工具。

国际多式联运经营人的性质和法律特征如下:

(1)多式联运经营人是"本人"而非代理人,其承担承运人的义务。

(2)国际多式联运经营人在以"本人"身份开展业务的同时,并不妨碍其同时也以"代理人"的身份兼营有关货运代理服务，或者在一项国际多式联运中不以"本人"身份而是以其他诸如代理人、居间人等的身份开展业务。

（3）国际多式联运经营人是"中间人"，有双重身份，对于货主是承运人，对于实际承运人是货主。

（4）国际多式联运经营人可以拥有运输工具，也可以不拥有运输工具。

复习思考题

一、填空题

1. 在物流活动中，运输承担了物品在空间中各个环节的位置转移，解决了供给者和需求者之间场所的分离，是物流创造_____的主要功能要素，具有以_____换取_____的特殊功能，是城市、区域、国家以及国际物流经济发展的启动器。

2. 运输服务可以分为_____和_____两种形态。

3. _____亦称"相向运输""交错运输"，指同一种货物，或彼此间可以互相代用而又不影响管理、技术及效益的货物，在同一线路或平行线路上作相对方向的运送，而与对方运程的全部或一部分发生重叠交错的运输。

4. 当运送商品的开始地点与收货地点都不同时，一般用_____法求解。

5. _____是指不同的运输企业之间以不同的运输方式根据国家运输主管部门颁布的规章开展的多式联运。

二、多项选择题

1. 运输方式的选择受（   ）等因素的影响。
   A. 运输物品的种类   B. 运输量
   C. 运输距离   D. 运输时间
   E. 运输成本

2. 下列属于制约运输方式选择的不可变因素的有（   ）。
   A. 运输物品的种类   B. 运输量
   C. 运输距离   D. 运输时间
   E. 运输成本

3. 下列选项中（   ）是不合理的运输形式。
   A. 返程或起程空驶   B. 对流运输
   C. 迂回运输   D. 重复运输
   E. 倒流运输

4. 未选择各种运输工具的优势而不正确地利用运输工具所造成的不合理现象，常见的有以下若干形式（   ）。
   A. 弃水走陆   B. 铁路、大型船舶的过近运输
   C. 运输工具承载能力选择不当 D. 托运方式选择不当
   E. 无效运输

5. 国际多式联运经营人的性质和法律特征是（   ）。
   A. 多式联运经营人是"本人"而非代理人

B. 国际多式联运经营人在以"本人"身份开展业务的同时，并不妨碍其同时也以"代理人"的身份兼营有关货运代理服务，或者在一项国际多式联运中不以"本人"身份而是以其他诸如代理人、居间人等的身份开展业务

C. 国际多式联运经营人是"中间人"

D. 国际多式联运经营人可以拥有运输工具，也可以不拥有运输工具

三、简答题

1. 物流运输系统的功能与特征有哪些？
2. 运输方式选择的制约因素有哪些？
3. 简述主要的运输方式及其特征。
4. 不合理运输的形式有哪些？

案例分析

韩国三星公司的合理化运输

韩国三星公司在1989—1993年实施了物流运输工作合理化革新的第一个五年计划。这期间，为了降低成本和提高配送效率三星公司进行了"节约成本200亿""全面提高物流劳动生产率"等活动，最终降低了成本，缩短了前置时间，减少了40%的存货量，并获得首届韩国物流大奖。1994—1998年，三星公司实行第二个五年计划，将销售、配送、生产和采购有机地结合起来。三星公司扩展和强化物流网络，同时建立一个全球性的物流链，使产品的供应线路最优化，并设立全球物流网络上的集成订货–交货系统，在从原材料采购到交货给最终客户的整个路径上实现物流和信息流一体化，这样客户就能以最低的价格得到最高质量的服务，从而对企业更加满意。

三星公司物流工作合理化革新小组在配送选址、实物运输、现场作业和信息系统四个方面进行物流革新。

（1）配送选址革新措施。为了提高配送中心的效率和质量，三星公司将其划分为产地配送中心和销地配送中心。前者用于原材料的补充，后者用于存货的调整。三星公司对每个职能部门都确定了最优工序，配送中心的数量被减少，规模得以最优化，以便于向客户提供最佳的服务。

（2）实物运输革新措施。为了及时地交货给零售商，配送中心在考虑货物数量和运输所需时间的基础上确定出合理的运输路线。同时，一个高效率的调拨系统也被开发出来，这方面的革新加强了支持销售的能力。

（3）现场作业革新措施。为了使进出工厂的货物更方便快捷地流动，三星公司建立了一个交货点查询管理系统，通过该系统可以查询货物的进出库频率，高效地配置资源。

（4）信息系统革新措施。三星公司在局域网环境下建立了一个通信网络，并开发了一个客户服务器系统，公司集成系统的1/3将投入物流中使用。由于将生产配送和销售一体化，整个系统中不同的职能部门将能达到信息共享。客户如有涉及物流的问题都可以通过实时订单跟踪系统得到回答。

请回答下列问题：

1. 请结合案例评价韩国三星公司的运输，并说明理由。
2. 结合案例，谈谈韩国三星公司为实现物流工作合理化采取了哪些革新措施。

实 训 项 目

实训项目八：物流运输系统规划与设计

实训目的	（1）加深对物流运输系统的定义、物流运输系统设计的重要性的理解； （2）能够选择合理的物流运输方式和运输路线； （3）熟练掌握不合理运输的形式，在运输系统规划与设计时予以避免。
实训内容	查找资料，根据本章所学知识，完成以下内容的学习和掌握： （1）网络经济时代运输的发展趋势有哪些？ （2）分析与解释百胜物流公司是如何降低连锁企业运输成本的。
实训记录	
教师评语	
实训成绩	

第八章

物流系统建模与优化

教学目标

要求学生掌握物流系统的预测方法及作用,物流系统库存决策的内容、原则和目标,物流系统设施设备的布局方法。

学习任务

了解物流系统建模的含义,物流系统建模的基本方法。了解物流系统预测常用的方法及技术工具。掌握物流系统设施设备定位方法、库存决策方法。

案例导入

沃尔玛的需求预测和CPFR

山姆·沃顿于1962年在美国阿肯色州的罗杰斯设立了第一家沃尔玛商店。如今这家公司提供四种不同概念的零售模式:沃尔玛折扣店、购物广场、社区店和山姆会员店。长期致力于让顾客满意和"保持低价格"使沃尔玛成为一家年营业额超过2 180亿美元的世界最大的零售商。很多年以前山姆·沃顿就说:"让我们成为最友好的商店,为那些赏光走进我们商店的顾客提供欢迎的微笑和尽心尽力的帮助。提供更好的服务,这种服务要超过顾客的预期。为什么不呢?你是伟大的,你和你的同事都能做到这一点,并且比世界上任何其他零售公司都做得更好。超过顾客的预期,如果你做到了,他们会一次又一次地回到你的商店。"沃尔玛在全世界有130万员工。在美国有3 200家工厂,在美国、墨西哥、波多黎各、加拿大、阿根廷、巴西、中国、韩国、德国和英国有1 200家商店。沃尔玛被认为是世界上最好的供应链运营商,其商品成本要比主要竞争对手低5%~10%,这给公司提供了竞争优势。

沃尔玛是很早采用协同计划、预测和补货(CPFR)的企业,其通过全盘管理、网络化运营的方式来管理供应链中的贸易伙伴。CPFR帮助沃尔玛建立起一套针对每件商品的短期预测方法,用来指导订货。这种由相互协商确立的短期预测成为改进需求管理的动力,实现了对供给和库存水平的更好控制。CPFR 项目的实施帮助沃尔玛和供应商节约了大量的库存维护成本，并促使沃尔玛逐步成为一个准时制系统。

在美泰公司工作的首席信息官约瑟夫·埃克若斯说："我能够根据一个玩具的销售进度情况决定是增加生产还是停止生产，这取决于我得到的信息。以日或者小时为单位获取的销售数据非常重要，我可以很准确地计算出什么东西在什么地方卖得最好，然后调整生产。当美泰和生产厂家之间建立起信任、互惠互利的关系时，整个系统的效能就发挥出来了。从全球范围内的客户那里收集的数据，可以帮助我优化销售并为客户提供最好的价格。"

沃尔玛实施了一个数据仓库项目，在一台中央服务器上汇总历史数据并进行分析，通过数据更好地了解商业环境，并作出最好的决策。最初系统只收集销售点和运输的数据，之后数据仓库包括了 65 周的库存数据、预测数据、人口统计数据、降价数据、退货和市场数据，这些数据按照每件商品、每个商店和每一天进行归类。数据仓库中除了沃尔玛的运营数据以外，还包括竞争对手的数据。这些数据向沃尔玛的买家、中间商、物流提供商和预测相关人员以及 3 500 家合作伙伴开放。例如，当沃尔玛的竞争对手开设了一家杂货商店时，沃尔玛会努力去分析其设立对自身销售的影响。预测过程从数据仓库开始。沃尔玛应用的数据挖掘软件是由 NeoVista Software（被 J&A 软件集团收购）开发的，其用来分析一年来销售点的销售数据，并向美国的商店提示购进各种商品的贸易伙伴。其目标就是节约几百万的库存成本，更好地处理季节性和每周的销售变化，针对顾客需求和市场变化制定商业计划。

预测过程是这样的，沃尔玛的买家提交一份初步的预测，这个数据会显示在华纳-兰伯特（Warner-Lambert；华纳-兰伯特是一家世界一流的制药公司，在 2000 年与辉瑞合并）实施 CPFR 的服务器上。华纳-兰伯特的计划人员将意见和建议分享给沃尔玛的计划制定者。最后经协调统一的每件产品的预测结果用于华纳-兰伯特的生产和沃尔玛的仓库管理。沃尔玛和它的供应商使用同样的系统。

使用数据挖掘软件会发现一些有趣的事情，例如，每家商店的购买模式都十分不同，以及全年都保持较高库存的护齿产品和宠物食品的销售模式也十分不同。这一发现应用于沃尔玛的自动订货和供给系统。沃尔玛对 7 亿种商品进行组合分析，实现了将正确的商品在正确的时间，以合适的价格运送到正确的商店，然后卖给顾客。沃尔玛不断提高预测的准确性，取得了零售行业内无法比拟的竞争优势。

第一节　物流系统建模概述

系统模型是系统工程解决问题的必要工具，要对物流系进行有效的分析、规划或决策，就必须建立物流系统的模型，再借助模型对系统进行定量或者定性与定量相结合的分析。物流系统建模是物流系统决策与物流系统管理的工具和相关人员必须掌握的重要手段。

一、系统模型概述

1. 系统模型的定义与特征

系统模型是对一个系统某一方面本质属性的描述，它以某种确定的形式（例如文字、符号、图表、实物、数学公式等）提供关于该系统的某一方面的知识。

系统模型是对现实系统的描述、模仿或抽象。系统是复杂的，系统的属性也是多方面的。

对于某一特定的研究目的而言，没有必要考虑系统的全部属性，因此，系统模型只是对系统某一方面或某几个方面的本质属性的描述，本质属性的选取完全取决于系统工程研究的目的。所以对同一个系统，根据不同的研究目的，可以建立不同的系统模型。

系统模型来源于实际系统，反映的是实际系统的主要特征，但它又高于实际系统，能反映同类问题的共性，是对所要研究问题的抽象。一个恰当、适用的系统模型应该具有如下三个特征：

（1）它是对现实系统的抽象或模仿。
（2）它是由反映系统本质或特征的主要要素构成的。
（3）它集中体现了这些主要要素之间的关系。

2. 系统模型的分类

系统的种类繁多，作为系统的描述，系统模型的种类同样也多种多样。从不同的角度观察，可以得出多种不同的分类方法（图8.1）。例如，按照建模材料的不同，可以分为抽象模型和实物模型；按照与实体系统的关系，可以分为形象模型、相似模型和数学模型；按照与时间的依赖关系，又可以分为动态模型和静态模型；按照模型的用途，又可以分为结构模型、评价模型、优化模型等；按照模型的表达形式，又可以分为物理模型、文字模型和数学模型三大类。

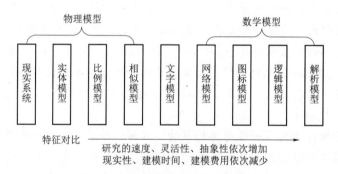

图 8.1 系统模型的分类与特征对比

各模型的具体含义如下：

（1）实体模型：即现实系统本身，当系统的大小刚好适合研究而且又不存在危险时，可以将系统本身作为研究模型，如产品质量检验中采取的抽样模型。

（2）比例模型：是对现实系统的放大或缩小，以使之适于研究。

（3）相似模型：根据相似原理，利用一种系统去代替另一种系统，如利用电路系统代替流体系统。

（4）文字模型：直接利用文字符号来描述系统研究的结果，如技术报告、说明书等。

（5）网络模型：用网络图来描述系统的组成要素以及要素之间的相互关系（包括逻辑关系与数学关系）。

（6）图标模型：指用图像和表格形式描述的模型，图像与表格二者可以相互转化。

（7）逻辑模型：指用方格图、程序单等形式表示系统要素逻辑关系的模型。

（8）解析模型：指用数学方程式表示系统某些特性的模型。

系统工程中经常使用数学模型来分析问题。无论在自然科学、工程技术领域，还是在社会科学领域，没有定量分析，就没有科学的预测和决策，就会造成决策失误。另外，数学模型具有良好的可变性和适应性，便于使用计算机，便于快速分析。因此，数学模型是定量分析的基础。通常所说的系统建模，大多数情况下是指建立系统的数学模型。

二、物流系统建模

物流系统建模是对物流系统的特征要素及其相互关系和变化趋势的一种抽象描述。物流系统模型反映物流系统的一些本质特征，用于描述物流系统要素之间的相互关系、系统与外部环境的相互作用等。由于物流系统在时域和地域上的广泛性，系统要素和特性也多种多样，因此，有必要借助物流系统抽象模型进行系统特性的研究。

1. 建立物流系统模型的必要性

人类认识和改造客观世界的研究方法，主要可分为三种，即实验法、抽象法、模型法。

实验法是通过对客观事物本身直接进行科学实验来进行研究的。物流系统范围广、环节多、构成要素复杂，因此不可能采用实验法研究物流系统。抽象法是把现实系统抽象为一般的理论概念，然后进行推理和判断。这种方法缺乏实体感，过于概念化，同样不适合用来研究物流系统。模型法是在对现实系统进行抽象的基础上，把它们再现为某种实物的、图画的或数学的模型，再通过模型来对系统进行分析、比较和研究，最终导出结论。由此可见，模型法既避免了实验法的局限性，又克服了抽象法过于概念化的缺点，适合对物流系统的研究和分析。

使用物流系统模型的必要性在于：

（1）物流系统建设的需要。新建一个物流系统时，由于物流系统尚未建立，无法直接进行测试或试验，只能通过建造相应的系统模型来对系统的效果进行预测，以实现对系统的分析、优化、评价和决策。

（2）经济上的节约。对复杂的物流系统或其子系统直接进行试验，其成本将十分高，但是，如果使用相应的系统模型就非常经济。

（3）时间上的考虑。物流系统与社会系统、生态系统相似，具有规模大、反应周期长的特点，对这样的系统直接进行实验，则要等若干年以后才能看到结果，这当然是系统分析和评价所不允许的。使用物流系统模型进行分析和评价，很快就可得到分析结果。

（4）系统分析的灵活性要求。现实系统所包含的因素太多而且复杂，实验结果往往难以直接与其中的某一因素挂钩，因此直接实验的结果不易理解；另外，在实验过程中要改变系统的某些参数也相当困难。但是，系统模型突出的是研究所需的主要特征，模型的修改和参数变动非常容易，便于在各种不同的条件下对系统进行分析和评价。

2. 物流系统模型的建立原则

物流系统的复杂性决定了物流系统模型建立的复杂性。建立一个简明、适用的物流系统模型，将为物流系统的分析、评价和决策提供可靠的依据。但是，建造系统模型，尤其是建造抽象程度很高的系统数学模型，是一种创造性的劳动，既是一种技术，也是一门"艺术"。

一般来说，建立系统模型要满足现实性、简明性、标准化三条最基本的要求。

现实性就是指系统模型要在一定程度上较好地反映系统的客观实际，反映系统的本质特征及其关系，去掉非本质的东西。

简明性是指在满足现实性要求的基础上，应尽可能使系统模型简单明了，以节约建模的费用和时间。从经济的角度考虑，如果一个简单的模型能解决问题，就不要去建立一个复杂的模型。

标准化是指如果已有某种标准化模型可供借鉴，则应尽量采用标准化模型，或者对标准化模型进行某些修改，使之适合该系统。

上述三条要求经常会相互抵触，容易顾此失彼。一般的处理原则是，在现实性的基础上，达到简明性，再尽可能满足标准化的要求。

根据系统建模的基本要求，建立物流系统模型时，必须遵循以下几条基本原则。

1) 准确性

模型必须反映现实系统的本质规律。模型中包含各种变量和数据公式、图表，一旦模型确定，就要根据这些数据和公式、图表求解模型、研究模型，因此数据必须可靠，公式和图表必须正确，有科学依据，合乎科学规律和经济规律。

2) 可靠性

模型既然是实际系统的替代物，它必须能反映事物的本质，且有一定的精确度。如果一个模型不能在本质上反映实际，或者在某些关键部分缺乏一定的精确度，那就存在着潜在的危险。

3) 简明性

模型的表达方式应明确、简单、能抓住本质。一个实际系统可能是相当复杂的，如果模型也相当复杂，则构造和求解模型的费用太大，甚至由于因素太多，模型难以控制和操纵，这就失去了建模的意义。

4) 实用性

模型必须能方便用户，因此要努力使模型标准化、规范化，要尽量采用已有的模型。在建立一个实际系统的模型时，如果已经有了标准模型，则完全可以试验一下，如果合适则直接使用，这样既可以节省时间又可以节省费用。

5) 反馈性

人对系统的认识是一个由浅入深的过程，因此建模不是一蹴而就的事情。开始建模时可以设计得粗一些，参数和变量不宜太多，但要注意灵敏问题，即留心模型对哪些参数或变量的改变特别敏感，以后逐步加进有关细节，参数和变量也逐渐增多，最后达到一定的精度。

3. 物流系统建模方法

建立一个合适的系统模型既需要综合运用各种科学知识，还需要充分发挥人的创造性，针对不同的系统对象，或建造新模型，或巧妙利用已有的模型，或改造已有的模型。建模既是一种创新，也是一种艺术。下面对其进行简单的介绍。

1) 推理分析法

对于问题明确、内部结构和特性十分清楚的系统，可以利用已知的定律和定理，经过一定的分析和推理，建立系统模型。

2) 统计分析法

对于那些内部结构和特性不很清楚，且又不能直接进行实验观察的系统，可以采用数据收集和统计分析的方法，建立系统模型。

3) 人工模拟法

当系统结构复杂，性质不太明确，缺乏足够的数据，且无法进行实验观察时，可借助一些人工方法，逐步建立模型。

4. 物流系统建模的步骤

不同条件下的建模方法虽然不同，但是建模的全过程始终离不开了解实际系统、掌握真实情况、抓住主要因素、弄清变量关系、构造模型、反馈使用效果、不断改进以逐步向真实逼近。其具体步骤如下。

1）弄清问题，掌握真实情况

要清晰准确地了解系统的规模、目的和范围以及判断准则，确定输出、输入变量及其表达形式。

2）搜集资料

搜集真实、可靠、全面的资料，对资料进行分类，概括出其本质内涵、分清主次变量，对已研究过或成熟的经验知识或实例进行挑选，将其作为基本资料，供新模型选择和借鉴。将本质因素的数量关系，尽可能用数学语言来表达。

3）确定因素之间的关系

确定本质因素之间的相互关系，列出必要的表格，绘制图形和曲线等。

4）构造模型

在充分掌握资料的基础上，根据系统的特征和服务对象，构造一个能代表所研究系统的数量变换数学模型。这个模型可能是初步的、简单的，如初等函数模型。

5）求解模型

用解析法或数值法求解模型最优解。对于较复杂的模型，有时需编出框图和计算机程序来求解。

6）检验模型的正确性

其目的在于肯定模型是否在一定的精确度范围内正确地反映了人们所研究的问题。必要时要对其进行修正和反复订正，如除去一些变量、合并一些变量、改变变量性质或变量间的相互关系以及约束条件等，使模型进一步符合实际，满足在可信度范围内可解、易解的要求后使用。

三、常见的物流系统模型

物流系统的分析、规划、最优设计等过程是复杂的，常常需要借助各种数学模型和计算机模型。实际系统的问题及研究目的多种多样，系统分析中采用的方法也多种多样，按照物流系统建模的方法可划分为最优化模型、仿真模型、启发式模型三种模型；按照应用问题可划分为设施选址模型、库存模型、物流路径优化模型、资源配置模型等。

1. 最优化模型

最优化模型是依赖精确的数学方方程式和严密的数学过程来分析和评价物流系统的各种可选方案，从数学上可以证明所得到的解是针对该问题的最优解（或最佳选择）。

最优化模型属于数学模型。物流系统规划与决策中的许多确定型的运筹学模型都属于此类模型。这些模型包括各种数学规划模型、排队模型、微积分模型等。

2. 仿真模型

仿真模型就是以代数和逻辑语言作出的对系统的模拟。这种模拟通常要利用随机的数学关系，可以说，仿真的过程就是对系统模型进行抽样试验的过程。仿真模型能真实地模拟系统过程,可用于物流系统中的各种规划,如仓库选址等。

3. 启发式模型

仿真模型能够实现模型定义的真实性,最优化模型能够实现寻求最优解的过程,启发式模型就是这两种形式的混合模型。启发式模型是以启发式方法为基础建立的系统模型。启发式方法指的是那些能指导问题求解的原理、概念和经验法则。对于一些无法求得最优解的问题,借助这些启发式规则,可以得到满意解,但是无法保证获得最优解。

以下是一些启发式建模规则:

(1) 最适合建仓库的地点是那些需求量最大的地区或临近这些地区的地方;

(2) 按整车批量购买的客户应该直接由供应点直接供货,而不应该再经由仓储系统;

(3) 如果某产品出、入库运输成本的差异能够弥补仓储成本,就应该将该产品存放在仓库里;

(4) 下一个进入分拨系统的仓库就是那个节约成本最多的仓库;

(5) 从分拨的立场看,成本最高的客户就是那些小批量购买且位于运输线末端的客户。

将启发式模型与专家系统技术结合,就可以建立专家系统模型,其能辅助物流管理人员快速提高决策能力。

第二节 物流需求预测

物流需求预测,就是企业在各个商业流通机能上整合,通过联合规划与作业,形成高度整合的供应链通道关系,从而使供应链上的企业共享信息,上游企业无须预测便可获得供求信息。传统的流通模式通过预测下游通道的资源来进行各项物流作业活动,但是预测的结果很难令人满意,会造成各种浪费。现代物流发展趋势是强调供应链成员的联合机制,成员间各种信息的共享,使得供应链的上游企业无须预测,直接得到供需信息。

一、物流需求预测概述

物流需求预测的作用具体表现在以下几个方面:

(1) 物流需求预测是制定现代物流发展战略的依据。通过物流需求预测,产业链上的企业可以准确地获知市场需求的变化,指导企业生产和实施具体的物流战略,从而有效地增强企业的核心竞争力。

(2) 物流需求预测是进行现代物流管理的重要手段。

在现代物流活动中,物流管理已经从物的处理提升到价值方案的设计、解决和管理之上。如果能通过高度整合的供应链通道获取有用信息,就能采取最优战略战术,避免因预测不准确而造成许多不必要的自然和商业资源的浪费。

(3) 物流需求预测是现代物流管理的重要环节。

物流管理就是对物流活动的计划、组织、协调和控制,也叫决策。现代物流管理就是在物流活动中采用先进的管理制度、管理组织、管理技术、管理方法进行决策。为了使物流决策更准确,就必须对物流系统中的各个要素有一个清醒的认识,而共享信息资源分析和预测就能很好地解决这个问题,因此预测是现代物流管理的重要环节。

要点提示:物流需求预测是现代物流管理的重要环节,但是并非最后目的。物流需求预测的作用和最终价值在于指导和调节人们的现代物流管理活动,以便采取适当的策略和措施,谋取更大的利益。其从内容看,有相对的独立性。从预测在现代物流管理的层次地位看,它必须服从计划、决策等更高管理活动层次的需要。因此,物流需求预测应按计划、决策的要求来开展工作。

二、预测的基本原则

人们之所以能对未来作预测,主要是应用了下面两项基本原则。

1. 惯性原则

所谓惯性,就是指由于事物发展变化主要受内因的作用,因为一个事物的过去,现在的状态会持续到将来。也就是说,随着时间的推移,事物的发展变化具有某种程度的持续性、连贯性。尽管未来的经济事件与现在会有差别,但是它在许多方面与现在是相似的。利用这一原则掌握事物内在变化的原因,就能根据已知推测未知,根据过去、现在推测未来。

社会和自然界中的大多数事物在其发展变化的过程中,总有维持或延续原状态的趋向,事物的某些基本特征和性质将随着时间的延续而维持下去,这就是惯性原理。事物惯性的大小,取决于事物本身的动力和外界因素的作用。例如,某一材料的应用前景,当然首先取决于材料本身的技术性能及制造特性,但社会需求量及其他材料的替代也起到了激发或限制作用。

正因为事物在发展变化过程中有一定的惯性,人们可以利用事物的过去和现在的某些情况,实施趋势外推分析方法预测其未来的发展及状态。

2. 类推原则

所谓类推原则,即事物发展变化的因果关系原则。一切事物的存在、发展和变化都受有关因素的影响和制约。因此,事物的存在结构和变化都有一定的模式。就企业而言,劳动生产率提高,预示着产量可能提高;生产成本降低,预示着产品价格可能降低,或利润可能增大;产品质量提高,预示着销售量可能增加。就市场来说,商品供过于求,预示着价格可能下跌;产品供不应求,预示着价格可能上涨;新产品投入市场,预示着老产品开始滞销或价格下跌。这些都是经济活动的模式,都存在一定的相互制约的因果关系。掌握这种因果关系,就能揭示相互关联的事物的发展变化,推断出未来的经济事件的性质、状况和规模。

类推原理就是根据事物发展过程的结构和变化的模式和规律,推测未来事物的发展变化情况。许多特性相近的事物,在其变化发展的过程中,常常有相似之处,于是可以假设在有些情况下,事物之间的发展变化具有类似的地方,依此进行类比,这样便可以由先发事物的变化进程与状况,推测后发类似事物的发展变化。抽样调查法就是类推原则的一个应用。在市场预测中,类推预测尤其适用于历史资料不多但又有相似已知事件情况下的市场预测。

总之,在市场预测中,只要运用科学的定性分析和定量分析相结合的方法,对各种统计资料和信息情报进行分析研究,掌握它们之间相互作用的规律性和各种比例关系,运用适当的预测方法,就可以较好地预测未来市场的状态及发展趋势。

应用上述原则进行预测,还需要采用一定的手法。预测的手法很多,应根据预测的需要和可能条件加以选择。

三、定性预测方法

定性预测方法是一种依靠人的主观判断预测未来的方法。这种方法不可能提供有关事件的确切的、定量的概念，而只能定性地估计某一事件的发展趋势、优劣程度和发生的概率。

预测是否准确完全取决于预测者的知识和经验。进行定性预测时，虽然为了汇总个人意见和综合地说明问题，也需对定性的资料进行量化，但这并不改变这种方法的性质。定性预测一般用于对缺乏历史统计资料的事件进行预测。

定性预测方法的主要用途是：在定量分析之前首先进行定性分析，明确发展趋势，为定量分析做准备工作；在缺乏定量预测的数据时，直接进行预测；与定量分析方法结合使用，以提高预测的可靠程度；对定量预测的结果进行评价。

1. 调查预测方法

调查预测，一般需组织有专业特长、有实践经验的人员，根据预测目标，制定调查表或调查提纲，选定调查对象，深入实际，调查了解，然后把所收集到的信息加强综合整理，经分析研究或简单推算给出预测结果。

2. 综合意见法

所谓综合意见法，就是综合经营管理人员判断意见的预测方法。经营管理人员处于生产经营的第一线，比较熟悉市场需求的情况及其动向，他们的判断比较能反映市场需求的客观实际，因而该方法是企业短期、近期预测的常用方法。

常用的具体方法有如下四种。

1）企业经理（厂长）判断预测法

企业经理（厂长）判断预测法一般是由专门负责市场营销的经理召集计划、销售、生产、财务等各方面的负责人和有关业务人员开会研究，而各部门的负责人和有关业务人员根据已掌握的资料数据，对市场的现状和发展前景充分地发表意见，然后由参加会议的经理和副经理综合大家的意见，得出预测结果。

企业经理（厂长）判断法的预测过程如下：

第一，为了使预测准确，综合地反映问题，要进行如下三方面的工作：

（1）进行定性分析。

① 研究企业历史销售情况和目前的市场状态。

② 研究同行业生产厂商的情况。

③ 研究流动资金的来源和利用情况。

④ 研究改善经营管理的措施及可能达到的效果。

⑤ 研究劳动组织、业务人员和销售水平情况。

（2）在定性分析的基础上，确定三个定量数据：自然状态、销售估计值、概率。

（3）计算每个人的预测方案期望值，并以期望值为基础确定综合预测值。

第二，确定企业的综合预测值。

第三，确定企业的最后预测方案。

2）销售人员预测法

销售人员预测法即征求并综合本企业推销人员和商业部门业务人员的意见，将其作为该企业的预测结果。

（1）优点：商业部门的业务人员熟悉市场情况，因此综合他们的信息、意见，所作的预测有较大的现实性。

（2）缺点：销售人员预测能力的限制，有时会影响其预测的准确程度。

3）顾客意见法

顾客意见法即在直接征求顾客意见的基础上进行预测。此法对于用户数量不大或用户与本企业有固定协作关系的企业较为适用。

4）个人判断法

个人判断法是由企业的经理或主管业务的人员凭个人的直观经验，对未来市场趋势作出判断，对商品销售进行预测。

（1）优点：迅速、方便、省钱，在市场发生变化时可及时调整或修改。

（2）缺点：侧重于主观意识，科学性较差。

3. 专家判断预测法

专家判断预测法，也称专家意见法，就是向专家征求意见，并把专家意见集中起来，作出预测。其主要有两种。

1）头脑风暴法

头脑风暴法，是以专家的创造性思维来索取未来信息的一种直观预测方法。其又可以分为直接头脑风暴法和质疑头脑风暴法两种。

（1）直接头脑风暴法：组织专家，对所要预测的课题，各抒己见地进行对话，以便集思广益。

（2）质疑头脑风暴法：对各种计划方案或某种已制定的工作文件，召集专家会议，由专家提出质疑，去掉不合理的或不科学的部分，补充不具体、不全面的部分，以使报告或计划趋于完善。

组织头脑风暴会议的原则如下：

（1）专家的选择与预测对象要一致。

（2）被挑选的专家最好是彼此不认识的。

（3）要为头脑风暴法创造良好的环境条件。

（4）为修改个人意见的专家提供优先发言的机会。

（5）主持会议时要尽量启发专家思维。

（6）领导工作应由预测专家来完成。

头脑风暴法的优点如下：

（1）通过信息交流，产生思维共振，进而激发创造性思维，以在短期内得到创造性的成果。

（2）获取的信息量大，考虑的预测因素多，提供的方案也比较全面和广泛。

头脑风暴法的缺点如下：

因为是专家会议，故易受权威的影响，不利于充分发表意见；易受表达能力的影响；易受心理因素的影响；容易随大流。

2）德尔菲法

（1）德尔菲法的程序：挑选专家；第一轮函询；第二轮函询；各位专家得到统计报告后，重新修正原先各自的预测值，对预测目标重新预测。

上述步骤一般通过四轮，若最后专家的意见趋于一致，可以此为根据进行预测。

（2）德尔菲法需要注意的几个问题：谁是专家，如何选用专家；专家函询调查表的设计是否科学；专家答卷的数据处理是否涉及时间和数据等指标。

四、时间序列预测技术

时间序列又称时间数列，是指观测或记录到的一组按时间顺序排列的数据，如某段时间内某种物资市场可供资源量按时间顺序的统计数据、某企业的采购成本的历史统计资料等。由于事物的时间序列展示了事物在一定时期内的发展变化过程，因而可以从事物的时间序列分析入手，寻找事物的变化特征及变化趋势，并通过选择适当的模型形式和模型参数建立预测模型，运用惯性原理进行趋势外推预测。这种方法比较适合市场预测。经常使用的时间序列预测方法有平均数预测法、移动平均预测法、指数平滑预测法和季节指数预测法等。平均数预测法以算术平均数或加权平均数的数值为预测值，方法简单，但它只能用一个或一条水平线表示事物的发展变化，而不能反映事物的变化规律，因此对它就不作具体介绍了。下面介绍移动平均预测法和指数平滑预测法。

1. 移动平均预测法

移动平均预测法中的"平均"是指取预测对象的时间序列中最近一组实际值（或历史数据）的算术平均值；其中的"移动"是指参与"平均"值的实际值随预测期的推进而不断更新，并且每一个新的实际值参与"平均"值时，都要剔除掉已参与"平均"值中的最陈旧的一个实际值，以保证每次参与"平均"值的实际值都有相同的个数，按照上述办法可以简单地推导出移动平均预测法的计算公式。

已知数据时间序列为：x_1，x_2，…，x_n，以 $M_t^{(1)}$ 表示第 t 时刻的时间序列的移动平均值，以 n 表示参与"平均"值的实际值的个数，它也称为数据的间距或移动的步长，则有：

第一个移动平均数由 x_1，x_2，…，x_n 产生：$M_{t=n+1}^{(1)} = \dfrac{x_n + x_{n-1} + \cdots + x_1}{n}$；

第二个移动平均数由 x_2，x_3，…，x_{n+1} 产生：$M_{t=n+2}^{(1)} = \dfrac{x_{n+1} + x_n + \cdots + x_2}{n}$。

依此类推：

$$M_t^{(1)} = \dfrac{x_{t-1} + x_{t-2} + \cdots + x_{t-n}}{t} \tag{8-1}$$

式（8-1）为移动平均数的通式，由于它是对预测对象的实际观测值进行移动平均计算，故也称为一次移动平均数。由这个通式的推导可以看出，在移动平均的过程中，每当一个新的实际值进入"平均"值，就要剔除"平均"值中最陈旧的一个实际值，使每一次参与"平均"值的实际值都有相同的个数。这样以一个段为单位，逐步运动，逐步放弃旧的历史数据，增加新的历史数据，这样能较好地反映事物发展变化的趋势。下面以实例说明。

【例8.1】某物资企业统计了某年度 1 月至 11 月的钢材实际销售量，统计结果见表 8.1。请用移动平均预测法预测其 12 月的钢材销售量。

解： 取 $n=3$ 及 $n=6$ 对 12 个月的钢材销售量进行预测并将预测结果填入表中

通过计算可知，当 $n=3$ 时，用移动平均预测法预测的 12 月钢材销售量为 24 800 t。当 $n=6$ 时用移动平均预测法预测的 12 月钢材销售量为 24 433 t。

表 8.1 钢材销售量统计与预测

月份	销售量/t	移动平均数 $M_t^{(1)}$		月份	销售量/t	移动平均数 $M_t^{(1)}$	
		$n=3(t)$	$n=6(t)$			$n=3(t)$	$n=6(t)$
1	22 400			7	25 700	22 533	22 417
2	21 900			8	23 400	23 967	22 967
3	22 600			9	23 800	24 067	23 216
4	21 400	22 300		10	25 200	24 300	23 416
5	23 100	21 967		11	25 400	24 133	24 049
6	23 100	22 367		12		24 800	24 433

由表中所列的结果来看,移动平均计算后所得到的新数列,其数据起伏波动的范围变小了,异常大和异常小的数据值被修匀了,从而异常数据对移动平均值的影响不大。因此移动平均预测法有较好的抗干扰能力,可以在一定程度上描述时间序列变化的趋势。

移动平均预测法对时间序列中数据变化的反映速度及对干扰的修匀能力,取决于 n 值。随着 n 值的减小,移动平均对时间序列数据变化的反映敏感性增加,但修匀能力下降;而随着 n 值的增大,移动平均对时间序列数据变化的反映敏感性减小,但对时间序列的修匀能力却上升。所以移动平均预测法的修匀能力与时间序列数据变化的敏感性是矛盾的,两者不可兼得,因此一定要根据时间序列的特点来确定 n。

一般的选择原则是:
(1) 要由所需处理的时间序列的数据点的多少来定,数据点多,n 可以取得大一些;
(2) 要由已有的时间序列的趋势来定,趋势平稳并基本保持水平状态的,n 可以取得大一些;
(3) 趋势平稳并保持阶梯性或周期性增长的,n 应该取得小一些;
(4) 趋势不稳并有脉冲式增减的,n 应该取得大一些。

一次移动平均预测法使用起来比较简单,但是由于受加入"平均"值之中的前面月份销售量的影响,预测结果会出现滞后偏差,这时如果近期内情况变化发展较快,利用一次移动平均预测法就不太适宜。这是由于一次移动平均预测法对分段内部的各数据同等对待,而没有特别强调近期数据对预测值的影响。

为了解决一次移动平均预测法的滞后偏差问题,可以采取二次移动平均预测法。

二次移动平均预测法,是对一次移动平均数再进行第二次移动平均,再以一次移动平均值和二次移动平均值为基础建立预测模型,计算预测值的方法。其预测公式为

$$M_t^{(2)} = \frac{M_{t-1}^{(1)} + M_{t-2}^{(1)} + \cdots + M_{t-n}^{(1)}}{t} \qquad (8-2)$$

其中,n、t 的含义同前。

在此基础上,可对有线性趋势的时间序列作出预测,其预测公式为

$$y_{t+T} = a_t + b_t T \qquad (8-3)$$

其中

$$a_t = 2M_t^{(1)} - M_t^{(2)} \tag{8-4}$$

$$b_t = \frac{2}{n-1}(M_t^{(1)} - M_t^{(2)}) \tag{8-5}$$

y_{t+T} 为预测期的预测值；T 为预测期与本期的间距。

通过公式推导得到的式（8-3）、式（8-4）、式（8-5），能较好地解决滞后偏差问题，又由于该方法计算上较为便利，因此得到了广泛的运用。

【例 8.2】对【例 8.1】的问题用二次移动平均预测法进行预测。

解：先计算表 8.1 所给的时间序列的一次移动平均值及二次移动平均值并填入表 8.2，其中 $n=3$。再计算二次移动平均预测法中参数的取值，据式（8-3）、式（8-4）、式（8-5）有：

$$a_t = 2M_t^{(1)} - M_t^{(2)} = 2\times24\,800 - 24\,167 = 25\,433$$

$$b_t = \frac{2}{n-1}(M_t^{(1)} - M_t^{(2)}) = \frac{2}{3-1}(24\,800 - 24\,167) = 633$$

将 a_t、b_t 代入式（8-3），即得到预测模型：

$$y_{11+T} = 25\,433 + 633 \times T$$

则 12 月的销售额预测值为

$$y_{11+1} = 25\,433 + 633 = 26\,066(\text{t})$$

表 8.2 钢材销售量移动平均值

月份	实际销售额/万元	一次移动平均值 $M_t^{(1)}$ $n=3$	一次移动平均值 $M_t^{(2)}$ $n=6$
1	22 400		
2	21 900		
3	22 600		
4	21 400	22 300	
5	23 100	21 967	
6	23 100	22 367	
7	25 700	22 533	22 211
8	23 400	23 967	22 289
9	23 800	24 067	22 956
10	25 200	24 300	23 522
11	25 400	24 133	24 111
12		24 800	24 167

在预测中，移动平均预测法适合对时间序列数据资料进行分析处理，以突出市场及各因素的发展方向和趋势。在市场较稳定，外界环境变化较小的情况下，它是一种较有效的预测方法，尤其是短期预测效果更佳，但在预测计算过程中，需要较多的历史数据，并且计算量较大，因此预测显得不太方便，所以人们又通过对移动平均预测法的研究，得出一种只需要较少历史数据的改进方法，这就是指数平滑预测法。

2. 指数平滑预测法

指数平滑预测法，是在移动平均预测法的基础上发展起来的一种预测方法。它包括一次指数平滑预测法、二次指数平滑预测法和高次指数平滑预测法。

1）一次指数平滑预测法

其利用时间序列中本期的实际值与本期的预测值加权平均作为下一期的预测值，其基本公式为

$$F_{t+1}^{(1)} = \alpha x_t + (1-\alpha) F_t^{(1)} \tag{8-6}$$

其中 $F_{t+1}^{(1)}$ 为在 $t+1$ 时刻的一次指数平滑值（t 时刻预测值）；α 为平滑常数，规定 $0<\alpha<1$；x_t 为在 t 时刻的实际值。

【例 8.3】某企业对某年度 1～11 月某种物资的价格情况进行了统计，见表 8.3，试用一次指数平滑预测法对该年 12 月份该物资的市场价格进行预测。

解：应用指数平滑公式（8-6）进行预测，首先应选取 α 并确定 $F_t^{(1)}$。

设 $\alpha = 0.9$，$F_1^{(1)} = x_1$，则得

$$F_2^{(1)} = \alpha x_1 + (1-\alpha) F_1^{(1)} = 0.9 \times 200 + 0.1 \times 200 = 200$$

$$F_3^{(1)} = \alpha x_2 + (1-\alpha) F_2^{(1)} = 0.9 \times 135 + 0.1 \times 200 = 141.5$$

以此类推，计算结果见表 8.3。

表 8.3 某物资市场价格统计预测表

月份	期数 (t)	市场价格/（元·t^{-1}）（x_i）	预测值 $F_t^{(1)}$ $\alpha=0.9$（元/t）	月份	期数 (t)	市场价格/（元·t^{-1}）（x_i）	预测值 $F_t^{(1)}$ $\alpha=0.9$（元/t）
1	1	200		7	7	155	187.4
2	2	135	200	8	8	130	158.2
3	3	195	141.5	9	9	220	132.8
4	4	197	189.7	10	10	277	211.3
5	5	310	196.7	11	11	235	270.9
6	6	175	298.7	12	12		238.6

通过【例 8.3】的求解过程可看出，应用指数平滑公式进行预测时，$F_t^{(1)}$ 的计算应在已知 $F_{t-1}^{(1)}$ 的情况下进行，如此类推下去，要应用指数平滑公式进行预测，就应首先确定 $F_1^{(1)}$，$F_1^{(1)}$ 被称为初始值。

初始值 $F_1^{(1)}$ 是不能直接得到的，应该通过一定的方法选取。当收集到的时间序列数据个数较多且比较可靠时，可以把已有数据中的某一个或已有数据中某一部分的算术平均值或加权平均值作为初始值 $F_1^{(1)}$。若收集到的时间序列数据个数较少或者数据的可靠性较差，可以采用定性预测的方法选取 $F_1^{(1)}$，一般常用专家评估的方法选取 $F_1^{(1)}$。

α 称为平滑系数（$0<\alpha<1$），其取值大小体现了不同时期数据在预测中所起的作用。α 值越大，近期数据影响越大，模型的灵敏度越高；α 值越小，近期数据影响越小，消除了随机波动性，只反映长期的大致发展趋势。如何掌握 α 值，是用好指数平滑模型的一个重要技巧，

一般采用多方案比较方法，从中选出最能反映实际值变化规律的α值。

2）二次指数平滑预测法

一次移动平均预测法的两个限制因素在线性二次移动平均预测法中也存在，线性二次指数平滑预测法只利用三个数据和一个α值就可进行计算。在大多数情况下，一般利用线性二次指数平滑预测法作为预测方法。

定义：该方法是对市场现象的实际观察值，计算二次或二次以上的指数平滑值，再以指数平滑值为基础建立预测模型，对市场现象进行预测的方法。

二次指数平滑值的计算公式：

$$F_{t+T} = a_t + b_t T$$

其中

$$a_t = 2F_t^{(1)} - F_t^{(2)}$$

$$b_t = \frac{\alpha}{1-\alpha}(F_t^{(1)} - F_t^{(2)})$$

$$F_t^{(1)} = \alpha x_t + (1-\alpha)F_{t-1}^{(1)}$$

$$F_t^{(2)} = \alpha F_t^{(1)} + (1-\alpha)F_{t-1}^{(2)}$$

二次指数平滑法预测的特点如下：

（1）可以完成一次指数平滑预测法不能解决的带趋势变动的市场现象的预测；

（2）可以用于一期以上的预测值的计算；

（3）具有储存数据少的优点。

3. 三次指数平滑预测法

$$y_{t+T} = a_t + b_t T + c_t T^2$$

$$a_t = 3F_t' - 3F_t'' + F_t'''$$

$$b_t = \frac{\alpha}{2(1-\alpha)^2}[(6-5\alpha)F_t' - (10-8\alpha)F_t'' + (4-3\alpha)F_t''']$$

$$c_t = \frac{\alpha^2}{2(1-\alpha)^2}(F_t' - 2F_t'' + F_t''')$$

无论移动平均预测法还是指数平滑预测法，它们都是通过取数据的加权求和，"平滑掉"短期的不规则性的过程。平滑的数据反映了有关长期市场趋势的信息和经济周期的信息，因此这些方法在物流系统预测中是极其有用的。特别是由于这两类预测法所用的数据量，就总体而言并不很多，对任何时间序列都有较好的适用性，因而被广泛应用于市场资源量、采购量、需求量、销售量及价格的预测中。

五、回归预测技术

1. 相关与回归

世界上各种事物之间或每个事物的各个方面之间总是处于两种状态，即有关系或无关系，如果把各种事物或每个事物的各个方面用最能反映其本质特征的变量来表示，那么这些变量之间也只能存在两种状态：有关系或无关系。比如，物资的需求与价格、物资的采购量与需求量、物资的采购成本与销售利润等。如果变量间有关系,那么这个关系通常又可以用两种形式表现出来,这就是变量间的确定性关系与变量间的非确定性关系。

变量间的确定性关系又称为变量间的函数关系,是指一个变量可以被一个或若干个其他变量按一定规律唯一确定的关系,或者说如果一些变量之间的关系能用确定的数学公式表示,就称这些变量间有确定性关系。比如所采购物资的总额与采购该物资时的单价及数量之间就是确定性关系,再比如某企业年采购物资总数量与该年度企业每月应采购物资总量间也是确定性关系。但在市场采购活动中,影响采购的各因素间的关系极为复杂,并且还时常受一些偶然因素的影响。因此,有关采购的变量之间存在完全确定的函数关系的情况是极为少见的,大部分是在变量之间存在着某种相互联系、相互制约的关系,而这种关系又有某些不确定性,故称这些变量间存在着非确定性关系,也即相关关系。在物资采购中,例如物资的需求量与物资价格之间的关系就是非确定性的相关关系。一般而言,物资价格下降,需求量肯定上升,但却不能用确切的函数关系式表示每减少一个单位的价格肯定能增加多少的需求量,而只能用统计的方法表示某种物资每降低一个单位的价格,大约能增加多少需求量。再如物资的采购成本与销售利润之间也同样存在着非确定性的相关关系。

变量间非确定性的相关关系不能用精确的函数关系式唯一地表达,但在统计学意义上,对它们之间的相关关系可以通过统计的方法给出某种函数表达方式,这种处理变量间相关关系的方法就是回归分析方法。而回归分析预测法是通过大量地收集统计数据,在分析变量间非确定性关系的基础上,找出变量间的统计规律,并用数学方法把变量间的统计规律较好地表现出来,以便进行必要的预测。

2. 一元线性回归预测法

变量间最简单的相关关系,就是线性相关关系。因此,对回归分析预测方法的介绍,就从最简单的关于两个变量间线性相关关系的一元线性回归预测法开始。先看一个实例。

【例 8.4】为了预测我国薄钢板的年需求量,有关物资企业研究并收集了发达国家汽车制造业几年间的汽车产量与薄钢板消耗量的数据,见表 8.4。

表 8.4 国外薄钢板消耗量与汽车产量统计表

序号(i)	年份(t)	汽车产量(x)/万辆	薄钢板消耗量(y)/万吨
1	1985	13.98	19 180
2	1986	13.52	19 937
3	1987	12.54	21 719
4	1988	14.91	30 262
5	1989	18.60	30 399

由表 8.4 可以看出,国外汽车业薄钢板的消耗量 y 随汽车产量 x 的增加而增加,因而得到第一个结论是:变量 y 与变量 x 之间有相关关系,为了进一步明确是什么样的相关关系,将每年的一对 x_i 与 y_i 数据标在坐标平面上,描出散点图,如图 8.2 所示,从图中可以看出,汽车产量 x 与薄钢板消耗量 y 的关系,能够近似地用一条直线 L 表示,这条直线称为拟合线,也即回归线。这样又得到第二个结论:发达国家汽车制造业中汽车的产量与薄钢板的消耗量间存在着线性关系。如果能求出这条直线的方程,那么就可以参照这一方程来预测我国薄钢

板的年需求量。

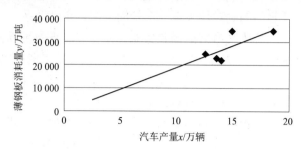

图 8.2　薄钢板消耗量与汽车产量散点图

更一般的，要研究两个变量 x，y 之间的关系，首先应收集两个变量的 n 次独立观测值，然后利用散点图观察这两个变量间是否存在线性相关的关系。如果这两个变量 x 与 y 线性相关，那么在散点图上肯定有一条直线 L 可以用来描述或表示这两个变量间的关系，在得知了这条直线的方程后，就能够对这两个变量的发展变化过程进行预测了。

因此，在回归分析预测法中，求得变量的关系方程是进行预测的关键。最常用的求回归直线方程的方法是最小二乘法。

设变量 x 与变量 y 之间有相关关系，且当 x 确定之后，y 有某种不确定性，如果在散点图上可以看出 x 与 y 之间有线性相关关系，其相关方程为：

$$y=a+bx \tag{8-7}$$

其中，a，b 为回归系数。

$$a=\bar{y}-b\bar{x} \tag{8-8}$$

$$b=\frac{\sum x_i y_i - n\bar{x}\bar{y}}{\sum x_i^2 - n\bar{x}^2} \tag{8-9}$$

$$\bar{x}=\frac{1}{n}\sum x_i$$

$$\bar{y}=\frac{1}{n}\sum y_i$$

【例 8.5】某企业为了制定企业的采购计划，对企业的历年采购总值进行了一番统计，其结果见表 8.5。经散点图分析知该企业的年采购总值与时间之间有线性相关关系，试求出其线性相关方程并预计 2011 年该企业的采购总值。

表 8.5　企业历年采购总值统计表

时间（t）	2004	2005	2006	2007	2008	2009	2010
采购总值（y）	50	65	67	78	80	78	85

解：由于采购总值与时间线性相关，所以可用最小二乘法求得其相关方程。

为了计算方便，先将时间因素作简化处理。以 2004 年为第 1 年，直到 2010 年为第 7 年。在此基础上，对表 8.6 中的数据作适当处理，其结果见表 8.7。

表 8.6 时间因素简化处理表

时间（t）	2004	2005	2006	2007	2008	2009	2010
时间（x_i）	1	2	3	4	5	6	7
采购总值（y）	50	65	67	78	80	78	85

表 8.7 一元线性回归分析计算表

序号	时间（x_i）	采购额（y_i）	x_i^2	$x_i y_i$
1	1	50	1	50
2	2	65	4	130
3	3	67	9	201
4	4	78	16	312
5	5	80	25	400
6	6	78	36	468
7	7	85	49	595
Σ	28	503	140	2 156

因为 $n=7$，所以有

$$\bar{x} = \frac{1}{n}\sum x_i = \frac{1}{7} \times 28 = 4$$

$$\bar{y} = \frac{1}{n}\sum y_i = \frac{1}{7} \times 503 = 71.86$$

这时有

$$b = \frac{2\,156 - 7 \times 4 \times 71.86}{140 - 7 \times 4^2} = 5.14$$

$$a = 71.86 - 5.14 \times 4 = 51.3$$

因此，企业的年采购额与时间之间的相关方程为：$y=51.3+5.14x$。

预计在 2011 年（$x=8$），企业的采购总值为：$y=51.3+5.14\times 8=92.42$（万元）。

通过以上例题可以看到，在求解过程中，应根据两个变量与 y 现有的统计资料作散点图，在初步认为两者间存在线性相关关系的基础上，对统计数据进行处理以得到计算参数 a、b 所用的数据。最后用最小二乘法计算参数 a、b，以求得回归直线方程。而在例题中，为了简化计算，还对时间变量进行了简化处理，这在回归分析中是允许的，另一种时间变量的简化处理方法（仍以【例 8.5】为例）见表 8.8。

表 8.8 时间因素简化处理表

时间（t）	2004	2005	2006	2007	2008	2009	2010
采购总值（x_i）	−3	−2	−1	0	1	2	3

但需注意，只有在自变量（时间）个数为奇数时才能用这个方法。

根据两个变量 x 与 y 现有的统计资料，寻求 a 与 b 之值并确定回归方程，是运用一元线性回归分析预测法的关键，而利用已求出的回归方程中的 a 与 b 的经验值，并与具体条件相结合去预测变量 x 与 y 的未来演变，是运用一元线性回归分析预测法的目的。

从求回归方程参数的式（8-8）及式（8-9）来看，对任意一组数据 $(x_1, y_1), (x_2, y_2), \cdots, (x_n, y_n)$ 都可以通过它们来计算参数 a、b，因而也都能建立起一个回归方程，并可以进行进一步的预测。如果所收集的这组数据所涉及的变量具有线性相关的关系，则所建立的回归方程及以此为基础所进行的所有分析都是可行的；如果涉及的变量没有线性相关的关系，则所建立的回归方程及以此为基础所进行的所有分析都是完全错误的，因此所进行的预测也是不科学的。所以在求出线性回归方程后，还应确定两个变量间是否有线性相关关系以及两个变量线性相关的程度，这就是相关性检验问题。

3. 相关性检验

研究两个变量 x 与 y 之间是否存在线性相关关系，通常的办法是对观测数据 $(x_1, y_1), (x_2, y_2), \cdots, (x_n, y_n)$ 在坐标上画出散点图，通过直观观察进行判断，前面的例题都是这样做的。但两个变量的线性相关程度到底有多大，却不得而知。既能判断两个变量是否线性相关，又能回答这两个变量的线性相关程度的方法，是数理统计分析。

对两个变量的线性相关性的检验可以通过数理统计中的 F 检验和 R 检验来进行，计算回归平方和和掺差平方和所占的比重。F 检验（线性关系的检验），即计算由线性因素引起的变量 y 的分散程度与由其他因素引起的变量 y 的分散程度哪个比较大一些；R 检验（回归系数的检验），即计算由线性因素引起的变量 y 的分散程度占总的变量 y 的分散程度的比重有多大。

4. 多元线性回归预测分析

在物流系统中，不仅存在一个因素作用于一个变量的情况，多个因素同时作用于某一变量的情况也很常见。如果对前一种情况可以用一元回归分析方法进行有关的预测，那么对后一种情况就可以用多元回归分析方法进行有关的预测。多元线性回归预测法是一元线性回归理论与技术在多变量线性关系系统中的重要延伸，也是预测中常使用的方法。

多元线性回归预测法是对自变量和因变量的 n 组统计数据 $(x_{1i}, x_{2i}, \cdots, x_{ni}, y_i)$ $(i=1, 2, \cdots, n)$ 在明确因变量 y 与各个自变量间存在线性相关关系的基础上，给出适宜的线性回归方程，并据此作出关于因变量 y 的发展变化趋势的预测。因此，多元线性回归分析预测法的关键是找到适宜的回归方程。

类似一元线性回归分析，可以用线性方程

$$y = b_0 + b_1 x_1 + b_2 x_2 + \cdots + b_m x_m \tag{8-10}$$

来近似描述 y 与 $x_1, x_2, \cdots, x_n$ 之间的线性相关关系，它的参数也可以用最小二乘法进行估计。

回归分析预测法是利用变量间的因果关系进行预测的重要方法之一，除了线性回归分析预测法外，还有非线性回归分析预测法，对此本书不再介绍。

六、预测结果分析

在预测中，使预测的结果能够尽量与实际情况相符，是所有预测方法的根本目的。分析预测结果与实际情况相符的程度时，应通过对预测结果与实际情况相比较，得到两者的偏差结果，分析偏差的多少及产生原因，并将之作为反馈信号以调整和改进所使用的预测模型，使预测的结果与实际情况更相符。这里的偏差，称为预测误差，这里的计算、分析、反馈、调整过程，称为误差分析。

1. 产生误差的原因

预测是要研究事物发展的客观规律，但经过预测得到的规律并不是实际的客观规律，它充其量只是事物过去的规律；即便在此基础上参照现在的情况推断出来的未来，也不是现实的未来。事物总是发展变化的，事物的未来是不确定的，它可能发生，也可能不发生，即使发生了，在范围和程度上也很可能与事先的推断有较大的出入。因此，误差在预测中就是不可避免的。通常将实际值与预测值之间的差别定义为预测值的误差，表示为

$$e_i = x_i - x_i' \quad (8-11)$$

其中，x_i 为第 i 时刻的实际值；x_i' 为第 i 时刻的预测值；e_i 为第 i 时刻的预测误差。

在预测过程中，误差产生的原因是多方面的，主要如下。

1）用于预测的信息与资料引起的误差

物流系统的预测信息与资料是通过市场调查得到的，它是进行预测的基础，质量优劣对预测的结果有直接的影响，对信息与资料的一般要求是系统、完整并真实可靠，否则会产生预测误差。

2）预测方法及预测参数引起的误差

预测是对实际过程的近似描述，同时预测中使用的参数仅仅是对真实参数的近似，因此用于预测的方法及预测中使用的参数都会引起预测误差。当然，趋势预测线与实际变动线几乎不会完整重合，但不同的预测方法或同一预测方法，使用不同的预测参数，其误差大小是不一样的。因此选择适宜的预测方法及预测参数是减少预测误差的关键之一。为了获得较好的预测结果，人们通常采用多种预测方法或多个预测参数进行多次预测计算，然后用综合评价方法找到实际变动线的最佳趋势预测线或确定最佳的预测方法及预测参数。

3）预测期间的长短引起的误差

预测是根据已知的历史及现实而对未来的描述，但未来是不确定的，影响未来的环境和条件也会与历史及现实有所不同，如果差异很大而预测过程中没有估计到，就必然会产生误差。一般预测的期间越长，误差越大，减少误差的办法是重视对事物的未来环境与条件的分析，重视事物的转折点并加强对信息与资料的收集与分析整理。

4）预测者的主观判断引起的误差

预测者的知识、经验和判断能力对预测结果也有很大影响。无论是预测目标的制定、信息与资料的收集整理，还是预测方法的选择、预测参数的确定以及对预测结果的分析都需要预测者的主观判断，因此由预测者的主观判断的缺陷所引起的误差是很常见的。要减少误差，就要求预测者具备广泛的知识、丰富的经验、敏锐的观察能力和思考能力以及精确的判断能力。

总之，影响预测误差的因素是很多的，在实际的预测过程中应努力减少误差，使预测结果更加可靠。

2. 误差的一般计算方法

根据误差的定义，误差的计算方法也有许多，最一般的方法是式（8-11）所表示的方法。另外，常用的误差计算方法还有以下几种。

1）平均误差

几个预测值的误差的平均值称为平均误差，记为 MD，其计算方法为

$$\text{MD} = \frac{1}{n}\sum e_i = \frac{1}{n}\sum(x_i - x'_i) \tag{8-12}$$

由于每个 e_i 值有正有负，求代数和时有时会相互抵消，所以 MD 无法精确地显示误差。

2）平均绝对误差

几个预测值的误差绝对值的平均值称为平均绝对误差，记为 MAD，其计算方法为

$$\text{MAD} = \frac{1}{n}\sum |e_i| = \frac{1}{n}\sum |(x_i - x'_i)| \tag{8-13}$$

由于公式中的每个 $|e_i|$ 皆为正值，因而它弥补了式（8-12）的缺点。

3）相对误差平均值

几个预测值相对误差的平均值称为相对误差平均值，其计算方法为

$$\frac{1}{n}\sum e'_i = \frac{1}{n}\sum \frac{x_i - x'_i}{x_i} \tag{8-14}$$

其中，e'_i 为预测值的相对误差。

4）相对误差绝对值平均值

几个预测值的相对误差绝对值 $|e'_i|$ 的平均值称为相对误差绝对值平均值，其计算方法为

$$\frac{1}{n}\sum |e'_i| = \frac{1}{n}\sum \left|\frac{x_i - x'_i}{x_i}\right| \tag{8-15}$$

5）均方差

几个预测值误差平方和的平均值称为均方差，记为 s^2，其计算方法为

$$s^2 = \frac{1}{n}\sum e_i^2 = \frac{1}{n}(x_i - x'_i)^2 \tag{8-16}$$

6）标准差

几个预测值均方差的平均值称为标准差，记为 s，其计算方法为

$$s = \sqrt{\frac{1}{n}\sum e_i^2} = \sqrt{\frac{1}{n}(x_i - x'_i)^2} \tag{8-17}$$

在以上几种误差计算方法中，均方差和标准差最为常用。

3. 误差分析的作用

计算预测误差的目的不仅仅在于表明预测结果与实际情况的差异，还在于通过误差计算分析产生误差的原因，从而检验、比较和评价预测方法的有效性及其优劣，并将之作为反馈信号提供给预测者，作为调整改进预测方法的依据，从中选择出最佳预测方法及预测结果。

【例 8.6】 某企业由于改进了生产工艺，使产品质量大大提高，客户逐月增加，致使原料的采购总额也逐月增加，表 8.9 列出了其 1~12 月每月的采购总额，试在 $a=0.25$ 的条件下，预测其下年度每季度各月的采购总额。

表 8.9 采购总额

月份（t）	实际值（x_i）	一次指数平滑预测	二次指数平滑预测
1	19 200	19 200	19 200
2	22 400	19 200	19 640
3	18 800	20 000	20 264
4	19 800	19 700	20 887
5	20 600	19 725	21 511
6	20 300	19 944	22 135
7	23 800	20 033	22 759
8	22 800	20 975	23 383
9	23 100	21 431	24 006
10	25 900	21 848	24 630
11	27 300	21 911	25 254
12	27 297	22 909	25 878
		24 006	26 502

解：这是一个用时间序列进行预测的实例，假定用指数平滑预测法进行预测。

（1）一次指数平滑预测。

$a=0.25$，选 $F_{1(1)}=x_1$，则一次指数平滑预测的计算结果见表 8.9，由此可以估计下年度一季度各月的采购总额为

$$x_{11}=x_{12}=x_{13}=24\ 006（元）$$

（2）二次指数平滑预测。

选 $F_{1(1)}=F_{1(2)}=x_1$，经过计算得二次指数平滑预测结果为：

$$y_{i+1}=26\ 502（元）$$
$$y_{i+2}=27\ 125（元）$$
$$y_{i+1}=27\ 749（元）$$

由此可以看出，一次指数平滑预测与二次指数平滑预测的预测结果不同，应选用哪种方法作为最终预测方法，就得通过误差分析得出结论。

选用均方差方法，分别计算两种预测方法所产生的误差，计算结果见表 8.10。

表 8.10 误差分析

月份（t）	实际值 x_i	一次指数平滑预测	一次指数平滑预测误差 $(x_i-\bar{x})^2$	二次指数平滑预测	二次指数平滑预测误差 $(x_i-\bar{x})^2$
1	19 200	19 200	0	19 200	0
2	22 400	19 200	10 240 000	19 640	7 617 600
3	18 800	20 000	1 440 000	20 264	2 143 296

续表

月份 (t)	实际值 x_i	一次指数平滑预测	一次指数平滑预测误差 $(x_i - \bar{x})^2$	二次指数平滑预测	二次指数平滑预测误差 $(x_i - \bar{x})^2$
4	19 800	19 700	10 000	20 887	1 181 569
5	20 600	19 725	765 625	21 511	829 921
6	20 300	19 944	126 914	22 135	3 367 225
7	23 800	20 033	14 191 721	22 759	1 083 681
8	22 800	20 975	3 332 049	23 383	339 889
9	23 100	21 431	2 785 695	24 006	820 836
10	25 900	21 848	63 393	24 630	1 612 900
11	27 300	21 911	15 910 765	25 254	4 186 116
小计			48 866 162 $s^2 = \frac{1}{n}\sum(x_i - x'_i)^2 = 4\,442\,378$		23 183 033 $s^2 = \frac{1}{n}\sum(x_i - x'_i)^2 = 2\,107\,548$

第二种预测结果的误差较小，因此应选用二次指数平滑预测法进行预测。经预测后其结论为：下年度一季度各月的采购总额估计为：一月份 26 502 元，二月份 27 125 元，三月份 27 749 元。

总之，正确看待误差，分析误差产生的原因，努力缩小误差的范围和程度，使预测尽可能接近将来的实际情况是预测误差分析的根本目标。

第三节　运输工具的选择

一、运输工具的分类

1. 公路运输

公路运输是主要使用汽车或其他车辆（如人力车、畜力车）等在公路上进行客货运输的一种方式。其中汽车已成为公路运输的主要运载工具，因此，现代公路运输主要指汽车运输。公路运输具有以下特点：

（1）快速便捷。公路运输途中无须中转，速度快。据国家资料统计，一般在中短途运输中，公路运输的平均运送速度是铁路运输的 4～6 倍，是水路运输的 10 倍。汽车除了可以沿公路网运行外，还可深入厂矿、码头、农村、山区、城镇街道及居民区，活动空间大，这是其他运输工具所不具备的优点，因而公路运输更具直达性，可以提供"门对门"的直达运输服务。公路运输工具机动、灵活、方便，既可与其他运输工具进行联运，也可自成体系。汽车的载重量小者只有 0.25 t，大者有几十吨、上百吨，甚至上千吨。公路运输对货物批量的大小也具有很强的适应性，既可单车运输，也可托挂运输。

（2）投资少，见效快。据有关资料介绍，一般公路运输的投资每年可以周转 1～2 次，而铁路运输的投资 3~4 年才周转一次。

（3）制定运营时间表，运输伸缩性极大。

（4）距离中小量的货物运输，运费较为低廉。

（5）运输过程中中转装卸作业少，货物碰撞少，因而货物包装也比较简单。

（6）装载量小，运输成本高，燃料消耗大，环境污染比其他的运输工具严重得多。

要点提示：基于上述特点，近距离、小批量货运和水运、铁路运输难以到达地区的长途运输，大批量货运及铁路、水运优势难以发挥的短途运输往往是公路运输的优势。此外，现代公路运输还承担大批量、一般长途的运输。

2. 铁路运输

铁路运输是指利用机车等技术设备沿铺设轨道运行的运输方式，是我国货运量最大的运输方式。铁路运输具有以下特点：

（1）铁路运输不受气候和自然条件的影响，在运输的准时性方面占有优势。

（2）铁路网四通八达，铁路运输能方便地实施背驮运输、集装箱运输以及多式联运。

（3）铁路运输承运能力强，适合大批量低值商品及长距离运输。

（4）投资大，建设周期较长。

（5）作业环节多，占用时间长。

（6）货损率高，无法"门对门"运输。

要点提示：根据以上特点，铁路运输尤其适用于大宗低值货物、散装货物和灌装货物。

3. 水路运输

水路运输是指利用船舶，在江、河、湖、海以及人工水道等运送旅客和货物的一种运输方式。水路运输具有以下特点：

（1）水路运输利用水道，可降低成本进行大吨位、长距离的运输。

（2）水路运输能力主要受船队运输能力和港口通过能力的影响。

（3）水路运输受气候和自然条件影响大，运输具有很大的波动性和不平衡性。

（4）运输速度低。

要点提示：水路运输可承担大批量货物、散货和一些不求快速抵达的客货运输。

4. 航空运输

航空运输是使用飞机和其他航空器进行运输的一种运输方式。航空运输具有以下特点：

（1）安全、高速、直达。尽管飞机事故的严重性较大，但是按单位货运周转量或单位飞机实际损失率来衡量，航空运输是安全性最高的。同时，由于在空中较少受到自然地理和地形条件的限制，航空线一般取两点之间的最短距离。

（2）包装要求低。飞机航行中的平稳性和自动着陆系统都降低了货损比率，从而也就降低了包装的要求。

（3）气候因素影响大。为保安全性，航空运输在很大程度上受到气候条件的限制，这在一定程度上影响运输的正常性和准时性。

（4）"门对门"运输无法实现。

要点提示：由于航空运输的单位运输成本很高，因此，其适合运载高附加值、运费承担能力强的货物和紧急需要或极易腐烂的货物。

5. 管道运输

管道运输是利用管道，通过一定的压力差而完成商品如气体、液体和粉状固体运输的一种运输方式。目前全球的管道运输承担着很大比例的能源物质运送，包括原油、成品油、天然气、油田伴生气、煤浆等。近年来，人们又研究用其进行散状物料、成件货物、集装物料的运输，以及发展容器式管道运输系统。管道运输具有以下特点：

（1）占地少、运量大。由于管道通常埋于地下，其占用的土地很少；运输系统根据管径大小不同，其每年可以源源不断地运输百万吨，甚至超亿吨的货物。

（2）安全可靠、连续性强。由于管道基本埋于地下，一方面其受恶劣多变的气候条件影响很小，可长期稳定地运行；另一方面，其适合易挥发、易泄露的能源物资，能较好地满足绿色环保要求。

（3）建设周期短、费用低、耗能小、成本低。一般来说，与相同运量的铁路建设周期相比，管道运输系统的建设周期要短 1/3 以上，建设费用要低 60%左右。发达国家利用管道运输石油，每吨千米的能耗不足铁路的 1/7，接近水运。理论分析和实践证明，管道口径越大、运输距离越长，运输能力也越强，运输成本越低。以石油运输为例，管道运输、铁路运输和水运成本之比为 1:1.7:1。

（4）运输灵活性差。与其他运输工具相比，管道运输承运货物品种单一，运输管线受到限制。

要点提示：鉴于管道运输的特点，管道运输适合单向、定点和量大的流体状或粉状固体货物，如石油、天然气、煤浆、某些化学制品原料、沙石、粮食等。

6. 联合运输

联合运输简称联运，是使用统一运送凭证，由不同的运输工具或由不同的运输企业进行有机衔接并接运货物，利用每种运输手段的优势充分发挥不同的运输工具效率的一种运输方式。

多式联运是指使用统一运送凭证，由不同的运输工具或由不同的运输企业进行复杂的运输衔接，并且具有联合运输优势的一种运输方式。

人们经常采用的联合运输形式有铁海联运、公海联运、公铁联运、铁海空联运等。

要点提示：对用户而言，由于联运采用了统一运送凭证，简化了托运手续，故其既可加快运输速度，又可节省运费。在国内大范围物流领域和国际物流领域，往往需要反复地使用多种运输手段，这就需要多式联运来完成。

二、运输工具的选择

对运输工具的选择通常考虑三个基本因素：一是运输安全性；二是运输工具的速度；三是运输费用。其中，在各种运输方式的安全性接近的情况下，速度就成为物流运输服务的基本要求。但在现实中，快速运输方式的运输成本往往都很高。同时，在考虑运输的经济性时，不仅要考虑运输费用本身，还应考虑到运速的加快，物流备运时间的缩短，使货物必要库存降低，从而减少了货物保管费等物流管理费用。因此，运输工具的选择是在综合考虑物流管理的各个环节之后，寻求运输费用与保管费用、包装费用最低的运输工具。三者的关系如图 8.3 所示。

为了对运输工具进行选择，还可以从物流运输的功能的角度，采用综合评价的方法来选择运输工具。

物流运输系统的目标是实现货物运输迅速、安全和低成本。事实上，运输的安全性、速度性和经济性是相互影响和相互制约的。

（1）确定运输工具评价因素集。

运输工具的安全性、速度性、经济性和便利性等均为运输工具的具体评价因素。其中，用 F_1、F_2、F_3、F_4 分别表示运输工具的安全性、速度性、经济性和便利性的可量化的具体值。

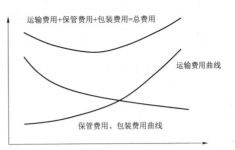

图 8.3 运输费用、保管费用与包装费用三者的关系

（2）确定运输工具评价因素 F_1、F_2、F_3、F_4 的权重 a，并使其数量化。

假设运输工具有飞机（P）、火车（T）、汽车（V）和船舶（S）四种。

① 安全性 F_1 的数量化。

运输工具的安全性可以一段时间货物破损率的统计数据作为衡量指标。破损率越高，表明安全性越差。用 D 表示破损率，则四种运输工具的破损率分别为 $D_{(P)}$、$D_{(T)}$、$D_{(V)}$、$D_{(S)}$，平均值为：$\overline{D} = \dfrac{D_{(P)} + D_{(T)} + D_{(V)} + D_{(S)}}{4}$。

四种运输工具的安全性相对值可分别表示为：$F_{1(P)} = \dfrac{D_{(P)}}{\overline{D}}$，$F_{1(T)} = \dfrac{D_{(T)}}{\overline{D}}$，$F_{1(V)} = \dfrac{D_{(V)}}{\overline{D}}$，$F_{1(S)} = \dfrac{D_{(S)}}{\overline{D}}$。

② 速度性 F_2 的数量化。

运输工具的速度性是从发货地到收货地所需时间之和，用 S 表示。四种运输工具的速度性的数量化值分别是 $S_{(P)}$、$S_{(T)}$、$S_{(V)}$、$S_{(S)}$，则平均值为：$\overline{S} = \dfrac{S_{(P)} + S_{(T)} + S_{(V)} + S_{(S)}}{4}$。

四种运输工具的速度性相对值可分别表示为：$F_{2(P)} = \dfrac{S_{(P)}}{\overline{S}}$，$F_{2(T)} = \dfrac{S_{(T)}}{\overline{S}}$，$F_{2(V)} = \dfrac{S_{(V)}}{\overline{S}}$，$F_{2(S)} = \dfrac{S_{(S)}}{\overline{S}}$。

③ 经济性 F_3 的数量化。

运输工具的经济性表示为运费、包装费、保险费和其他运费、管理费的合计数，用 C 表示。合计费用与运输工具的经济性成反比，也就是说，合计费用越高，经济性就越差。四种运输工具运输所需成本分别为 $C_{(P)}$、$C_{(T)}$、$C_{(V)}$、$C_{(S)}$，则平均值为：$\overline{C} = \dfrac{C_{(P)} + C_{(T)} + C_{(V)} + C_{(S)}}{4}$。

四种运输工具的经济性相对值可分别表示为：$F_{3(P)} = \dfrac{C_{(P)}}{\overline{C}}$，$F_{3(T)} = \dfrac{C_{(T)}}{\overline{C}}$，$F_{3(V)} = \dfrac{C_{(V)}}{\overline{C}}$，$F_{3(S)} = \dfrac{C_{(S)}}{\overline{C}}$。

④ 便利性 F_4 的数量化。

运输工具的便利性可用代办运输点的经办时间值与货物运到代办点的运输时间值的差来表示，具体表示为 V。其中，时间差越小，则便利性越低。如果四种工具的运输时间值分别表示为 $V_{(P)}$、$V_{(T)}$、$V_{(V)}$、$V_{(S)}$，则平均值为：$\overline{V} = \dfrac{V_{(P)} + V_{(T)} + V_{(V)} + V_{(S)}}{4}$。

四种运输工具的便利性相对值可分别表示为：$F_{4(P)} = \dfrac{V_{(P)}}{\overline{V}}$，$F_{4(T)} = \dfrac{V_{(T)}}{\overline{V}}$，$F_{4(V)} = \dfrac{V_{(V)}}{\overline{V}}$，$F_{4(S)} = \dfrac{V_{(S)}}{\overline{V}}$。

3. 确定运输工具评价因素的权重

货物的种类、形状、价格、交货期、运输批量和收货人的情况各异，货物运输方式的这些差异会对选择运输工具产生不同的影响。因此，针对不同的货物选择运输工具，可对这些评价因素赋予不同的权重。例如，对某一货物进行运输，根据该货物的特征及其运输要求对评价因素集中的各因素分别确定权重为 a_1、a_2、a_3、a_4，则运输工具的综合评价值可表示为：$F = a_1F_1 + a_2F_2 + a_3F_3 + a_4F_4$。

如果选择的运输工具的各因素确定相同的权重，即各因素具有同等重要性，则运输工具的综合评价值为：$F = F_1 + F_2 + F_3 + F_4$。

如果可供选择的运输工具有飞机、火车、汽车和轮船，它们的综合评价值分别为 $F_{(P)}$、$F_{(T)}$、$F_{(V)}$、$F_{(S)}$，则有：

$$F_{(P)} = a_1F_{1(P)} + a_2F_{2(P)} + a_3F_{3(P)} + a_4F_{4(P)}$$
$$F_{(T)} = a_1F_{1(T)} + a_2F_{2(T)} + a_3F_{3(T)} + a_4F_{4(T)}$$
$$F_{(V)} = a_1F_{1(V)} + a_2F_{2(V)} + a_3F_{3(V)} + a_4F_{4(V)}$$
$$F_{(S)} = a_1F_{1(S)} + a_2F_{2(S)} + a_3F_{3(S)} + a_4F_{4(S)}$$

4. 根据评价结果，选择运输工具

对比几种运输工具的综合评价值，其中评价值最大者为选择对象。

要点提示：在实际工作中，各评价因素的权重的大小，并没有一个绝对的标准。通常需要结合所要运输的货物的特征来确定。其具体方法，一是采用专家意见，二是通过实际工作统计数据分析。

第四节 现代物流仓储决策

物资存储是物资流通中不可缺少的环节，物资存储系统则是物流系统的一个重要的子系统。应通过对存储活动的控制，使企业保有一定量的物资储备，保证生产的持续不断进行，并使生产活动中不出现库存过多和缺货的现象。随着人们对物资存储的重要性的认识，存储论及其应用已成为现代化管理的重要内容之一。在国外，人们不仅在存储、采购和订货等较典型的存储问题中应用存储控制的思想和方法，存储论的应用还已经被推广到更广泛的领域。1974 年美国对一些企业不完全的统计资料表明，运用存储理论的企业已达 90.7%。近年来，我国的一些工业企业，从我国经济发展的国情出发，将 ABC 分级管理、各种确定型与随机型的库存控制方法应用于物资存储工作的实践，有的企业已建立了包括存储管理在内的物资管理信息系统，存储管理水平得到不断提高。

一、物资存储系统的构成

各个企业的物资管理机构及其业务工作既有各种相同的外部条件,又有不同的内部特征,把各种物资存储活动看作一个系统来研究,该系统与外部环境的关系是它们具有一定的共性。在研究物资存储系统时,一般采取抽象模拟的方式,把具体问题典型化。这样一方面便于进行定性和定量分析,另一方面又便于总结经验,把实践上升到理论,进一步加强对存储系统的理论研究。

1. 存储系统的输出

为了满足生产的需要,需要将库存物资不断地发往需用单位,这称为存储系统的输出。输出的方式有间断式和连续式,如图 8.4 所示。其中 S 是初始库存量,经过时间 T 后,库存量是 W,输出了 $S-W$,这是两种不同的输出方式。

需用单位每次提出的需求量可能是确定的,也可能是随机的。如某工厂每月需要钢材 10 t 是固定不变的,而对机器零部件的需要量却每月都在变,如 1 月需要 40 个、2 月需要 55 个、3 月需要 30 个等。一般,根据大量的统计数据,可以找到需求量所满足的一定的统计规律性。

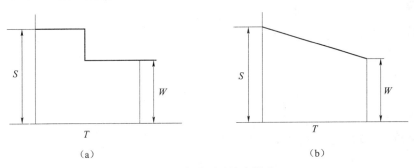

图 8.4 存储系统输出模式
(a) 间断式;(b) 连续式

2. 存储系统的输入

库存物资由于不断地输出而减少,必须进行及时补充,库存的补充就是库存的输入。这可以通过订货或者自己组织生产来实现。需求量往往是外界提出的,因而库存的输出难以控制和掌握,而库存输入的很多因素则可以自己控制。这些因素主要是补充库存的时间以及补充的数量。为了保持库存,需要进行订货,从开始订货到进货有一段时间。因此,为了保证及时供应,就要提前订货,提前的时间称为"提前订货时间"。提前订货时间可以是确定的,也可以是随机的。

3. 存储系统费用分析

费用是存储管理的一个重要经济指标,存储系统必须按最经济的原则运行。

企业的仓库一般可以分外原材料库和半成品、产成品库两类。为了建立库存模型,必须了解各类仓库存储费用的构成情况。

1) 订货费

对供销企业来说,订货费是指为补充库存,办理一次订货发生的有关费用,包括订货过程中发生的订购手续费、联络通信费、人工核对费、差旅费、货物检查费、入库验收费等。当生产企业自行组织生产时,订货费相当于组织一次生产所必需的工夹具安装、设备调整、试车、材料安排等费用。订货费一般与订购或生产的数量无关或基本无关。

在确定订货费时,对具体问题要具体分析,但必须注意不能将搬运费、管理费等平均分摊到每一件货物上去,这样就使订货费和一次订购的数量有关了。

在年消耗量固定不变的情况下,一次订货量越大,订货次数就越少,每年所花费的总订货费就越少。因此,从订货费的角度看,订货批量越大越好。

2)保管费

保管费一般是指每存储物资单位时间所需花费的费用。在这一项费用中,只计入与存储物资数量成正比的部分,与存储物资数量无关的不变费用不计算在内。有时保管费还经常用每存储 1 元物资单位时间所支付的费用来表示,称为保管费率。

保管费包括存储物资所占用资金的利息、物资的存储损耗、陈旧和跌价损失、存储物资的保险费、仓库建筑物及设备的修理折旧费、保险费、存储物资的保养费、库内搬运设备的动力费、搬运工人的工资等。在以上保管费成分中,利息支出所占比重较大,以工业贷款月利率 6‰计算,一年存储百万元物资,仅利息就需支付 7.2 万元。由此可见控制存储物资的数量和加速物资周转的意义。

订货量越大,平均库存量就越大,保管费支出越大,因此,从保管费的角度来看,订货批量越小越好。

3)缺货损失费

它一般是指中断供应影响生产所造成的损失赔偿费,包括生产停工待料,或者采取应急措施而支付的额外费用,以及影响利润、信誉的费用和损失费等。衡量缺货损失费有两种方式,当缺货损失费与缺货数量的多少和缺货时间的长度成正比时,一般以缺货一件为期一年(付货时间延期一年)所造成的损失赔偿费来表示;另一种是缺货损失费仅与缺货数量有关而与缺货时间无关,这时以缺货一件所造成的损失赔偿费来表示。

由于缺货损失费涉及丧失信誉所带来的损失,所以它比存储费、订货费更难准确确定,有时一旦发生缺货,损失是无法弥补的。对于不同的部门、不同的物资,缺货费的确定有不同的标准。要根据具体要求分析计算,将缺货造成的损失数量化。

仓库绝对不缺货,从理论上讲是可以的,但在实际中是不可能的,在实际中为保证不缺货而保持过大的存储量也是不经济的。当缺货损失费难以确定时,一般以用户需求得到及时满足的百分比来衡量存储系统的服务质量,这称为服务水平。

从缺货损失费的角度考虑,存储量越大,缺货的可能性就越小,因而缺货损失费也就越少。

以上由订货费、存储费、缺货损失费的意义可以知道,为了保持一定的库存,要付出保管费;为了补充库存,要付出订货费;当存储不足发生缺货时,要付出缺货损失费。这三项费用之间是相互矛盾、相互制约的。保管费与所存储物资的数量和时间成正比,如降低存储量,缩短存储周期,自然会降低存储费;但缩短存储周期,就要增加订货次数,势必增大订货费的支出;为了防止缺货现象发生,就要增加安全库存量,这样就在减少缺货损失费支出的同时,增了保管开支。因此,要从存储系统总费用为最小的前提出发进行综合分析,寻求一个合适的订货批量及订货间隔时间。

一般情况下,在进行存储系统的费用分析时,是不必考虑所存储物资的价格的,但有时由于订购批量大,物资的价格有一定的优惠折扣;在生产企业中,如果生产批量达到一定的数量，产品的单位成本也往往会降低。这时，进行费用分析就需要考虑物资的价格。

4. 存储策略

由于存储有多种形式，必须根据物资需求及订购的特点，采取不同的方法来控制存储。确定存储系统何时进行补充（订货）及每次补充（订货）的数量就是存储策略。

为了作好存储系统控制，首先要积累有关物资需求的历史统计资料，掌握计划期的生产消耗情况。预测计划期的物资需求量规律；其次要了解不同物资的提前订货时间；然后分析与存储有关的各项费用，作出合理的存储策略。

存储策略是由存储系统的管理人员作出的，因此，采用何种策略，既取决于所存储物资本身，又带有一定的人为因素。

1）常用概念

在介绍存储策略之前，先简略介绍几个存储策略中的常用概念。

① 订货批量 Q。其是存储系统根据需求，为补充某种物资的存储量而向供货厂商一次订货或采购的数量。

② 报警点 s，又称订货点。该点的库存量和提前订货时间是相对应的，当库存量下降到这一点时，必须立即订货，当所订的货物尚未到达并入库之前，存储量应能按既定的服务水平满足提前订货时间的需求。

③ 安全库存量 ss，又称保险储备量。由于需求量 D 和提前订货时间 t 都可能是随机变量，因此，其波动幅度可能大大超过其平均值，为了预防和减少这种随机性造成的缺货，必须准备一部分库存，这部分库存称为安全库存量。只有当出现缺货情况时才动用安全库存量。

④ 最高库存量 S。在提前订货时间可以忽略不计的存储模型中，S 指每次到货后所达到的库存量。当存在提前订货时，S 指发出订货要求后，库存应该达到的数量，由于此时并未实际到货，所以该最高库存量又称名义库存量。

⑤ 最低库存量。其一般是指实际的库存最低数量。

⑥ 平均库存量 $\overline{Q}$。其指库存保有的平均库存量。当存在报警点 s 时，平均库存量为

$$\overline{Q} = \frac{1}{2}Q + s$$

⑦ 订货间隔期 T。其指两次订货的时间间隔或订货合同中规定的两次进货之间的时间间隔。

⑧ 记账间隔期 R。其指库存记账制度中的间断记账所规定的时间，即每隔 R 时间，整理平时积欠下来的发料原始凭据，进行记账，得到账面结存数以检查库存量。

2）常用的存储策略

（1）定量订购制。其泛指通过公式计算或经验求得的报警点，并且每当库存量下降到 s 点时，就进行订货的存储策略。通常使用的有 (Q, s) 制、(S, s) 制、(R, S, s) 制等。

① (Q, s) 制库存控制策略。采用这种策略需要确定订货批量 Q 和报警点 s，两个参数 (Q, s) 属于连续监控（又称永续盘点制），即每供应一次就结一次账，得出一个新的账面数字并和报警点 s 进行比较，当库存量达到 s 时，就立即以 Q 进行订货。

② (S, s) 制库存控制策略。这种策略是 (Q, s) 制的改进，需要确定最高库存量 S 及报警点 s 两个参数。(S, s) 制属于连续监控，每当库存量达到或低于 s 时，就立即订货，使订货后的名义库存量达到 S，因此，每次订货的数量 Q 是不固定的。

③ (R, S, s) 制库存控制策略。这种策略需要确定记账间隔期 R、最高库存量 S 和报警点 s 三个参数。(R, S, s) 制属于间隔监控制，即每隔 R 时间整理账面，检查库存量，当库存量等于或低于 s 时，立即订货，使订货后的名义库存量为 S，因而每次实际订购批量是不同的，当检查实际库存量高于 s 时，不采取订货措施。

(2) 定期订购制。其指每经过一段固定的订货间隔期 T（称为订购周期）就补充订货，使存储量达到某种水平的存储策略，常用的有 (T, S) 制。

(T, S) 制库存控制策略需要确定订货间隔期 T 和最高库存量 S 两个参数。其属于间隔监控制，即每隔 T 时间检查库存，根据剩余存储量和估计的需求量确定订货量 Q，使库存量恢复到最高库存量 S。

5. 库存模型的类型

1）确定型与随机型库存模型

需求量 D、提前订货时间 t 为确定已知的存储问题所构成的库存模型为确定型库存模型。上述二者之一或全部为随机变量的存储问题构成的库存模型为随机型库存模型。

例如，商店经销某种日用品，该日用品的需求量服从某一随机分布规律，则该日用品的库存模型就是随机型的；又如修路需某种型号的水泥，其每日需求量基本上是固定的，供货水泥厂货源充足，用料单位组织进料运输，因此可以认为需求量、提前订货时间均为确定已知的，该种水泥的库存模型就是确定型的。

确定型库存模型，又可分为需求不随时间变化和需求随时间变化两种类型；同样，随机型库存模型也可根据需求量是否随时间变化分为两类。

事实上，所谓绝对的确定型是不存在的。在实际存储问题中，D、t 总会有一些波动。一般，设随机变量 x 的均值为 $\bar{x}$，标准差为 σ_x，只要变异系数 $c_x(=\sigma_x\sqrt{x})$ 为 0.1~0.2，随机变量就可以当作确定型变量来对待。实际中，对于生产企业按物资消耗定额核定的物资需求量、基本建设工程中按设计预算得到的物资需求量、有固定可靠供销关系的物资的提前定货时间等、都可以本着这个原则进行分析处理。

2）单品种与多品种库存模型

一般的，将数量多、体积大、占用金额多的物资单独设库管理，称为单品种库，如木材库、水泥库、焦炭库、煤库等，这类库存往往占用大量资金，要采用比较精细的方法来计算其存储控制参数。

有些物资是多品种存放在一个仓库里的，称为多品种库，如钢材库、电器元件库、配件库、有色金属库等。对于多品种库的存储，不可能逐一计算每种物资的库存控制参数，可以将库存物资按其占用金额进行 ABC 分类进行存储管理。由于流动资金定额一般是按仓库下达的，所以多个品种物资存放在一个仓库时，往往存在资金约束及仓库容积约束，这样的库存模型称为带约束的库存模型。

3）单周期与多周期库存模型

有的物资必须在购进后一次全部供应或售出，否则就会造成经济损失，这类存储问题的模型称为单周期库存模型，如报纸、年历等时令性物品以及防洪、防冻季节性物资构成的模型。

多次进货、多次供应，形成"进货—供应消耗—再进货—再供应消耗"，周而复始地形成多周期特点的存储问题的模型称为多周期库存模型。

二、确定型库存模型

最简单的库存模型,即需求不随时间变化的确定型库存模型,这类模型的有关参数如需求量、提前订货时间是已知确定的值,而且在相当长一段时间内稳定不变。显然,这样的条件在现实经济生活中是很难找到的。实际上,只要所考虑的参数的波动性不大,就可以认为是确定型的存储问题。经过数学抽象概括的库存模型虽然不可能与现实完全等同,但对模型的探讨将加深人们对存储问题的认识,其模型的解也将对存储系统的决策提供帮助和依据。

1. 经济订货批量(EOQ)模型

经济订货批量模型又称整批间隔进货模型,英文名为 Economic Order Quantity。该模型适用于整批间隔进货、不允许缺货的存储问题,即某种物资单位时间的需求量为常数 D,存储量以单位时间消耗数量 D 的速度逐渐下降,经过时间 T 后,存储量下降到零,此时开始订货并随即到货,库存量由零上升为最高库存量 Q,然后开始下一个存储周期,形成多周期库存模型。

1) 经济订货批量的概念

由于需求量和提前订货时间是确定已知的,因此只要确定每次订货的数量或进货间隔期,就可以作出存储策略。由于存储策略是通过使存储总费用最小的经济原则来确定订货批量的,故称该订货批量为经济订货批量。

2) EOQ 模型

(1) 假设存储某种物资,不允许缺货,其存储参数为:

T——存储周期或订货周期(年或月或日);

D——单位时间需求量(件/年或件/月或件/日);

Q——每次订货批量(件或个);

C_1——存储单位物资单位时间的存储费[元/(件·年)或元/(件·月)或元/(件·日)];

C_2——每次订货的订货费(元);

T——提前订货时间为零,即订货后瞬间全部到货。

(2) 建立模型,存储量变化状态如图 8.5 所示。

一个存储周期内需要该种物资 $Q=DT$ 个,图中存储量斜线上的每一点表示在该时刻的库存水平,每一个存储周期存储量的变化形成一个直角三角形,一个存储周期的平均存储量为 $1/2Q$,存储费为 $1/2C_1QT$,订货一次的订货费为 C_2,因此,在这个存储周期内存储总费用为 $1/2C_1QT+C_2$。

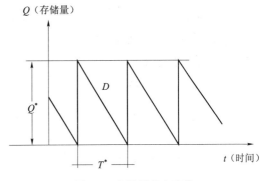

图 8.5 存储量状态变化

由于订货周期 T 是变量,所以只计算一个周期内的费用是没有意义的,需要计算单位时间的存储总费用,即

$$C_Z=1/2C_1Q+C_2/T$$

将 $T=Q/D$ 代入上式,得到

$$C_z = 1/2 C_1 Q + \frac{C_2 D}{Q} \quad (8-18)$$

显然，单位时间的订货费随着订货批量的增大而减小，而单位时间的存储费随着订货批量 Q 的增大而增大，如图 8.6 所示。

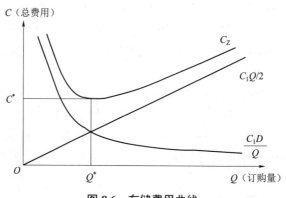

图 8.6　存储费用曲线

由图中可以直观地看出，在订货费用线和存储费用线相交处，订货费和存储费相等，存储总费用曲线取得最小值。

利用微分求极值的方法，由式（8-18），令

$$\frac{dC_z}{dQ} = 1/2 C_1 - \frac{C_2 D}{Q^2} = 0$$

即得到经济订货批量：

$$Q^* = \sqrt{\frac{2C_2 D}{C_1}} \quad (8-19)$$

由于 $\frac{d^2 C_z}{dQ^2} = 2 \frac{C_2 D}{Q^3} > 0$，故当 $Q^* = \sqrt{\frac{2C_2 D}{C_1}}$ 时，C_z 取得最小值。

式（8-19）称为经济订货批量公式，由于威尔逊是该公式推导应用的倡导者，所以该公式又称为威尔逊公式。

由式（8-19）及 $Q^* = T^*/D$，可得到经济订货间隔期

$$T^* = \sqrt{\frac{2C_2}{DC_1}} \quad (8-20)$$

将 Q^* 值代入式（8-18），得到按经济订货批量进货时的最小存储总费用：

$$C^* = \sqrt{2DC_1 C_2} \quad (8-21)$$

需要说明的是，前面在确定经济订货批量时，作了订货和进货同时发生的假设，实际上，订货和到货一般总有一段时间间隔，为了保证供应的连续性，需要提前订货。

设提前订货时间为 t，日需要量为 D，则订购点 $s=Dt$，当库存下降到 s 时，即按经济订货批量 Q^* 订货，在提前订货时间内，以每天 D 的速度消耗库存，当库存下降到零时，恰好收到订货，开始一个新的存储周期。

另外，以实物计量单位如件、个表示物资数量时，Q^* 是每次应订购的物资数量，若其不是整数，可四舍五入取整。

对于以上确定型存储问题，最常使用的策略就是确定 Q^*，并每隔 T^* 时间即订货，使存储量由 s^*（往往以零计算）恢复到最高库存量 $S=Q^*+s$。这种存储策略可以认为是定量订购制，但因订购周期固定，又可以认为其是定期订购制。

【例 8.7】 某车间需要某种标准件，不允许缺货，按生产计划，月需要量 $D=200$（件），每件价格为 1 元，每采购一次采购费 $C_2=6$（元），年保管费率为 $C_1=0.8$ [元/（件·年）]，该元件可在市场上立即购得。问应如何组织进货？

解：按式（8-19），有

$$Q^* = \sqrt{\frac{2C_2 D}{C_1}} = \sqrt{2 \times 6 \times 200 \times 12 / 0.8} = 190(件)$$

经济订货周期为

$$Q^* = \sqrt{\frac{2C_2}{DC_1}} = \sqrt{\frac{2 \times 6 \times 200}{12 \times 200 \times 0.8}} = 0.079(年) = 28(天)$$

2. 非瞬时进货

在企业的库存管理中，由于运输环节等原因的限制，经常出现非瞬时入库的情况，也就是说，从订购点开始的一定时间内，一方面按一定进度入库，另一方面按生产的需求出库，入库完毕时，达到最大库存量。

由于这种模型最早用于确定生产批量，故称为 Production Lot Size（PLS）模型。在生产活动中，产品的生产时间是不容忽视的，即生产批量 Q 按一定的生产速度 P，需要一定的时间 t 才能完成。将其推广到存储论中，所谓分批均匀进货模型，一般是指在"零件厂—装配厂或生产厂—商店"之间的供需关系中，装配厂（商店）向零件厂（生产厂）订货，零件厂（生产厂）一面加工，一面向装配厂（商店）供货，直到合同批量全部交货为止。

1）假设

D、T、C_1、C_2 含义同前，不允许缺货；P 表示单位时间的供货速度（或生产量），且 $P>D$；t_p 表示生产批量 Q 的时间，在 t_p 时间内，一边以 P 的速度供货（生产），一边以 D 的速度消耗，t_p 时间内的进货量满足一个订货周期 T 的需用量，即 $Q=Pt_p=DT$，所以 $t_p=TD/P$。（t_p 为生产时间，T 为消耗时间）

2）建立模型

分批均匀进货的 EOQ 模型的存储量状态变化如图 8.7 所示。

如果模型的其他参数不变，为了建立模型，必须首先求出在新情况下的平均库存量。为了求出平均库存量，必须先求出模型的最大库存量。

生产批量（即订货批量）Q 需时间 t_P，即 t_P 也为进货延续时间。单位时间的产量 P 为进货速度，故在 t_P 时间库存的实际增长速

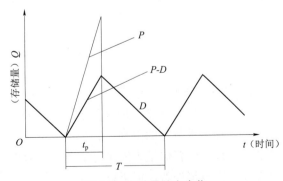

图 8.7 存储量状态变化

度为 $P-D$，最高库存量为 $(P-D)t_P$；平均存储量为 $\frac{1}{2}(P-D)t_P$；一个存储周期的存储总费用为：$\frac{1}{2}C_1(P-D)\times t_P \times T + C_2$。

将 $t_P = TD/P$ 代入上式，得到一个存储周期的存储总费用为：$\frac{1}{2}C_1(P-D)\times \frac{D}{P}\times T^2 + C_2$。

单位时间存储总费用为：$C_Z = \frac{1}{2}C_1(P-D)\times \frac{D}{P}\times T + \frac{C_2}{T}$。

将 $T = \frac{Q}{D}$ 代入上式，得到：$C_Z = \frac{1}{2}C_1 \frac{(P-D)}{P}\times Q + D\times \frac{C_2}{Q}$。

使用微分求极值的方法，令 $\frac{dC_Z}{dQ} = \frac{1}{2}C_1\frac{(P-D)}{P} - D\times \frac{C_2}{Q^2} = 0$，求得使单位时间存储总费用最低的经济订货批量为

$$Q^* = \sqrt{\frac{2C_2 DP}{C_1(P-D)}} = \sqrt{\frac{2C_2 D}{C_1}}\times \sqrt{\frac{P}{P-D}} \tag{8-22}$$

经验证，$\frac{d^2 C_Z}{dQ^2} > 0$，故由式（8-22）得到的 Q^* 使 C_Z 取得极小值。

相应的经济订货周期为

$$T^* = \sqrt{\frac{2C_2 P}{DC_1(P-D)}} = \sqrt{\frac{2C_2}{DC_1}}\times \sqrt{\frac{P}{P-D}} \tag{8-23}$$

单位时间最小存储总费用为

$$C^* = \sqrt{\frac{2DC_1 C_2(P-D)}{P}} = \sqrt{2DC_1 C_2}\times \sqrt{\frac{P-D}{P}} \tag{8-24}$$

与经典的 EOQ 模型相比，由于分批均匀进货，节省了存储费用，订货批量是整批进货的 $\sqrt{\frac{P}{P-D}}$ 倍，但单位时间存储费用反而是原来的 $\sqrt{\frac{P-D}{P}}$ 倍。

【例 8.8】某装配车间每月需要 490 件零件，该零件由厂内生产，生产速度为每月 900 件，每批生产准备费为 100 元，每个零件每月的存储费为 0.5 元。试确定最佳生产批量。

解：由（8-22）式得到

$$Q^* = \sqrt{\frac{2C_2 DP}{C_1(P-D)}} = \sqrt{\frac{2C_2 D}{C_1}}\times \sqrt{\frac{P}{P-D}} = \sqrt{\frac{2\times 100\times 490}{0.5}}\times \sqrt{\frac{900}{900-490}} = 656$$

3. 允许缺货的 EOQ 模型

前面介绍的库存模型是以假定不允许缺货为前提的，但对于实际的存储系统来说，其往往受到各种客观条件的限制，完全不缺货几乎是不可能的；另一方面，为了保证不缺货，必然要保有过大的存储量方能满足需要，从而增大了存储费开支。而在适当缺货的情况下，虽然要支付缺货损失费，但可以减少存储量，也可以延长订货周期，所以综合考虑存储系统的总费用，适当采取缺货策略未必是失策的。由于允许缺货，不仅要确定经济订货批量 Q^*，还

要确定经济缺货量 QS^*。

发生缺货后的情况又可分为两种,一种是缺货后可以延期付货,另一种是发生缺货后损失无法弥补,损失顾客。由于第二种情况是企业所不希望出现的,是不该发生的,因此在下面的讨论中,只介绍两种允许延期付货的 EOQ 模型。

1)整批瞬时进货而允许延期付货

(1)模型建设。

在这种情况下,虽然在一段时间内发生缺货,但下批订货到达后立即补足缺货。D、Q、T、C_1、C_2 含义同前;整批瞬时到货,以 t_1 表示正常供货时间,在 t_1 时间内的需求全由库存现货供应;允许缺货,且缺货部分用下批到货一次补足,以 t_s 表示缺货时间,以 Q_s 表示缺货数量,以 C_3 表示缺货单位时间、单位数量支付的缺货损失费。

(2)建立模型。

存储量状态变化如图 8.8 所示。由图可以看出,由于缺货后延期交货,所以最高存储量不是 Q,而是 $Q-Q_s$,利用三角形的相似关系可以得到 $\dfrac{t_s}{T} = \dfrac{Q_s}{Q}$,则 $t_s = \dfrac{Q_s}{Q} \times T$,$\dfrac{Q-Q_s}{Q} = \dfrac{T-t_s}{T}$。

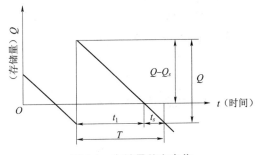

图 8.8 存储量状态变化

一个存储周期内的存储费用为

$$\frac{1}{2}C_1(Q-Q_s)(T-t_s) = \frac{1}{2}C_1 \frac{(Q-Q_s)^2}{Q} \times T$$

订货费为 C_2;缺货费为 $\dfrac{1}{2}C_3 Q_s t_s$。

所以一个存储周期发生的费用总额为以上存储费、订货费及缺货费之和,而单位时间总费用为:

$$C_Z = \frac{1}{2}C_1 \frac{(Q-Q_s)^2}{Q} + \frac{C_2}{T} + \frac{1}{2}C_3 \frac{T_s}{T}$$

将 $T = \dfrac{Q}{D}$ 及 $\dfrac{t_s}{T} = \dfrac{Q_s}{Q}$ 代入上式,得到

$$C_Z = \frac{1}{2}C_1 \frac{(Q-Q_s)^2}{Q} + \frac{C_2 D}{Q} + \frac{1}{2}C_3 \frac{Q_s^2}{Q}$$

可见,C_Z 是一个关于 Q、Q_s 的二元函数,要使 C_Z 取极小值,需要求 C_Z 对 Q、Q_s 的偏导数并令其等于零。可得经济订货批量和经济缺货量为

$$Q^* = \sqrt{\frac{2DC_2}{C_1}} \times \sqrt{\frac{C_1+C_3}{C_3}} \tag{8-25}$$

$$Q_s^* = \sqrt{\frac{2DC_1 C_2}{C_3(C_1+C_3)}} \tag{8-26}$$

用二阶偏导数进行检验可知,所求 Q^*、Q_s^* 使 C_Z 取得极小值。

相应的，可得到经济订货周期为

$$T^* = \frac{Q^*}{D} = \sqrt{\frac{2C_2}{DC_1}} \times \sqrt{\frac{C_1 + C_3}{C_3}} \qquad (8-27)$$

单位时间的最小存储费用为

$$C_Z^* = \sqrt{2DC_1C_2} \times \sqrt{\frac{C_3}{C_1 + C_3}} \qquad (8-28)$$

2）分批均匀进货而延期交货

该模型又称边生产边销售允许缺货模型。

（1）模型假设。

D、C_1、C_2、T、Q、t_p、Q_s、P 含义同前，分批均匀进货；以 C_3 表示每缺货单位数量，单位时间需支付的缺货损失费；以 Q_0 表示在进货时间 t_p 内积累的最高库存以及补充的下一周期缺货数量之和。

（2）建立模型。

存储量状态变化如图 8.9 所示。

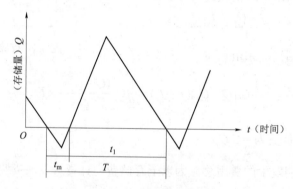

图 8.9　存储量状态变化

T 为一个订货周期，在 t_p 时间内以 P 的速度进货，同时以 D 的速度供应，消耗库存，经过 t_p 时间，共进货 Pt_p，共供应（消耗）Dt_p，补充上一周期的缺货 Q_s，其余存储量为最高存储量，即

$$Pt_p - Dt_p - Q_s = Q_0 - Q_s$$

一个订货周期的订货费为 C_2，一个订货周期的缺货费为 $\frac{1}{2}C_3Q_st_s$，所以，一个订货周期的存储总费用为：

$$\frac{1}{2}C_1(Q_0 - Q_st_s) \times (T - t_s) + C_2 + \frac{1}{2}C_3Q_st_s$$

单位时间的存储总费用为：

$$C_Z = \frac{C_1}{2}(Q_0 - Q_s) \times \frac{T - t_s}{T} + \frac{C_2}{T} + \frac{C_3}{2}Q_s\frac{t_s}{T} = \frac{C_1}{2}(Q_0 - Q_s) \times \left(1 - \frac{t_s}{T}\right) + \frac{C_2}{T} + \frac{C_3}{2}Q_s\frac{t_s}{T} \qquad (8-29)$$

由三角形的相似关系有：$\frac{t_s}{T} = \frac{Q_s}{Q_0}$。

而 $Q = P \times t_m$，$Q_0 = (P-D)$，所以 $\dfrac{Q_0}{Q} = \dfrac{P-D}{P}$，从而得到

$$\dfrac{t_s}{T} = \dfrac{PQ}{(P-D)Q}$$

而 $Q = DT$，即 $T = \dfrac{Q}{D}$，代入式（8–29），经整理有

$$C_z = \dfrac{C_1(P-D)}{2P} \times Q + \dfrac{C_2 D}{Q} + \dfrac{(C_1+C_3)P}{2(P-D)Q} Q_s^2 - C_1 Q_s$$

仿前，令 C_z 对 Q、Q_s 的二阶偏导数等于零，可得到经济订货批量：

$$Q^* = \sqrt{\dfrac{2DC_2}{C_1}} \times \sqrt{\dfrac{P}{P-D}} \times \sqrt{\dfrac{C_1+C_3}{C_3}} \tag{8–30}$$

经济缺货量：

$$Q_s^* = \sqrt{\dfrac{2DC_2}{C_3}} \times \sqrt{\dfrac{P-D}{P}} \times \sqrt{\dfrac{C_1}{C_1+C_3}} \tag{8–31}$$

经济订货周期：

$$T^* = \dfrac{Q^*}{D} = \sqrt{\dfrac{2C_2}{DC_1}} \times \sqrt{\dfrac{P}{P-D}} \times \sqrt{\dfrac{C_1+C_3}{C_3}} \tag{8–32}$$

最低存储总费用：

$$C_z^* = \sqrt{2DC_1 C_2} \times \sqrt{\dfrac{P-D}{P}} \times \sqrt{\dfrac{C_3}{C_1+C_3}} \tag{8–33}$$

在物资存储中通常还会遇到其他一些附加条件，如物资单价按订货批量不同有一定的折扣；所存储物资占用流动资金有一定数额限制；仓库库容有一定限制；多种物资同时订购等。这些模型的表现形式更为复杂，但在具体分析时都应综合平衡各种费用和成本，使总的存储费用最低。

第五节 物流设施规模定位与平面布局问题

一、物流设施布置

1. 设施的概念

设施范围可以分为四部分：

（1）实体建（构）筑物。实体建（构）筑物的规划设计与现行的设施需求及未来需求的弹性发展具有密切的关联性，其规划设计良好，不仅使其内部设施得以发挥正常的作业功能，而且更是企业对外形象的体现。这类设施不仅指传统制造业中生产作业活动所需的厂房，还包括特定系统的设施，如服务系统办公大楼、停车场、仓库等。

（2）机器设备。机器设备的需求随企业经营特性的不同而不同，而机器设备的数量、安置、排列及空间配置等，对系统的整体运作会产生关键性的影响。这类设施不仅指生产企业中的机器设备，还包括现行新兴产业中作业活动所需的设备，如信息设备、集装箱吊运设备等。

（3）物品物料。对于制造业或服务业而言，物品物料也是设施的一部分，其进出控制方

式、存储方式、移动方式等都和设施布置有密切联系。这类设施包括生产企业所需的原材料、半成品、产成品以及加工包装作业材料等。

（4）工作人员。完整的设施概念也将工作人员纳入其中，因为工作人员具有弹性度最大和活动面最广的特性，也是上述各种设施资产的使用者和管理者。其包括现场作业人员与后勤工作人员。

2. 设施布置概述

在设施规划与设计内容组成中，设施布置设计占有重要地位，是倍受重视的研究领域。设施布置设计，是根据企业的经营目标和生产纲领，在已确定的空间场所内，按照从原材料的接收、零件和产品的制造，到产成品包装、发运的全过程，对人员、设备、物料所需的空间作最适当的分配和最有效的组合，达到系统内部布置最优化，以获得最大的经济效益。

3. 物流节点设施布置

物流业在国内发展的时间并不太长，但在国外物流学及物流技术发展迅速，为设施规划和设计，尤其是布置设计提供了分析研究问题的基础理论与手段。物流节点作为新兴的系统，与传统的制造系统和服务系统有着较大的区别，同时又兼具制造业设施追求高作业效率和服务业设施讲求顾客满意度的特征，因而物流节点的布置设计需充分结合物流节点自身的特点。

物流节点设施是指以物流中心、配送中心、公路中转站、货柜场等物流节点为依托，完成物流服务功能所需的各要素的总和。

4. 物流设施布局的内容及目标

在物流系统中，新建、扩建物流节点或对原节点系统进行调整都需要对设施进行布置设计，具体情况有：

（1）新建物流节点时，当选定场址后，需要进行全面的布置设计。

（2）产品需求发生变化。当产品需求量远远超过现有能力时，需要新建或扩建厂房；当产品需求量较小时，其会使得系统出现不平衡现象，需要对原有系统进行调整。

（3）新产品投产，原有系统平衡被打破，新产品要求新的设备或新的生产线，这需要对原有布置进行调整。

（4）系统出现薄弱环节或物流系统不合理时，有必要进行局部重新布置。

（5）新技术、新工艺的引进，往往会改变原有的工艺过程，影响原有系统的工作状态，这需要改进或重新布置。

5. 设施布置设计研究应实现的目标

1）总体目标

在已确定的空间场所内，对物流活动过程中的人员、设备、物料所需的空间作最适当的分配和最有效的组合。

2）具体目标

（1）最佳的工艺流程：保证工艺流程畅通，工艺流程时间短，效果连续。

（2）最少的物料搬运费用：运输路线简化，缩短部门间的距离，避免往返和交叉。

（3）最有效的空间利用率：建筑设备和单位制品的占有空间最小。

（4）最好的柔性：设施布置适应产品需求的变化、工艺和设备的更新。

（5）最舒适的作业环境：保证安全，满足生理、心理要求。

（6）最便捷的管理：使有密切关系或性质相近的作业单位靠近布置。

6. 预测的作用

要确定物流节点的规模，首先必须进行需求预测，考虑客户需求特征及需求变化，运用定性和定量预测方法，对未来的需求进行预测。然后根据对设施作业所需要的商品、设备、人员等数量的预测值，将商品、设备、人员数量转化成实际面积大小，再加入辅助服务设施的面积需求，通过建立合理的设施布置模型和运用合理的求解算法，将各设施布置于适当位置，形成最合理的布置方案，完成设施布置任务。

二、物流节点需求分析

1. 商品需求方面

1）商品需求

在物流节点布置设计前，首先要确定作业对象需求，即"以何种商品、多大的作业量为对象"，这是实施布置设计的前提条件。对不同品种的商品数量用 ABC 分析法进行分析，顺序为：

（1）确定物流节点流通商品种类。对商品的类别，按照商品出入库的顺序进行整理，并按类似的货物流分组。

（2）确定不同种类商品的数量。一般情况下采用经济订货批量方法来决定订购数量和订购时机，使其总成本（包括订购成本、物品成本、储存成本和缺货成本等）达到最低。随着库存控制模型的深入研究，许多更符合实际的、行之有效的模型被应用，如在确定型模型中引入允许缺货或价格折扣等条件以及随机型库存模型的应用等。

（3）以作业量大小为顺序做坐标图。横轴为种类，纵轴为数量，根据曲线图分析：曲线斜率大的区间商品品种少，数量大，是流通快的商品；反之为流通慢的商品。

2）容器需求

在物流系统中，物流容器发挥着保护物料品质和方便搬运的重要作用，是提高物流机械化作业、增强供应能力、缩短供应时间、改善物流服务质量的基础，因此在计算物流节点商品需求数量时，同时考虑容器需求数量。

2. 设备需求

为维护物流作业系统，物流节点需要购置相关设备，提供相应服务，以适应作业流程中的每一个作业单元，而决定设备数量的因素包含商品资料、订单资料、作业流程、布局类型、技术复杂度等，但在确定所需的设备前，应考虑以下三个要素。

1）购买或租赁设备

在没有新的或较好的机器设备时，物流企业一般使用现有的机器设备从事物流生产活动；当企业希望增添新设备时，常有以下可能情况：采购全新或半新设备；租赁设备；企业自行制造。第三种情况的可能性比较小，企业是否需要添购新设备或采用租赁方式，必须通过经济分析来决定。

2）设备标准化

采用标准化设备，可节省购置成本与安置时间，减少维护费用，维护人员也更能熟悉设备的性能，发挥最大效益。若能有效地利用标准化设备，常可适应不同产品的生产流程，减少重复购置费用，避免因不同产品经营环境改变而使原有机械闲置。

3)设备操作

物流企业选择新的机器设备时,需要考虑:现有系统内能否提供足够的操作人员,其技术水平如何;操作人员能否有效、安全地操作新设备;设备操作界面是否明确,是否容易引起混淆或出错等。

物流节点的常见设备有:运输设备包括运输、配送车辆及集装箱专用车辆等;存储设备包括货架、储罐、立体化仓库等;分拣设备包括一般型分拣设备和自动型分拣设备;装卸搬运设备包括装卸叉车、拖车、自动导引无人车、垂直运输机及吊车等。另外还有流通加工设备、拆箱设备、称重设备、包装设备、自动印刷机及打标签设备等。

3. 人力需求

在物流节点布置设计之前,人力需求也是主要考虑的内容,其主要是基于商品需求数量与设备需求数量的预测而定的。一般情况下,特定设备和商品处理所需员工数量常为定值,可根据实际情况或参照产业资料,作出较为准确的预测。影响人力需求的因素通常包括管理方法、作业性质、业务扩展状况、人员流动率等。当然,作业人员要比机器设备等更具有弹性,人员可以轻易地移动,分割作业程序,实施再训练以适应布局变化。

物流节点作业可分为保管作业、行车理货、后勤支持、信息管理四大类,相关作业内容与人力需求见表8.11。

(1)保管作业人员,包括进货人员、出货人员、退货人员、拣货作业人员、流通加工人员、卸货搬运人员、货物验收人员等。

(2)行车理货人员,包括各类配送货车、拖车、叉车、吊车等的驾驶人员及随车作业人员。该类人员从事物流核心业务,一般具有劳动密集、专业性强、人员流动率高、强调服务意识等特性。

(3)后勤支持人员,包括从事物流管理与物流策略制订的人员,一般具有足够的专业知识和经验,具备解决物流实际问题的能力。

(4)信息管理人员,包括系统分析师、程序设计师、操作管理师等。

表8.11 物流节点作业与人力需求分析

作业名称	作业内容	作业人员
订单处理	接受客户订单、商品数据统计	订单处理人员
进货验收	厂商进货验收、单据录入	进货人员
入库上架	安排入库上架	仓储管理人员
理货	拣货、分货、集货、出货、储位补货等	仓储管理人员
流通加工	更换包装、贴标签、外包加工、包装验收等	流通加工人员
仓库管理	储位管理、库存盘查、托盘管理等	仓储管理人员
出货	商品盘点、装车、单据验出、出厂检验等	出货人员、驾驶人员
派车	商品配送车辆、路线、人员安排	车辆调度人员
配送	商品运输、配送、配送反馈等	配送人员、验收员
回库处理	商品退货处理、退货载回、单据验入	出货人员

续表

作业名称	作业内容	作业人员
退货处理	配送商品退货处理、单据验收、损坏等级判断、退回原厂家或折价出售等	退货人员
信息处理	进货、库存、出货、退货信息传递	信息管理人员

三、物流节点作业空间（面积）需求分析

1. 物流节点作业空间（面积）规划程序与方法

物流节点作业空间（面积）规划程序如图 8.10 所示。

计算作业空间需求的方法有五种：计算法、换算法、空间标准法、概略布局法和比率趋势法。每种方法都有各自的特点，在同种布置方案中也可能用到多种方法，通过不同方法对作业空间需求的预测值，可相互核查其数量的可信度。

2. 物流节点基础设施面积

1）商品空间需求

要确定商品需求面积，先要确定各种存放商品，了解其特征、面积、体积、重量等参数，以决定存放方式和空间需求。此外商品空间还包括如流通加工作业空间、运送空间以及废品和不合格品存储和运送空间等作业空间。物流节点商品空间需求预测流程如图 8.11 所示。

2）设备空间需求

机器设备运转所需面积，可由总宽度（静态宽度+最大运转范围）乘总深度（静态深度+最大运转范围）计算得到。根据设备需求数量，可得总设备空间（面积）需求。

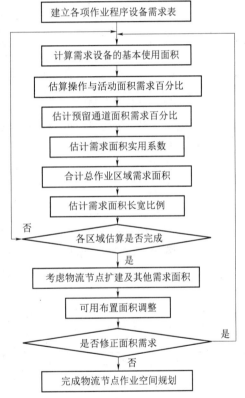

图 8.10 物流节点作业空间（面积）规划程序

3）人员空间需求

物流节点设施布置设计时应根据人体动作研究和人机工程研究确定合理的人员空间需求，并尽量考虑以下内容：

（1）作业人员能有效地利用工具和设备；

（2）作业人员在拣选和拆卸货物时，行走距离不易过远，并要保证其安全、舒适效果；

（3）作业人员在搬运操作时搬运时间最短。

4）其他空间需求

在设施布置设计中，通道布局也是要考虑的重要内容之一。设施间的通道既能容纳作业人员通行，又需便于商品等搬运操作及设备转移等。在场地适用的经济性条件下，首先应考

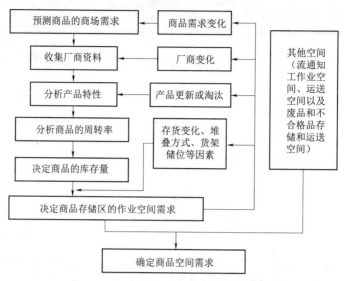

图 8.11　物流节点商品空间需求预测流程

虑设施区域分布（不同区域通道需求大不相同），再根据通道经过区域、人员或车辆行走速率、通行人数或车辆数、搬运货物品种等不同需求综合确定通道的总需求面积。

按功能特征，通道可分为三大类：

（1）主要通道：连接各主要工作区域，常连接物流节点的主要出入口，多布置于物流节点中央，通道宽。

（2）辅助通道：用于连接各部门，可分担主要通道运量，常平行于主要通道，通道较窄。

（3）部门通道：连接辅助通道和各个作业部门。

3. 物流节点辅助性服务设施面积

除获得基础设施需求外，物流节点必须提供若干辅助性服务设施，主要包括物流节点出入口、停车场、办公室、餐厅、休息室、医疗室、维修清洗室及空调室等。本书仅确定停车场的面积，其他辅助性服务设施不予阐述。停车场的布置规划流程如图 8.12 所示。

在停车场面积布置规划中，确定停车场规模时应考虑以下因素：

（1）尽量靠近物流节点出入口，以体现其便利性；

（2）当地建筑法规有关车位大小的规定及残障者停车位规定；

（3）可用空间大小与形状；

（4）车辆停放角度与停车区域宽度的关系。

本节通过对物流节点中商品需求、设备需求、人力需求的预测分析，获得各自的需求数量。在物流节点作业空间（面积）规划程序及五种作业空间（面积）需求计算方法的基础上，求解物流节点基础设施面积和辅助性服务设施面积，具体方法不再赘述。

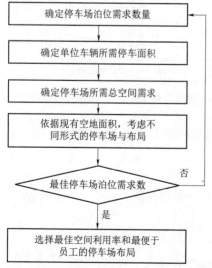

图 8.12　停车场的布置规划流程

复习思考题

1. 物流需求预测的基本原则是什么？
2. 运输工具的选择需要考虑的因素有哪些？
3. 存储策略有哪些？其各自的优缺点是什么？
4. 需求预测在设施规模定位中的作用有哪些？
5. 谈谈你对当前我国物流设施规划方面的看法。

案例分析

日本神户生协连锁超市鸣尾浜配送中心

神户生协是消费者合作社中规模最大的连锁商业企业。它拥有会员约 123 万户，年销售总额为 3 840 亿日元（折合人民币 300 亿元），销售商品以食品为主（占 72%）。

神户生协拥有超市连锁门店 171 个，每天购货达 35 万人次；对于那些会员少、尚不具备开设门店的地区，则建立无店铺销售网，设送货地点 22 万多个、服务对象近 33 万户家庭。面对供应面广、品种多、数量大的供配货需求，神户生协建造了鸣尾浜配送中心，承担了全部销售商品的配送任务。

在规划这座配送中心时，人们认为，首先应有利于提高对客户（商场）的服务水平，根据商品多品种、小批量、多批次要货的特点，做到能在指定的时间里，将需要的商品、按所需的数量送到客户的手中，以促进提高销售额、消减商场库存、提高商店作业效率、减少流通过程中的物流成本、增强企业的竞争能力。

1. 多功能的供货枢纽

鸣尾浜配送中心具有以下几种重要功能：

（1）商品出货单位小，以满足商场越来越强烈的拆零要求。

（2）将原来由商场承担的工作量大、耗时多的贴标签、改包装等流通加工作业，放到配送中心里完成，以满足小型超市商场运营的需要。

（3）扩大库存商品的品种，以强化配送中心的供货能力，降低商品的缺货率；特别是采用了与 POS 系统联网的 EOS 电子订货系统，来处理连锁店的订货，并根据库存信息，预测总订货量，向供应商发出订货单。

（4）扩大分拣功能，根据对中转型商品的集约化作业，改善零售店收货和搬运作业。

（5）除一部分特殊商品（如日配品）外，全部由配送中心供货，为实现向商场配送计划化奠定基础。

（6）满足无店铺定点销售物流的要求。

（7）开发支撑配送中心高效运转的信息处理系统。

2. 现代化的物流设施

配送中心的选址是一项至关重要的工作。神户生协把配送中心选在神户西宫市鸣尾浜地区，其理由是：第一，日本关西商业经营的重心在大阪，配送中心必须能迅速调运商品；第二，根据神户生协连锁超市发展区域点多面广的特点，尽可能利用附近的 43 号国道和大阪海岸公路；第三，大量车辆出入配送中心，产生较大的噪声，必须选择在准工业地域建立配送中心。

鸣尾浜地区全部都是填海造地而成，配送中心基地面积为 38 000 m²，宽 190 m、长 200 m，呈长方形；四周为宽 12 m 和 20 m 的公路。

配送中心建筑平面呈 L 形，大部分为两层建筑，紧南端生活办公用房为 3 层。总建筑面积为 33 805 m²。其中，用于配送作业的面积为 27 907 m²。

为了更合理地组织车流，基地设两个出入大门，东门出、西门进，各宽 15 m。建筑中心两翼各有一条卡车坡道，宽 6.5 m（包括 1 m 宽的人行道），坡度为 15%。卡车由西坡道下楼，单向行驶。

配送中心是现浇钢筋混凝土结构的建筑物，柱网尺寸为 12 m×9 m，底层高 7.5 m，二层高 6 m；屋盖为钢结构，桁架梁、金属瓦楞屋面。建筑物底层为分拣系统及发货场地、站台、储存货架及拣货作业场。上下两层站台总长 460 m，拥有停靠车位 147 个，其中收货用车位 58 个、发货用车位 89 个。

思考题

鸣尾浜配送中心在供货枢纽和物流设施方面的特点有哪些？

实 训 项 目

实训项目九：物流设施平面布局认知

实训目的	（1）加深对物流设施平面布局规划设计的一般原则、一般内容、基本要求的理解； （2）掌握物流设施平面规划设计的流程； （3）熟练掌握规划设计的常用方法。
实训内容	实地观察，查找资料，根据本章所学知识，完成以下内容的学习和掌握： （1）某一配送中心平面布局模式； （2）该布局的优缺点； （3）该布局是根据哪些因素确定的； （4）写出该中心业务流程。
实训记录	
教师评语	
实训成绩	

第九章

物流系统分析与仿真

教学目标

要求学生掌握物流系统的概念和模式,物流系统规划设计的内容、原则和目标,物流系统的工具应用。

学习任务

了解各国关于物流系统的定义和物流系统设计的基本模式,了解物流系统常用的技术工具和设计原则,掌握物流系统概念、物流系统的构成要素、物流系统的设计原则和常用方法。

案例导入

仿真技术优化企业内部物流

某工程机械制造厂是国家建设部定点开发、研制、生产压实机械、铲运机械和路面机械的大型骨干企业。该厂开发并生产具有20世纪80、90年代先进水平的三大类20余种产品,畅销全国29个省、市、自治区,远销美国、韩国等40多个国家和地区。该产品已形成批量生产,市场占有率达55%以上。

但是,该厂与国际著名品牌的工程机械厂家相比,在规模和技术上的差距不但没有缩小,反而有扩大的趋势。因此,该厂充分发挥现有优势,引入现代生产管理理念,借助先进的管理手段,整合优化内、外部资源,实施业务流程重组,加快构建现代生产管理系统,降低成本,提高企业效益和核心竞争力。其中的一个项目就是实施精益生产方式,通过优化企业内部的流程,消除浪费,节约成本。

在进行精益生产方式之前,该厂选定一类主要产品的核心流程,进行精益生产方式的试运作。通过对该类产品的加工流程进行分析和诊断,保留原有基于ERP的推式生产方式的优点,实施"推""拉"结合的精益生产方式,设计了几套不同的方案。这几套方案的不同点主要体现在设备的调整和重新购置、工序间搬运工具的选择等方面。为了衡量各种设计方案的经济效益,并对运作模式进行更详细的了解,该厂使用witness对设计的各方案进行建模和优化仿真研究。在对系统进行建模时，建立物料需求子模块、加工子模块、运输子模块、数据处理子模块。处理过程为需求到达、激活加工子模块，最后需求得到满足，在整个流程处理过程中，由数据处理子模块来传输数据和指令。

通过仿真优化发现，如采用较好的精益生产方式，生产线上的库存和物流成本具有40%的下降空间，这个结果给予企业推行精益生产方式的巨大动力和信心。通过半年多的方案实施，企业内部物流得到较好的改进，工作现场消除了半成品成堆的现象，搬运设备的运行效率提高，搬运工作有条不紊地运行，获得了较高的经济效益。

第一节　物流系统分析

一、物流系统分析的概念

物流系统是多种不同功能要素的集合。各要素相互联系、相互作用，形成众多的功能模块和各级子系统，使整个系统呈现多层次结构，体现出固有的系统特征。对物流系统进行系统分析，可以了解物流系统各部分的内在联系，把握物流系统行为的内在规律。因此，不论从系统的外部或内部，还是设计新系统或改造现有系统，系统分析都是非常重要的。

物流系统分析是指在一定的时间和空间里，将其所从事的物流活动和过程作为一个整体来处理，以系统的观点、系统工程的理论和方法进行分析研究，以实现其空间和时间的经济效益。更详细的描述是指从对象系统整体最优出发，在优先系统目标、确定系统准则的基础上，根据物流的目标要求，分析构成系统各级子系统的功能和相互关系，以及系统同环境的相互影响，寻求实现系统目标的最佳途径。

物流系统分析的目的就是使输入（资源）最少，而输出的物流服务效果最佳。

物流系统分析时要运用科学的分析工具和计算方法，对系统的目的、功能、结构、环境、费用和效益等，进行充分、细致的调查研究，收集、比较、分析和处理有关数据，建立若干个拟订方案，比较和评价物流结果，寻求系统整体效益最佳和有限资源配备最佳的方案，为决策者的最后抉择提供科学依据。

物流系统分析的目的在于通过分析，比较各种拟订方案的功能、费用、效益和可靠习惯等各项技术、经济指标，向决策者提供可作出正确决策的资料和信息。所以，物流系统分析实际上就是在明确目的的前提下，分析和确定系统所应具备的功能和相应的环境条件。

根据系统分析的基本含义，物流系统分析的主要内容有系统目标、系统结构、替代方案、费用和效益、系统模型、系统优化、系统的评价基准及评价等。

物流系统分析所涉及的问题范围很广，如搬运系统、系统布置、物流预测、生产——库存等各种信息，要应用多种数理方法和计算机技术，这样才能分析比较实现不同系统目标和采用不同方案的效果，为系统评价和系统设计提供足够的信息和依据。

二、系统分析的步骤

系统分析的步骤如图9.1所示。

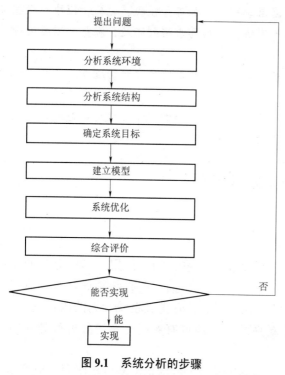

图 9.1　系统分析的步骤

1. 提出问题

对某一系统进行分析时，首先必须明确所要分析问题的目的和系统当前的状态，分析问题的构成、范围，也就是要回答"做什么""为什么要做"。

2. 系统环境分析

外部条件构成对系统的影响和约束，科学、技术、政治经济、文化、教育、人口、气候、生态等构成系统的环境因素。环境独立于系统控制，对系统产生影响。系统分析时，把握与系统有物资、能量、信息交换的主要外部条件，将其作为系统的环境因素加以分析。

3. 系统结构分析

系统分析中，重点研究各要素的特点、功能以及它们之间的相互联系和作用的方式，把握系统的结构，特别是结构的层次性。对复杂的系统要通过层次分析将之简化。

4. 确定系统目标

选定系统的总目标是系统分析的主要根据。遵循一般系统论原则，即整体性原则和相互联系的原则。

5. 建立模型

通过模型技术，建立问题的数学模型或其他形式的模型。模型不是系统本身，而是对系统的描述、模仿或抽象，反映实际系统的主要特征。利用模型预测每一方案可能产生的结果，并根据其结果说明各方案的优劣。

6. 系统优化

用最优化理论和方法，对所构造的系统模型进行最优化求解。有足够定量的因素，用数学的方法建立数学模型，运用运筹学等技术寻求最佳方案，对复杂问题可运用计算机求解。在定量优化的基础上，考虑定性因素进行综合、调整，使整体优化更合实际。

7. 综合评价

对系统的若干方案进行优化后，还要进行综合评价。几个替代方案各有千秋，需要按所制定的系统指标体系，定出综合评价的标准，通过评价标准对各方案进行综合评价，确定各方案的优劣顺序，将其提供给决策者进行决策。

若决策者对上述方案不满意，则按前面的步骤，对因素进行调整，重新分析。若决策者对方案满意，则实施之。

三、物流系统分析的作用

物流系统的建立过程可以分为系统规划、系统设计和系统实施三个阶段。

在系统规划阶段，主要的任务是定义系统的概念，明确建立系统的必要性，在此基础上明确目的和确定目标；同时，提出系统应具备的环境条件和约束条件。简单地说，就是提出问题，确立元素和约束条件。

第二阶段为系统设计阶段。在此阶段，首先对系统进行概略设计，其内容主要是制订各种替代方案；然后进行系统分析，分析的内容包括目的、替代方案、费用、效益、模型和评价标准等；在系统分析的基础上确定系统设计方案，据此对系统进行详细设计，也就是提出模式和解决方案。

第三阶段为系统实施阶段。在此阶段，首先对系统设计中的一些与系统有关的关键项目进行实验，在此基础上进行必要的改进，然后正式投入运行，即实施和改进。

由此可见，系统分析在整体系统建立的过程中处于非常重要的地位，它起到承上启下的作用，特别是在当系统中存在着不确定因素或相互矛盾的因素时更需要通过系统分析来保证，只有这样，才能避免技术上的大量返工和经济上的重大损失。

四、物流系统分析的基本方法与原则

系统是由两个或两个以上的元素及元素间形成的特别关系所构成的有机整体。其中元素是形成系统的基础，元素之间的关系是构成系统的不可缺少的条件。在进行物流系统分析时需要注意元素之间的关联，既要注意元素间的逻辑关联，又要有一定的"模糊"观念，因而数学中的数理统计的各种研究方法是物流系统分析的基本模型，而在分析思想和分析方法上，对立统一的哲学思想、辩证法的分析手段、物理的实验性分析模式以及计算机技术的运用都为系统分析提供了技术保证。

1. 物流系统的分析原则

（1）外部条件与内部条件相结合的原则。注重外部条件与内部条件的相互影响，了解物流活动的内在和外在关联，正确处理好它们之间的转换与相互约束的关系，促使系统向最优化发展。

（2）当前利益与长远利益相结合的原则。对所选择的方案，既要考虑目前的利益，又要兼顾长远利益。只顾当前不顾长远，会影响企业和社会的发展后劲；只顾长远不顾当前，会挫伤企业的发展积极性。只有方案对当前和将来都有利，才能使系统具有生命力。

（3）子系统与整个系统相结合的原则。物流系统是由多个子系统组成的，并不是所有子系统都是最好的整个系统才是最好的，而应是以整体系统最好作为评价标准，只有当它们以能发挥最大功能的方式组合在一起并且使整个系统最佳才为最好。就像一辆汽车，整车的使用年限为十年，而轮胎的使用年限即使有二十年，其作用也只有十年，而当所有的汽车零配件的使用年限都最为接近，使整个汽车（相当于整体系统）的使用年限达到最佳才是最佳。

（4）定量分析与定性分析相结合的原则。当分析系统的一些数量指标时，采用定量分析的方法，有利于使系统量化，便于根据实际确定对策（例如车辆发车的时间间隔、仓库的大小适宜度等）；而当分析那些不能用数字量化的指标时（如政策因素、环境污染对人体的影响等）则采用定性分析的方法，这样可以少走弯路，节省成本。

2. 物流系统分析的基本内容

（1）系统目标。这是系统分析的首要工作，只有目标明确，才能获得最优的信息，才能建立和提供最优的分析依据。

（2）替代方案。足够的替代方案是系统分析选优的前提，例如，一个仓储搬运系统，可采用辊道、输送机、叉车或机器人搬运，使用时要根据具体情况选择具体不同的搬运系统。

替代方案足够就能有较大的选择余地，使系统更优。

（3）模型。模型包括数字模型、逻辑模型，可以在建立系统之前预测有关技术参数，以便在系统建立之后帮助分析系统的优化程度、存在问题以及提出改进措施等。

（4）费用与效益。原则是效益大于费用。如果费用大于效益，则要检查系统是否合理，是暂时性的，还是长期的，是表面上的，还是本质上的。

（5）评价标准。其用于确定各种替代方案优先选用的顺序；系统的评价准则要根据系统的具体情况来定，必须具有明确性、可计量性、适度的灵敏度。

3. 物流系统分析的特点

物流系统分析是以物流系统的整体效益为目标，以寻求解决特定问题的最优策略为重点，运用定性和定量分析相结合的方法，为决策者提供价值判断依据，以寻求最有利的决策。

（1）以整体为目标。在一个系统中，处于各个层次的分系统都具有特定的功能及目标，彼此分工协作，才能实现系统整体的共同目标。比如，在物流系统布置设计中，既要考虑需求，又要考虑运输、储存、设备选型等；在选择厂（库）址时，既要考虑造价，又要考虑运输、能源消耗、环境污染、资源供给等因素。因此，如果只研究改善某些局部问题，而其他分系统被忽略或不注意，则系统整体效益将受到不利影响。所以，进行任何系统分析，都必须以发挥系统总体的最大效益为基本出发点，不能只局限于个别局部，那样会顾此失彼。

（2）以特定问题为对象。系统分析是一种处理问题的方法，有很强的针对性，其目的在于寻求解决特定问题的最佳策略。物流系统中的许多问题都含有不确定因素，而系统分析就是针对这种不确定的情况，研究解决问题的各种方案及其可能产生的结果。不同的系统分析所解决的问题不同，即使对相同的系统所要解决的问题也要进行不同的分析，制定不同的求解方法。所以，系统分析必须以求得解决特定问题的最佳方案为重点。

（3）运用定量方法。解决问题，不应单凭想象、臆断、经验和直觉。在许多复杂的情况下，需要有精确可靠的数字、资料，并以此作为科学决断的依据；在有些情况下利用数字模型有困难，还要借助结构模型、解析法或计算机模型等进行定量分析。

（4）凭借价值判断。进行系统分析时，必须对某些事物作某种程度的预测，或者用过去发生的事实作对照，以推断未来可能出现的趋势或倾向。由于所提供的资料有许多是不确定的变量，而客观环境又会发生各种变化，因此在进行系统分析时，还要凭借各种价值观念进行综合判断和选优。

五、物流系统分析常用的理论及方法

1. 数学规划法（运筹学）

这是一种对系统进行统筹规划，寻求最优方案的数学方法。其具体理论与方法包括线性规划、动态规划、整数规划、排队规划和库存理论等。这些理论和方法都可用来解决物流系统中物流设施选址、物流作业的资源配置、货物配载、物料储存的时间与数量等问题。

2. 统筹法（网络计划技术）

统筹法，是指运用网络来统筹安排，合理规划系统的各个环节。它用网络图来描述活动流程的线路，把事件作为结点，在保证关键线路的前提下安排其他活动，调整相互关系，以保证按期完成整个计划。该项技术可用于物流作业的合理安排。

3. 系统优化法

该方法是在一定的约束条件下，求出使目标函数最优的解。物流系统包括许多参数，这些参数相互制约，互为条件，同时受外界环境的影响。系统优化研究，就是在不可控参数变化时，根据系统的目标，确定可控参数的值，以使系统达到最优状况。

4. 系统仿真

该方法是利用模型模拟实际系统，进行仿真实验研究。

5. 其他方法

主因素分析法、层次分析法、遗传算法、退火算法等方法是近年来的流行方法。

1）主因素分析法

主因素分析法是依据分析指标与其影响因素的关系，从数量上确定各因素对分析指标影响方向和影响程度的一种方法。因素分析法既可以全面分析各因素对某一经济指标的影响，又可以单独分析某个因素对经济指标的影响，在财务分析中应用颇为广泛。

2）层次分析法

层次分析法是一种定性与定量分析相结合的多因素决策分析方法。这种方法对决策者的经验判断进行数量化，在目标因素结构复杂且缺乏必要数据的情况下使用更为方便，因而在实践中得到了广泛应用。

3）遗传算法

遗传算法（Genetic Algorithm，GA）是模拟达尔文的遗传选择和自然淘汰的生物进化过程的计算模型，是一种通过模拟自然进化过程搜索最优解的方法，它是由美国密歇根大学的J.Holland教授于1975年首先提出来的。他出版了颇有影响的专著《Adaptation in Natural and Artificial Systems》之后，GA这个名称才逐渐为人所知。J.Holland教授所提出的GA通常为简单遗传算法（SGA）。

遗传算法是从代表问题可能潜在的解集的一个种群（population）开始的，而一个种群则由经过基因（gene）编码的一定数目的个体（individual）组成。每个个体实际上是染色体（chromosome）带有特征的实体。染色体作为遗传物质的主要载体，即多个基因的集合，其内部表现（即基因型）是某种基因组合，它决定了个体的形状的外部表现，如黑头发的特征是由染色体中控制这一特征的某种基因组合决定的。因此，在一开始需要实现从表现型到基因型的映射即编码工作。由于仿照基因编码的工作很复杂，人们往往对其进行简化，如二进制编码。初代种群产生之后，按照适者生存和优胜劣汰的原理，逐代（generation）演化产生越来越好的近似解，在每一代，根据问题域中个体的适应度（fitness）大小选择（selection）个体，并借助自然遗传学的遗传算子（genetic operators）进行组合交叉（crossover）和变异（mutation），产生出代表新的解集的种群。这个过程将导致种群像自然进化一样，后生代种群比前代更加适应环境，末代种群中的最优个体经过解码（decoding），可以作为问题的近似最优解。

4）退火算法

退火算法来源于固体退火原理。将固体加温至充分高，再让其徐徐冷却，加温时，固体内部的粒子随着温度的升高变为无序状，内能增大，而徐徐冷却时粒子渐趋有序，在每个温度都达到平衡态，最后在常温时达到基态，内能减为最小。根据Metropolis准则，粒子在温度T时趋于平衡的概率为$e^{-\Delta E/(kT)}$，其中E为温度T时的内能，ΔE为其改变量，k为波尔兹曼常数。用固体退火模拟组合优化问题，将内能 E 模拟为目标函数值 f，将温度 T 演化成控制参数 t，即得到解组合优化问题的模拟退火算法：由初始解 i 和控制参数初值 t 开始，对当前解重复"产生新解→计算目标函数差→接受或舍弃"的迭代，并逐步衰减 t 值，算法终止时的当前解即所得近似最优解。这是基于蒙特卡罗迭代求解法的一种启发式随机搜索过程。退火过程由冷却进度表（Cooling Schedule）控制，包括控制参数的初值 t 及其衰减因子 Δt、每个 t 值时的迭代次数 L 和停止条件 S。

上述不同的方法各有特点，在实际中都得到了广泛的应用，其中系统仿真技术近年来应用最为普遍。系统仿真技术的发展及应用依赖于计算机软件技术的飞速发展。今天，随着计算机科学与技术的巨大发展，系统仿真技术的研究也不断完善，应用不断扩大。

第二节　物流系统仿真

系统仿真是20世纪40年代末以来伴随着计算机技术的发展而逐步形成的一门新兴学科。仿真（simulation）就是通过建立实际系统模型并利用所建模型对实际系统进行实验研究的过程。最初仿真技术主要用于航空、航天、原子反应堆等价格昂贵、周期长、危险性大、实际系统实验难以实现的少数领域，后来逐步发展到电力、石油、化工、冶金、机械等一些主要工业部门，并进一步扩大到社会系统、经济系统、交通运输系统、生态系统等一些非工程系统领域。可以说，现代系统仿真技术和综合性仿真系统已经成为任何复杂系统，特别是高技术产业不可缺少的分析、研究、设计、评价、决策和训练的重要手段。其应用范围在不断扩大，应用效益也日益显著。

1. 系统仿真及其分类

系统仿真是建立在控制理论、相似理论、信息处理技术和计算机初等理论的基础之上，以计算机和其他专用物理效应设备为工具，利用系统模型对真实或假设的系统进行实验，并借助专家的经验知识、统计数据和信息资料对实验结果进行分析研究，进而作出决策的一门综合的实验性学科。广义而言，系统仿真的方法适用于任何领域，无论是工程系统（机械、化工、电力、电子等）或非工程系统（交通、管理、经济、政治等）。

根据模型的种类不同，系统仿真可以分为三种：物理仿真、数学仿真和半实物仿真。

按照实际系统的物理性质构造系统的物理模型，并在物理模型上进行实验的过程是物理仿真；对实际系统进行抽象，并将其特性用数学关系加以描述而得到系统的数学模型，对数学模型进行实验的过程是数学仿真；半实物仿真是将数学模型与物理模型甚至实物联合起来进行实验。

根据所研究的系统不同，系统仿真又可分为连续系统仿真和离散事件系统仿真。前者是指系统状态随时间连续变化的情况。多数工程系统，如机电、机械、化工、电力等系统都属于这类系统。后者则是指系统状态变化是离散的。多数非工程系统，如管理、交通、经济等系统都属于离散事件系统。

2. 系统仿真的一般步骤

对于每一个成功的仿真研究项目，其应用都包含特定的步骤，如图 9.2 所示。不论仿真项目的类型和研究目的有何不同，仿真的基本过程都是保持不变的，要进行如下9步：

（1）问题定义；

（2）制定目标；
（3）描述系统并对所有假设列表；
（4）罗列出所有可能替代方案；
（5）收集数据和信息；
（6）建立计算机模型；
（7）校验和确认模型；
（8）运行模型；
（9）输出分析。

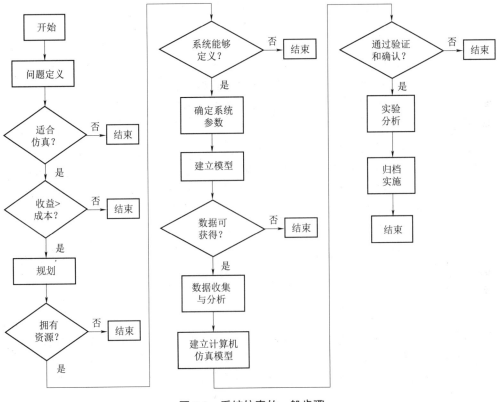

图 9.2 系统仿真的一般步骤

下面对这 9 步作简单的定义和说明。注意仿真研究不能简单遵循这 9 步的排序，有些项目在获得系统的内在细节之后，可能要返回先前的步骤中去。同时，验证和确认需要贯穿于仿真工程的每一个步骤当中。

1）问题的定义

一个模型不可能显现被模拟的现实系统的所有方面。另外，一个表现真实系统所有细节的模型也常常是非常差的模型，因为它过于复杂和难以理解。因此，明智的做法是：先定义问题，再制定目标，再构建一个能够完全解决问题的模型。作为仿真纲领，定义问题的陈述越通用越好，详细考虑引起问题的可能原因。

2）制定目标和定义系统效能测度

目标是仿真项目所有步骤的导向。系统的定义也是基于系统目标的。目标决定了应该作出怎样的假设、应该收集哪些信息和数据、模型的建立和确认能否达到研究的目标。目标需要清楚、明确和切实可行。最后,还要列出仿真结果的先决条件,如:必须通过利用现有设备来实现目标或提高投资额,或产品订货提前期不能延长等。

3）描述系统和列出假设

简单地说,仿真模型能够缩短完成工作的时间。系统中的时间被划分成处理时间、运输时间和排队时间。不论模型是一个物流系统、制造工厂,还是服务机构,其建模要素都包括:资源、流动项目（产品、顾客或信息）路径、项目运作、流程控制、加工时间、资源故障时间等。

在进行仿真时,获得足够的、能够体现特定仿真目的的系统本质的材料是必要的,但是不需要获得与真实系统一一对应的模型描述。正如爱因斯坦所说,"做到不能再简单为止"。

4）列举可能的替代方案

在仿真研究中,首先要确定模型早期运行的可置换方案。它将影响模型的建立。在初期阶段考虑替代方案,以使模型可以非常容易地转到替换系统。

5）收集数据和信息

数据可以通过历史记录、经验和计算得到,这些数据将为模型输入参数提供基础。有些数据可能没有现成的记录,这需要通过测量来收集。在模型分析中,模型参数需要极为精确的输入数据,在不影响模型分析的情况下,有时候也采用估计方法来产生输入数据,估计值可以通过少数快速测量或者咨询熟悉系统的系统专家来得到。

6）建立计算机模型

构建计算机模型的过程要分阶段进行,首先构建小的模型,在进行下一阶段建模之前,验证本阶段的模型工作是否正常,在建模过程中运行和调试每一阶段的模型,将整个模型建立起来,然后运行并进行系统的仿真。

7）验证和确认模型

验证就是确认模型的功能是否同设想的系统功能相符合,是否同想构建的模型相吻合,产品的处理时间、流向是否正确等。确认的范围更广泛,它包括:确认模型是否能够正确反映现实系统、评估模型仿真结果的可信度有多大等。

8）运行可替代实验

当系统具有随机性时,就需要对实验作多次运行。如果可能,在第二步中应当计算出已经定义的每一性能测度的置信区间。可替代环境能够单独构建,并可以通过使用 witness 软件中的"Optimizer"模块来设置并自动运行仿真优化。

9）输出分析

报表、图形和表格常常被用于进行输出结果分析,同时需要用统计技术来分析不同方案的模拟结果。一旦通过分析结果并得出结论,要能够根据模拟的目标来解释这些结果,并提出实施或优化方案。也可以使用结果和方案的矩阵图进行比较分析。

3. 系统仿真的必要性

仿真研究的基本步骤是项目成功的基础。虽然了解仿真研究的基本步骤至关重要,但是,意识到并不是任何问题都应该使用仿真来解决也是同样重要的。在过去,大型的、复杂的仿真项目是由受过专门训练的程序员和分析员来开发的。

要想仿真能够正确地解决问题，在决定进行仿真研究之前，要对以下四个项目进行正确评估：

(1) 问题类型；
(2) 资源的可获得性；
(3) 费用；
(4) 数据的可获得性。

1) 问题类型

如果一个问题能够由常识或简单分析来解决，就没有必要使用仿真。另外，使用数学方程式比采用仿真解决问题要快，而且费用较低。在被评估系统上直接做实验就能够解决的问题，就不如直接做实验，而不要进行仿真。最近学校的运输部门为了研究校园班车的增开问题，使用自己的人力和交通工具在周末进行实验。与此相比，开发一个研究校园班车系统的仿真将要花费一个学生几周的时间来完成。但是，在系统上直接做实验时，也要考虑到实验对实际系统的影响。如果实验对系统的干扰过大，就要考虑使用别的方法。真实系统自身对仿真也起到一定的决定作用。如果系统过于复杂，不能够被定义，或不易于理解，仿真将不能够产生有意义的结果。当一个系统包含人的活动时，通常就不能够进行很好的仿真。

2) 资源的可获得性

进行仿真研究的决定性资源是人员和时间。有经验的分析师是非常重要的资源，因为其具有判断模型应该达到的详细程度和确认模型的能力和经验。缺少了训练有素的模型开发人员，将可能导致开发出错误的模型，以及该错误模型产生的不可靠结果。另外，时间的分配不能够太少，否则开发人员会被迫在设计时对模型进行压缩处理。要想获得有意义的结果，应该有足够的时间进行必要的改动以及验证和确认活动。

3) 费用

在仿真过程中的每一步都要预算费用，如购买仿真软件和计算机硬件等。很明显，如果替换现有系统的费用超过了潜在收益，就不应作仿真。

4) 数据的可获得性

必要的数据应当被识别并被定位，假如数据不存在，就需要去收集。如果数据既不存在，又不能够收集到，后续的仿真研究最终将只能产生不可信和无用的结果。仿真输出就不能够与实际系统性能相对比，而这一点对验证和确认模型至关重要。

即使仿真被确定为解决特定问题的首选方法，由通过仿真研究结果分析所得出的建议行动作出的实施决策也不是仿真研究的结束。

复习思考题

1. 物流系统分析的实质是什么？
2. 物流系统分析的要素和原则是什么？
3. 物流系统仿真的作用有哪些？
4. 结合实例说明为什么要进行物流系统分析。

案例分析

VMI 对企业物流战略产生的冲击

某股份有限公司主要从事电线电组及电缆附件的开发、制造、销售及相关的生产技术开发。公司目前拥有国际一流水平的进口设备 29 台（套），以及处于国内一流水平的关键配套设备 232 台（套），产品覆盖半导体、电气装备用电线、电力电缆、通信电缆四大类别，能够生产 150 多个品种 15 000 多个规格的产品，形成了系列化、规模化、成套化的产品群体，具备了为国内外各级重点工程提供全面、全方位服务的能力。公司产品通过了 ISO9001 产品质量论证、ISO14001 环境管理体系认证及国家强制性产品认证，产品荣获"国产物品""中国电线电缆市场十大畅销产品""江苏省重点保护产品"和"中国免检产品"等称号，具有江苏省著名商标、中国驰名商标。

公司目前生产的主要产品包括电线电缆、变压器、桥架、开关拒、箱式变电站等。其电线电缆的生产提前期为 15 d，电气产品的生产提前期为 25 d。电线电缆产品的年销售量达到 1 750 000 000 t，年总销售额为 250 000 万元。公司拥有大型货车 80 辆、小型货车 100 辆，并利用其物流公司作为企业的第三方物流企业，以便进行物资配送。公司拥有自己的 ERP 系统，并有专门的信息中心进行管理和维护，其与公司的供应商和客户能够很好地进行信息交互和沟通，并且对企业内部资源能够进行实时监控。

公司坚持以市场为导向、以营销为龙头的经营战略，建立了遍及全国、面向世界的销售服务网络，与电力、冶金、交通、化工、通信、航天等多个研究所、设计院及项目实体建立了市场战略同盟。公司产品广泛使用于燕山石化公司、齐鲁石化公司、宝山钢铁公司、武汉钢铁公司、北京西客站、葛洲坝水电站、上海国际机场、沪宁高速公路、福州长乐机场、深圳妈湾电厂、广东大亚湾核电站、三峡工程、黄河小浪底工程、上海地铁、北京地铁、北京天安门城楼改造等众多国家重点工程建设项目。

最近为了配合主要客户的采购供应系统规划的顺利开展，以顺利成为战略供应商，公司需要对自己的采购计划、库存计划以及物流配送策略进行优化设计，需要优化变动长期以来运行的以销定产战略，考虑供应商管理库存策略。

讨论题：

1. 该公司应如何制定其物流战略，以便既能够满足自己的以销定产战略，又能够满足客户的成本需求？

2. 如果希望对物流战略进行仿真研究，在进行仿真之前，需要进行哪些要素的调研工作？

3. 如果进行仿真研究，其物流系统需要建立哪些子模块？各子模块之间的关系如何处理？

4. 进行物流系统的优化，需要考虑哪些可变因子和绩效因子？

实 训 项 目

实训项目十：物流系统仿真实训

实训目的	（1）加深对物流系统仿真的一般方法的理解； （2）熟练掌握物流系统仿真设计的步骤； （3）熟练掌握系统仿真的常用方法。
实训内容	通过在实验室或其他场所参观，完成以下内容的学习和掌握： （1）物流系统仿真的种类； （2）物流系统仿真的作用； （3）计算机仿真和沙盘仿真的区别。
实训记录	
教师评语	
实训成绩	

第十章

物流系统评价

教学目标

要求学生掌握物流系统评价的概念和模式，物流系统评价的方法、运作流程，物流系统模型设计。

学习任务

了解关于物流系统评价的定义和物流系统评价的方法。掌握物流系统评价的概念、物流系统模型设计、物流系统运作流程。

案例导入

美国阿拉斯加原油输送方案的制定

如何由阿拉斯加东北部的普拉德霍油田向美国本土运输原油？

1. 系统面对环境

要求每天运送 200 万桶原油。油田处于北极圈内，海湾常年处于冰封状态；陆地更是常年冰冻，最低气温为-50 ℃。

2. 提出备选方案

在方案选择的第一阶段，提出了两个初步方案：方案Ⅰ为用油船运输；方案Ⅱ为用带加温系统的油管运送。

3. 方案的分析比较

（1）方案Ⅰ的优点是每天只需 4～5 艘超级油船就可以满足输送量的要求，似乎比铺设油管划算。其存在的问题是：要用破冰船引航，这既不安全又增加了费用；在起点和终点都要建造大型油库，油库的储量应在油田日产量的 10 倍以上。归纳起来，这方面的主要问题是：不安全、费用大、无保障。

（2）方案Ⅱ的优点是可利用成熟的管道输油技术。其存在的问题是：要在沿途设加温站，这样一来管理复杂，而且要供给燃料，然而运送燃料本身又是一件非常困难的事情；加温后的输油管不能简单地铺在冻土里,因为冻土层受热融化后会引起管道变形,甚至会造成管道破裂。为了避免这种危险,有一半的管道需要作地架支撑或者作保温处理,这样架设管道的成本要比在地下铺设管道高出 3 倍。

考虑到系统的安全性和供油的稳定性,管理人员比较倾向于方案Ⅱ。为了确保决策无误,阿拉斯加还是聘请有关机构对两种方案进行比较,看是否存在更优方案。

(1)方案Ⅲ。其原理就是把含 10%~20% 氢化钠的海水加到原油中,使原油在低温下呈乳液状,仍能畅流。这样就可以采用普通油管来运输,而且成本大大降低。但是这也存在问题,因为在原油中加入海水,必须在原油目的地建设原油提炼厂,将原油中的海水蒸发掉,这将会使成本出现反弹。

(2)方案Ⅳ。在方案Ⅲ的基础上,人们又进一步发挥各自优势,提出了方案Ⅳ。该方案的提出者对石油的生产和变化有着丰富的知识,他注意到地下的石油原来是油气合一的。这时它们的熔点很低,经过漫长的年代后,油气逐步分离。他提出将天然气转化为甲醇以后加入到原油中去,以降低原油的熔点,增加原油的流动性,从而用普通的管道就可以同时运输原油和天然气。与前面的方案相比,这不仅不需要运送无用的盐水,而且也不必另外铺设运输天然气的管道。这一方案最终被采纳并给公司带来了可观的经济效益。

第一节　物流系统评价概述

一、物流系统评价的含义

一般来讲,物流系统评价是对物流系统的各种可行方案进行评价,即根据物流统统的评价标准及环境对物流系统的要求,详细比较各种可行方案的优劣,从中选出一个令人满意的方案付诸实施。物流系统评价的环境因素主要是指技术、经济、环境、社会等方面。

物流系统评价主要是就各种系统设计方案能够满足需要的程度与为之消耗和占用的各种资源进行评审,并选择出技术上先进、经济上合理、实施可行的最优方案。物流系统是个复杂的系统,所以某个物流系统规划方案为"最优"的标准是随着时间的变化而不断发展的。

二、物流系统评价的原则

1. 客观性原则

评价的目的是决策,因此评价的质量影响着决策的正确性。也就是说,必须保证评价的客观性,必须弄清评价资料是否全面、可靠、正确,防止评价人员的倾向性,并注意评价人员的组成应具有代表性。

2. 可比性原则

替代方案在保证实现系统的基本功能上要有可比性和一致性。个别方案功能突出、内容有新意,这只能说明其相关方面,不能代替其他方面。

3. 系统性原则

评价指标要包括系统目标所涉及的一切方面,而且对定性问题要有恰当的评价指标,以保证评价不出现片面性。

三、物流系统评价的重要性

系统评价的主要任务就在于从评价主体根据具体情况所给定的、可能模糊的评价尺度出发，进行首尾一贯的、无矛盾的价值测定，以获得对多数人来说均可以接受的评价结果，为正确决策提供所需的信息。系统评价是系统决策的重要依据，没有正确的评价也就不可能有正确的决策。系统评价既是系统工程的重要组成部分，也是系统决策的十分重要的组成部分，甚至评价本身就是一种决策形式。

有时候，系统评价和系统决策被当作同义词使用。但是在实际问题上，由于评价与决策的目的不同，两者仍有区别。评价与决策的主要区别表现在：第一，系统评价是一项技术工作，是由分析者，即系统工程人员承担的，而系统决策则是领导工作，是领导者在系统工程人员的辅助下完成的；第二，系统评价是系统决策的主要依据，但是重大问题的决策往往还有"看不见的"因素在起作用，这些因素往往难以纳入系统工程人员的评价工作之中。

第二节　物流系统评价的指标与步骤

一、物流系统评价的指标

对于某一具体的物流系统，由于评价主体所处的立场、观点、环境不同，对价值的评定也有所不同，即使对于同一评价主体，同一评价对象的价值也会随着时间的推移而发生改变，因此在系统评价时采用多种指标评价是必不可少的。

物流系统的评价指标范围很广，既有企业内部系统，包括仓储、运输、库存等功能性系统，也有社会性环境系统，包括物流渠道网络、物流结构、区域物流、城市物流等。这类系统大都包含着技术、经济、效益、成本、时间、政策、法律、社会环境、生态环境等方面的因素。因此，物流系统评价指标通常包括：

（1）政策性指标，包括政府的方针、政策、法令标准及发展规划等，这对物流系统的规划和建设尤为重要。

（2）技术性指标，包括物流系统的可靠性、安全性、快捷性，系统建设的仓储、运输、搬运等。

（3）经济性指标，包括物流系统方案成本分析、财务评价、国民经济评价、区域经济影响分析等。由于物流系统是为整个经济大系统服务的，它的效益有经济方面的，更有社会方面的；即使是经济效益也有系统内部效益和外部效益之分，而且外部效益会远远超过系统内部效益，例如良好的物流系统不仅会给企业自身带来明显的经济利益，还会给供应链上的其他企业带来经济效益，进而对促进区域经济的发展起到重要作用。

（4）社会性指标，包括物流系统对国民经济大系统的影响，对地方福利、地方就业、污染、生态环境等方面的影响。社会性指标包括社会福利、社会节约、综合发展等。

（5）资源性指标，包括物流系统的建设对人力、物力、能源、水源、土地资源占用等方面的影响。

（6）时间性指标，包括物流系统实施的进度、时间节约、物流系统的生命周期等方面的指标。

二、评价指标体系确立的原则

评价指标体系的制定是一项很困难的工作。一般来说，指标范围越宽，指标数量越多，则方案间的差异越明显，越有利于判断和评价，但是确定指标的大类和指标的权重就越困难，处理过程和建模过程也越复杂，因此，歪曲方案本质的可能性也就越大。因此，评价指标体系既要全面反映出所要评价的系统的各项目标要求，尽可能做到科学、合理、符合实际情况，同时还要具有可测、简易、可比等特点。指标总数要尽可能少，以降低评价负担。具体来说，要遵循以下 6 条原则。

（1）系统性原则。指标体系应能全面地反映被评价对象各个方面的情况，还要善于从中抓住主要因素，使评价指标既能反映系统的直接效果，又能反映系统的间接效果，以保证综合评价的全面性和可信度。

（2）可测性原则。每项评价指标的含义应该明确，数据资料收集方便，计算简单，易于操作。

（3）层次性原则。评价指标体系要有层次性，这样才能为衡量系统方案的效果和确定评价指标的权重提供方便。

（4）简易性原则。评价指标体系的制定要言简意明，避免烦琐，一定要使指标间尽量相互独立、互不重复，避免冗余。例如对于企业费用和投资费用、折旧费用和成本，在使用中的交叉处必须明确划分和规定。

（5）可比性原则。评价指标的选择要保持同趋势化，以保证可比性。物流系统的综合评价既包括技术经济方面的指标，又包括服务水平、社会环境等方面的指标，前者易于定量化测度，但后者却很难用定量化的指标衡量，如安全性、快速反应、顾客满意度等。

（6）坚持绝对指标与相对指标相结合的原则。绝对指标反映系统的规模和总量；相对指标反映系统在某些方面的强度或性能。衡量物流系统优劣的很多标准是会随着时间而发展变化的，因此，必须将绝对指标与相对指标结合起来使用，这样才能够全面地描述物流系统的特性。

三、物流系统评价的步骤

物流系统评价的过程包括三个关键步骤：一是明确评价目的，二是建立评价指标体系，三是选择评价方法并建立评价模型。

1. 明确评价目的

对物流系统进行综合评价，是为了从总体上把握物流系统的现状，寻找物流系统的薄弱环节，明确物流系统的改善方向。为此，应将物流系统各项评价指标的实际值与设定的基准值相比较，以显示现实系统与基准系统的差别。基准值的设定通常有下列三种方式：

（1）以物流系统运行的目标值为基准值，评价物流系统对预期目标的实现程度，寻找实际与目标的差距所在；

（2）以物流系统运行的历史值为基准值，评价物流系统的发展趋势，从中发现薄弱环节；

（3）以同行业的标准值、平均水平值或先进水平值为基准值，评价物流系统在同类系统中的地位，从而找出改善物流系统的潜力。

2. 建立评价指标体系

从系统的观点来看,系统的评价指标体系是由若干个单项评价指标组成的有机整体。它应反映评价目的的要求,并尽量做到全面、合理、科学、实用。为此,在建立物流系统综合评价的指标体系时,应选择有代表性的物流系统特征值指标,以便从总体上反映物流系统的现状,发现存在的主要问题,明确改善方向。

3. 选择评价方法并建立评价模型

(1) 评价指标多且划分为不同层次,可通过逐级综合得出对各部分的评价及对系统的总体评价结果。

(2) 由于管理基础工作等方面的原因,有些指标无法精确量化,同时由于物流系统是多属性的系统,评价结果用一个数值来表示,不够全面和精确,故对物流系统一般采用综合评价方法。

第三节 物流系统评价的方法

当物流系统有多种性能或功效时,可用物流系统的价值来衡量物流系统的综合功能。具体做法是将每个性能的价值予以量化,然后再将每个性能对物流系统综合功能的贡献大小予以量化,将之作为权重乘上各个量化了的性能价值,最后把所有加了权的性能价值求和,就得到某一物流系统方案的综合评价。单项评价方法主要指利用经济理论和技术水平对系统的某个方面定量。

设某物流系统共有 n 个方案,第 i 个方案的价值记为 V $(1<i<n)$,则

$$V_i = \sum W_j S_{ji} \quad (1<i<n)$$

其中,n——物流系统性能或评价因素个数;W_j——第 j 个评价因素的重要性权数;S_{ji}——第 i 个方案对第 j 个评价因素的满足程度。

在比较这 n 个方案时,最大 V_j 对应的第 i 个方案是最优方案。W_j、S_{ji} 可用 5 分制、10 分制或环比评分制等多种方法确定。

一、单项评价法-成本效益法

单项评价方法主要指利用经济理论和技术水平对系统的某个方面作出定量评价的方法。经济评价方法主要有价值分析法、成本效益法、利润评价法等,技术评价方法主要有可行性评价、可靠性评价等。本书介绍经济评价的成本效益法。

所谓成本效益法(Cost Benefit Analysis),就是把不同系统方案的成本和效益进行比较分析的方法。成本反映的是建立新系统或改进系统所需要的主要投资耗费;效益则反映新建或改建的系统所能产生的经济效益和社会效益。其实,系统评价中的所有指标都可归结为效益指标或成本指标。效益是实现系统方案后能获得的结果;成本是为了实现系统方案必须支付的投资。将每个方案的效益与成本分别计算后,再比较其效益/成本,就可以评价方案的优劣,显然,效益/成本越大,方案越好。

下面介绍成本模型。

成本模型应能说明方案的特性参数与其成本之间的关系。一般的成本模型为:

$$C=F(X)$$

其中，C——方案的成本；X——特性参数；F——函数形式。

分析系统方案成本的另一种方法是分别分析系统方案的直接成本和间接成本。成本效益综合模拟图如图 10.1 所示。

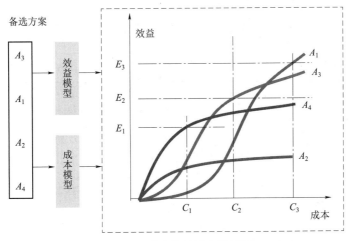

图 10.1　成本效益综合模拟图

根据选择的决策准则，若以 C_1 为准则，从综合模型图上可以确定各方案优劣的顺序是 A_4、A_3、A_2、A_1；若以 E_1 为准则，则各方案的优劣顺序是 A_4、A_3、A_1、A_2。因此，由图 10.1 可知，在成本为 C_1 时采用方案 A_4，在成本为 C_2 时采用方案 A_3，均可使效益最高；在效益为 E_3 时，采用方案 A_1 可使投资成本最低。

某企业准备投资新建一个配送中心。经过初步调查研究，提出了三个方案，各方案主要指标见表 10.1，请用效益成本法对三个方案进行评价。

表 10.1　配送中心方案指标比较表

序号	指标	单位	方案Ⅰ	方案Ⅱ	方案Ⅲ
1	造价	万元	100	86	75
2	建成年限	年	5	4	3
3	建成后所需流动资金	万元	45.8	33.3	38.5
4	建成后发挥效益的时间	年	10	10	10
5	年产值	万元	260	196	220
6	产值利润率	%	12	15	12.5
7	环境污染程度	—	稍重	最轻	轻

对三个方案进行比较后可发现它们各有优缺点。为了便于进一步判断，应将目标适当集中。由于在系统评价中最关心的是成本和效益这两大类，因此应该首先集中注意此两类指标。已知建成后发挥效益的时间是 10 年，则可计算出三个方案的 10 年总利润及全部投资额。比较结果见表 10.2。

表 10.2 配送中心各方案投资利润率比较

指　　标	单位	方案 I	方案 II	方案 III
总利润额	万元	312	294	275
全部投资额	万元	145.8	119.3	113.5
利润高于投资的余额	万元	166.2	174.7	161.5
投资利润率	%	214	246	242

从表 10.2 可看出，方案 II 是最理想的。方案 I 的总利润虽然高于方案 II、方案 III，但其投资额也相应地高于方案 II、方案 III，结果使投资利润率低于方案 II、方案 III。另外，该方案的环境污染也较严重，因此，应放弃方案 I。进一步分析方案 II 和方案 III，理所当然应放弃方案 III。

二、系统综合评价方法

物流系统的评价与决策往往呈现多目标特性，必须从多方面进行分析。而不同的指标需用不同的准则、不同的尺度来衡量。得到这些指标值后，如何得到每一方案的综合评价值，以便对方案进行优劣排序？下面介绍成本-有效度分析法。

不同的指标需要用不同的准则来衡量，例如利润和成本可用货币来衡量，建设周期和资金回收期可用时间来衡量，货运量可用货物重量来衡量；而美观、舒适、满意度等较为抽象的指标则只能用评分法的得分多少或其他间接的尺度来衡量。如果要从总体上评价某一备选方案的优劣，那就有必要将上述用各种度量单位所表示的指标值规范为统一的数量测度，以便指标并合，从而建立起各方案之间的可比数量关系。这种统一的数量测度，不能简单地用效益（benefit）来反映，可以采用有效度（或效用）的概念（effectiveness）和成本-有效度分析法。与侧重于经济效益评价的成本效益法不同的是，成本-有效度分析法将方案的效果从经济观点扩大到了社会观点。物流系统一般都具有明显的社会效益，不能仅从经济方面来评价，还应该采用很多社会性指标来评价，如对区域经济的影响，对就业和生活质量的贡献，对资源、环境的影响，客户满意度等，这些指标体现的是物流系统方案的价值。可通过某种效用函数将它们转换为用 [0，1] 区间的实数来描述，这样就能对不同的指标值进行合乎逻辑的综合。

下面介绍成本-有效度分析法的一般步骤。

（1）明确系统要实现的效用目标。

进行系统的成本-有效度分析时，首先要明确系统要求实现的效用目标。例如，交通信号指挥系统的效用目标是运行可靠；军事物流系统的效用目标是在规定的时间内，将一定数量的人员和武器装备运送到指定的地点等。如果被评价的系统有多种效用目标，可选择其基本效用目标作为成本-有效度分析的对象。

（2）确定反映系统有效度的评价指标。

明确了系统的效用目标以后，就要选择一定的能够度量系统效用大小或有效度高低的评价指标，对不同的效用需选择不同的有效度指标来计量。例如，交通信号指挥系统的运行可靠性可采用可靠度指标,即用"不发生错误信号的概率"来度量,军事物流系统的运载能力可用日运载吨位指标来度量等。

(3) 提出具有预定效用的备选方案,并把各方案的成本与效用相应的计量指标表示出来。

(4) 采用成本固定法或效用固定法筛选系统方案。

成本固定法是指被评价系统可利用的资金支出是有限的,以一定的资金或成本为条件,根据有效度的高低来评选方案;效用固定法指对被评价系统必须达到的最低有效度水平作出规定后,以一定的有效度水平为条件,根据成本的高低来评选系统方案。下面举例说明。

【例 10.1】某城市为改善交通秩序,提高车辆的通行效率,拟建新的交通自动信号控制系统,系统以可靠度作为有效度指标,可靠度用预定期限和条件下系统不发生失误的概率来表示。已知该系统的投资与运行费用共限额为 24 万元,效用水平要求不低于 97%,备选方案有 4 个,有关数据见表 10.3,试用成本–有效度分析法进行系统方案选择。

表 10.3 系统方案指标比较

指标 \ 方案	方案 I	方案 II	方案 III	方案 IV
投资与运行成本年值/万元	24	24	20	20
系统可靠度	0.99	0.98	0.98	0.97

解:首先根据表 10.3 中的已知数据作出表示系统方案的成本–有效度关系图,然后,根据关系图进行系统方案的成本–有效度综合比较。

由于 4 个方案的成本都不超过 24 万元的限额,且有效度都能达到最低水平,故这四个方案均为可行的方案,这就需要进行综合评价,才能优选。

比较方案 I 与方案 II,两方案成本相同,但方案 I 的效用大于方案 II (即 0.99>0.98),故保留方案 I,舍去方案 II。

比较方案 III 与方案 IV,两方案成本相同,但方案 III 的效用大于方案 IV (即 0.98>0.97),故保留方案 III,舍去方案 IV。 比较方案 I 与方案 III,两方案的成本与效用均不同,故可通过成本–效用比率进行比较:

方案 I:效用/成本 = 0.99/24 = 0.041;

方案 III:效用/成本 = 0.98/20 = 0.049。

通过上述比较,方案 III 是成本不超过限额条件、单位成本效用最大的方案,故应该选择方案 III。

第四节 物流系统模式

由于规划层次不同,物流系统规划就有不同的视角和不同的类型。从企业物流战略高度来看,在企业物流战略确定以后,设计整体物流系统模式则是非常重要的工作了,它决定着企业的物流管理体制与组织制度,是物流网络规划、设施布置、具体的作业流程设计、信息系统建设规划的基础和前提。

一、物流系统模式的含义及设计内容

在企业供应链物流渠道上,物流节点与线路及其功能的组合一旦稳定下来就形成了物流系统模式。物流系统在形式上表现为物流节点和线路的组合,其内在精髓是组合后的物流系统运行机制,物流系统模式的设计依据是企业物流系统的目标。

根据物流系统模式的内涵,设计物流系统模式主要是明确物流节点在供应链中的地位及其功能,供应链库存的控制方法,各节点的物流衔接方式、信息处理与传递的方式与手段,并对整个系统的运行机制进行安排等。

由于物流系统模式反映了企业物流管理体制、业务流程,决定了企业物流组织结构设置与人员配备、物流设施的取舍、规模及布置,整个网络节点的设置规划等,是微观物流设施规划设计的前提条件,因此优化企业物流系统模式对提高企业的物流效率、效益乃至竞争能力均有十分现实的意义。

现以 MD 公司供应物流系统变革为例说明物流系统模式的设计原理及其意义。

(1) MD 公司原有传统供应物流系统模式,如图 10.2 所示。

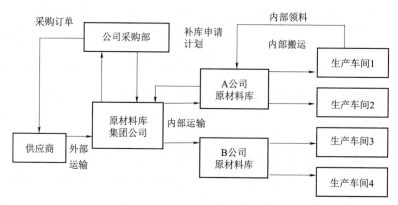

图 10.2 MD 公司的传统供应物流系统模式

MD 公司设立了原材料二级仓库部门,并建立了原材料总库与分库多个仓库设施,配备了相应的仓库管理与搬运人员,整个物料供应过程的物流信息是层层向后传递的,并且是分割处理的,其相应机制是采购部门向供应商下订单,供应商通过第三方运输部门向公司运输货物,其采取的是领料制和计划申报制度,即各车间根据生产计划向公司仓库领料,分公司既要以库存保证车间生产,又要根据库存定额向总公司仓库申请补充库存。

由图 10.2 可以看出,在传统供应物流系统模式下,层层设库,尽管对生产供应保证程度强,但物流环节多、货物周转速度慢、库存量大、物流成本高,特别是仓库设施投资费用大、物流业务流程复杂、人员工作重复、工作效率低下。

该公司物流主管总经理还曾考虑提高公司物流效率,计划投资 3 000 万元将总公司原材料库改造成立体库,并已经请某仓库设备公司做好了立体库的改造设计方案。

后来该公司请来了物流专家对供应物流系统模式进行了重新规划设计,新的系统方案不仅取消了立体库,而且导致了企业整个物流管理体制的大变革。

(2) 物流咨询专家设计的 MD 公司新的供应物流系统模式,如图 10.3 所示。

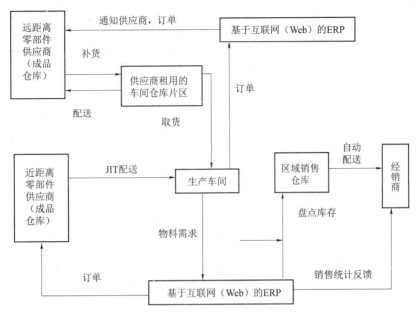

图 10.3　MD 公司新的供应物流系统模式

MD 公司新的供应物流系统模式的特点主要是取消了公司二级仓库设施及其机构，在管理机制上采用 VMI 管理库存，对整条供应链资源进行整合，优选供应商，实施供应链管理，建立企业 ERP（企业资源管理）系统，并与供应商建立了直接的电子交货平台，通过互联网（Web）共享信息。在进行后端的供应物流系统模式优化的同时，公司还加紧对前端销售物流系统的改造，为终端经销商安装进销存储软件。

基于互联网的信息网络，对供应链上端，以远距离零部件供销商租赁 MD 公司仓库里的一个片区为 MD 公司的库存保障，MD 公司的生产采用取货制，对近距离零部件供应商实施 JIT 配送供应零部件，从而实现 MD 公司生产零库存。对供应链下端，MD 公司主动提供了经销商库存，以配送为手段，以自身的最少库存保证经销商的销售。

经过物流系统模式变革，MD 公司不仅因为省去了众多的仓库设施而使仓储费用大幅度减少，而且供应链管理能力得到提升，原材料库存与产品库存直线下降，资金周转加快、风险下降，销售量同 2001 年度相比增长 50%～60%，在激烈的市场竞争下维持相当的利润。当然，MD 公司的业务流程、物流管理体制、组织结构与人员配备也作出了相当大的变动与调整。

二、物流系统模式设计的理论依据

物流系统模式设计的实质是商流、物流、信息流的分离，也就是对供应链的业务流程进行再造，因此其设计的理论基础是"商物分离"理论、供应链管理理论（Supply China Management，SCM）及业务流程重组理论（Business Process Reengineering，BPR）。

1. 商物分离理论

传统流通过程是商物合一，即商流与物流两者共同组成商品流通活动。尽管商流与物流两者之间关系密切，但是由于它们各自具有不同的活动内容和规律，各自均可按照自己的规律和渠道独立活动，再加上现代社会经济高速增长，增大的物流量远远超过了生产企业商品的自行供应能力，因此，人们基于流通效率的提高和成本的节约，开始重视物流，便将物流与商流分离开来，独立研究，便产生了商物分离理论。商物分离式物流科学赖以存在的先决条件，也是设计物流系统模式的理论依据。商物合一的示意如图10.4 所示，商物分离的示意如图10.5 所示。

从图10.4 和图10.5 比较来看，商物合一，物流渠道长，中间环节多，参与的主体繁杂，物流周期长、速度慢，并且物流批量小，作业分散，库存分散，社会货物总库存高，资金占用大，物流资源分散，重复运输，空载运输，物流设施设备利用率低下，重复建设浪费严重，难以实现物流集约化和规模化，物流成本高，也不利于采用现代物流技术装备设计提高物流作业效率。商流和物流分离往往可以克服这些缺点。

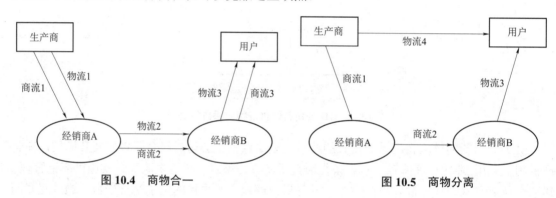

图 10.4　商物合一　　　　　　　图 10.5　商物分离

2. 供应链管理理论

传统的企业库存管理是站在单一企业的立场上，以企业物流成本最小化为原则来管理库存，在传统的库存管理方式下，企业库存控制的依据来自下游企业的订单信息，根据客户的订货数量补充库存。在这种情况下，订货信息是否可以充分反映市场需求的状况，就成为直接影响库存控制准确性的重要因素。如果下游企业提交的订货数据在反映市场需求方面带有一定的虚假性，那么，由此作出的库存补充计划本身就会成为多库存的起因，其结果是产生库存不足和需求放大现象——"牛鞭效应"，这为消除需求放大效应及其库存管理带来负面影响。其有效的解决方法就是进行供应链管理。

供应链管理，即利用计算机网络技术全面规划供应链中的商流、物流、信息流、资金链等，并进行计划、组织、协调与控制。

供应链管理环境下的企业库存管理是以整个供应链的整体物流效果为追求目标的，通过供应链各个节点企业对最终消费市场信息的有效把握和信息共享来提高库存管理的准确性，降低供应链各个环节的库存水平，实现高效率的库存补充。从物流系统的角度看，其可实现库存的合理配置、提高物流的快速反应能力、降低物流成本。

实施供应链管理，其运行机制也非常关键。供应链管理的运行机制主要是合作企业建立战略联盟，在信息共享的基础上形成一个有效的利益共享和风险共担的合作机制，对供应链资源进行集成与优化。

供应链管理方法有快速反应（Quick Response，QR）、有效客户反应（Efficient Consumer

Response，ECR)、联合库存管理（Jontly Managed Inventory，JMI)、供应商管理库存（Vendor Managed Inventory，VMI)、虚拟物流（Virtual Logistics，VL）和连续补充（Continuous Replenishment，CR）等。

3. 业务流程重组理论

业务流程重组就是对企业的业务流程进行根本性再思考和彻底性再设计，从而在成本、质量、服务和速度等方面获得戏剧性的改善，使企业性能最大限度地适应以顾客、竞争和变化为特征的现代企业经营环境。

业务流程重组关注的要点是企业的业务流程，并围绕业务流程展开重组工作，业务流程是指一组共同为顾客创造价值而又互相关联的活动。哈佛商学院的 Michael Porter 教授将企业的业务流程描绘为一个价值链（Value Chain）。竞争不是发生在企业与企业之间，而是发生在企业各自的价值之间。只有对价值链的各个环节——业务流程——进行有效管理的企业，才有可能真正获得市场上的竞争优势。

第五节　物流运作流程

一、物流运作流程概述

1. 物流运作流程的概念

企业物流运作流程是指企业物流活动过程中完成物流目标的所有产生物流价值的行为集合和工作程序。借助哈默和钱比的观点，对企业物流运作流程冲击最大的主要有三个要素，即顾客、竞争和变化。

1）顾客

20 世纪 80 年代以来，企业与顾客的关系发生了变化，顾客运用对商品和服务的选择权，决定企业的兴衰。一方面顾客对自己的权利日益清楚，另一方面企业不断提供同类差异化的商品，使顾客的权利进一步增加，在企业的活动中处于主导地位，从而影响了企业物流运作流程设计。

2）竞争

有市场就有竞争，而且竞争日益激烈，呈现新的特点，即在市场更为开放和世界统一市场形成的条件下，在任何一个行业中都能找到极具竞争优势的现代企业；竞争的理念、方式和范围发生变化；竞争成为供应链体系的竞争；竞争要素的改变需要企业物流运作流程设计进行有针对性的调整。

3）变化

所谓变化，就是指企业本身在变，企业的外部环境在变，顾客与竞争也在变。因此，企业物流运作流程必须以变化适应变化才能发展，才能成功。

2. 物流运作流程的基本构造

企业物流运作流程的基本结构分为横向结构和纵向结构。

1）横向结构

横向结构是指企业物流运作从投入到产出总过程相关的一系列基本流程，主要包括以下内容：

(1) 采购物流作业流程,即接单、采购、运输、库存、检验配送等组成的基本流程。

(2) 物流服务流程,主要是由为顾客提供物流需求分析、系统设计、管理咨询等系统物流服务组成的基本流程。

(3) 物流信息流程,是指从各部门各方面收集信息、处理信息、汇总信息、传递信息、共享信息、创造信息价值等活动组成的基本流程。

(4) 物流管理流程,即对物流运作过程实施计划、组织、控制、协调以优化资源配置、提高管理效率的活动组成的基本流程。

2) 纵向结构

纵向结构是指企业物流运作决策到物流运作执行的过程,主要包括以下内容:

(1) 物流运作决策流程,即企业从最高层到基层员工形成物流运作决策的基本流程,其目标是实现企业物流的有效运作。

(2) 物流运作执行流程,即企业物流运作的实施流程,包括执行方法、执行监督等。

二、企业物流运作流程的功能与特征

1. 企业物流运作流程的基本功能

1) 标准功能

任何运作流程都需要建立一个明确的评价标准。当企业物流战略目标发生变化,物流组织实施变革,物流外部环境发生变化时,企业物流运作流程就要按照新的标准重新进行设计。

2) 整合功能

没有合理的流程整合,就没有企业物流运作流程的发展。虽然专业分工导致了流程中工作环节或工作步骤的独立化、专门化,有助于更快、更好地完成任务,但是企业物流运作流程则是先进行分工,形成一系列基本的工作环节、工作岗位、工作步骤,再按照工作的内在逻辑,按照完成任务和目标的先后形成一个有效的流程,对工作环节、岗位、步骤进行流程的整合。

3) 效率功能

一个流程可以分解成较为稳定的工作环节、工作岗位、工作步骤。在技术设备配置、人员素质提高的情况下,可以计算出每一个工作环节、工作步骤的完成时间,进而可以计算出企业物流运作的效率。

2. 企业物流运作流程的特性

1) 逻辑性

逻辑性是指流程包含着很多工作环节和工作步骤的全过程。任何流程都需要按照特定环节、步骤的顺序进行,具有较强的逻辑性。企业物流运作流程带有一定的经验与行为习惯,在与企业物流目标完成的效率要求、费用要求、时间要求吻合时,其就成了普遍规范。

2) 变动性

当企业物流运作目标、战略、组织机构发生变动时,相关的物流运作流程就要发生变化,否则新的目标与战略就不可能实现。同时,物流运作流程内部的工作环节、工作步骤的变动也是经常发生的。

3) 可分解性

任何流程都可以按照工作环节、工作步骤分解开来,如何分解则视专业化要求及技术的可行性而定。当专业化和技术条件不一样时，同样一个企业物流运作流程的分解的方法和分解结果是不同的。

三、影响企业物流运作流程设计的因素

影响企业物流运作流程设计的因素有以下三个。

1）企业宗旨

企业宗旨是指企业经营管理者信奉的行为准则和对社会、经济等方面的价值判断。企业宗旨是企业物流运作流程设计的基本出发点。企业物流运作流程必须围绕企业宗旨进行设计。

2）企业经营战略目标

企业经营战略目标是企业宗旨在不同时期的具体体现。企业物流运作流程必须服从企业经营战略目标，围绕企业经营战略目标进行流程设计。

3）技术条件

企业物流运作流程的设计与企业物流技术条件有着非常密切的关系。企业物流的技术条件决定着物流运作流程的基本路径、工作环节。没有技术条件的有效支持，企业物流运作流程的重新设计就不能成功。

四、现代物流企业运作管理模式

1. 物流一体化运作管理模式

物流一体化是20世纪末最有影响的物流运作模式之一，它是指不同的职能部门之间或不同的企业之间形成的物流合作。物流一体化又可分为三种运作形式：垂直一体化物流、水平一体化物流和网络一体化物流。

1）垂直一体化物流

垂直一体化物流以战略为管理导向，要求企业的物流运作管理人员从面向企业内部发展为面向企业与供货商及用户的业务关系。企业将超越现有的组织机构界限，将提供产品或运输服务等的供货商和用户纳入管理范围，作为物流运作管理的一项中心内容。垂直一体化物流的关键是从原材料到供货商和用户的合作关系上形成一种联合的力量，以赢得竞争；而雄厚的物流技术基础、先进的管理方法和通信技术又使这一设想成为现实，并在此基础上继续发展。

2）水平一体化物流

水平一体化物流通过同一行业中各企业之间物流的合作来获得整体上的规模经济，从而提高了物流效率。例如，不同的企业可以用同样的装运方式进行不同类商品的共同运输。一个企业在装运本企业商品的同时，也可以装运其他企业的商品。不同商品的物流过程不仅在空间上是矛盾的，而且在时间上也有差异，这就需要靠掌握大量的有关物流需求和物流供应能力的信息来完成。有大量的企业参与，并且有大量的商品存在，企业间的合作才能提高物流效益。

3）网络一体化物流

网络一体化物流是物流一体化的第三种形式，是垂直一体化物流与水平一体化物流的综合体。当物流一体化的某个环节同时又是其他物流一体化系统的组成成分时，以物流为联系

的企业关系就会形成一种网络关系。物流系统网络能发挥规模经济作用的条件是：一体化、标准化和模块化。

随着物流一体化的深入发展，在企业经营集团化和国际化的背景下，形成了比较完整的供应链理论。供应链是指涉及将产品或服务提供给最终消费者的所有环节的企业所构成的上下游产业一体化体系。供应链管理强调核心企业与相关企业的协作关系，通过信息共享、技术扩散、资源优化配置高效的价值链激励体制等方法体现经营一体化。

供应链是对一体化的延伸，是从系统观点出发，通过对从原料、半成品和成品的生产、供应、销售直到最终消费者整个过程中的物流、资金流和信息流的协调，来满足顾客的需要。其竞争优势来源于以价值链为联系的各个相关企业增值能力的总和。

2. 物流准时化运作管理模式

准时物流是准时方式在物流领域的延伸。准时方式是生产领域中的一种包含物流理念的生产方式，是日本丰田汽车公司在 20 世纪 70 年代后期成功应用之后，被世界接受并广泛推广的一种先进管理模式。

准时制是指将必要的原材料、零部件以必要的数量在必要的时间送到特定的生产线，生产必要的产品。简而言之，准时制就是按必要的时间、必要的数量生产必要的产品。准时制是对生产领域物流的新要求，其目的是使生产过程中的原材料、零部件及制成品高效率地在各个生产环节流动，缩短物质实体在生产过程中的停留时间，杜绝产品库存积压、短缺和浪费现象。

准时方式的目标就是减少甚至消除物资运行全过程中的存货，使整个物流系统是连贯的，中间没有停顿，也不需要设置节点。准时方式延伸发展到物流领域，形成了企业物流运作模式。准时物流运作系统的应用，需要在一定的环境条件下，并且需要进行成本和准时服务的效益权衡。

实施准时物流，首先要有可靠的资源保障，资源越丰富，系统的稳定性就越高。其次需要有比较完善的社会物流平台。社会物流的基础平台包括：运输路线、运输节点和当地的交通管理、道路通行状况。

在准时物流实施过程中，关键的问题是选择好的合作伙伴。采用准时方式时，合作伙伴在相应的领域应该有快速反应的能力，并且要有高效的管理和运作经验。

3. 物流精益化运作管理模式

精益物流（Lean Logistics）也是源于日本丰田公司的一种物流管理思想。精益思想的核心是：以尽可能少的投入（人力、物力、时间和场地）创造出尽可能多的价值，同时也越来越接近用户，提供他们确实需要的东西。精确地定义价值是精益思想的关键，物流管理学家从物流管理的角度对精益思想加以借鉴，并与供应链管理的思想融合起来，提出了精益物流的新概念。

精益物流是运用精益思想对企业物流活动进行管理，其基本原则是：

（1）从顾客的角度，而不是从企业的角度来研究业务活动的价值；

（2）按整个价值流确定供应、生产和配送产品中所有必需的步骤和活动；

（3）创造无中断、无等待、无回流的增值活动流；

（4）不断消除物流过程中的浪费现象，追求完美。

精益物流的目标可概括为：企业在为客户提供令人满意的服务的同时，把浪费降到最低程度。企业物流活动中的浪费现象很多，常见的有：无需求造成的积压和多余库存、不必要的流通加工程序、不必要的物料移动、由供应链上游不按时交货所导致的等候、提供顾客不需要的服务等。努力消除各种浪费现象是精益物流最重要的内容。

精益物流的根本目的是消除物流活动中的浪费现象，因此，如何有效地识别浪费，就成了精益物流的出发点。对此物流专家经过研究提供了一些识别方法，其中最常用的是过程活动图和实体结构图。

运用供应链管理的整体思维、站在顾客的立场、无限追求物流总成本最低是精益物流真正的核心所在。

4. 物流服务导向型运作管理模式

物流服务已成为企业发展战略的重要内容。长期以来，由于物流需求呈现单一化和大众化的特征，物流功能只是停留在物品运输和保管等一般性业务活动上。现在市场需求多样化、分散化，且发展变化十分迅速，企业经营只有根据市场的需求，才能确立和运用物流服务战略，才能使企业在激烈的市场竞争中生存和发展。物流服务能否适应企业经营发展的需要，能否实现服务与成本之间的优化均衡，是决定企业经营绩效的重要因素。

物流服务是企业竞争优势的构成要素。现代企业的竞争优势不是单一企业的优势，而是一种网络优势。只有形成企业的优质物流服务，企业才会在市场中拥有竞争力。

建立物流服务导向运作管理系统，首先需要确定物流服务的目标。物流服务的目标是以适当的成本实现高质量的服务。企业的物流服务应充分考虑客户的需要，根据市场环境的变化和竞争格局加以调整。要积极通过与顾客沟通，进行顾客需求调查来确定物流服务的目标。其次，需要构建完善的物流服务信息系统，确保物流服务的质量和水平。

在实施过程中，为了使物流服务有效地满足客户的要求，必须针对顾客需求的不同类型采取相应的物流服务策略；而对经营规模较小的专业性顾客可以采取维持型策略；对经营规模较小的综合性顾客应采取被动型策略，即在顾客提出物流服务需求后才开展相应的物流服务。同时，还需定时进行物流服务绩效评价，以确保物流服务的有效性。

第六节　物流系统模型设计

一、物流产业结构

1. 物流产业的特征

物流是一个由多个子系统组成的产业，物流产业具有以下四个特征：多行业性、基础性、服务性和综合性。

（1）物流产业由多个行业组成。

如果按照现行的行业分类标准来分析物流产业，可以发现，物流产业包括了铁路运输行业、公路运输行业、航空运输行业、水路运输行业、管道运输行业、包装行业、装卸行业、邮政行业、电信行业等。

（2）物流产业是基础性产业。

物流的运作必然依靠技术设施，这些设施作为固定的基础设施，对所有的生产、流通和消费活动都有影响，同时还会影响到其他相关行业。

(3) 物流产业是服务业。

物流的许多环节（如交通运输）的服务与消费是结合在一起的，服务只有被消费才能实现。

(4) 物流产业是综合性产业。

从纵向分析，物流本身也是一个产业，只不过它具有特殊的产业特征，因此对于物流产业需要有该产业的发展方针、战略和规划，需要有明确的产业政策，需要有统一的预算和统计口径，需要有特定的法律和规章，需要建立专门的运作机制等；从横向分析，物流产业横跨多个基础性、服务性行业，是为其他各个纵向行业服务的，物流涉及和影响国民经济的各个领域，并且它的影响还是基础性的，必须综合考虑国民经济部门、各领域对物流需求的特点，采用各种手段来满足这些需求。

2. 物流产业的划分

物流产业既是一个庞大的纵向经济领域，同时也是一个为其他所有经济领域服务的横向经济领域，是一个跨地区、跨行业、跨部门的综合性、基础性、服务性产业。物流产业结构可以从以下两个方面来划分。

1) 按物流业务环节划分

物流产业由从事下列业务环节的部门组成。

(1) 运输业。运输业也称交通运输业，是物流产业中最重要的部分之一。它由各个利用各种运输工具、提供不同运输方式的运输服务的组织和个人组成。物流产业包括运输基础设施的经营和管理行业，以及这些运输工具的经营和管理行业。

(2) 仓储业。仓储业是物流产业的重要组成部分之一。物流产业包括仓储基础设施的经营和管理行业，以及仓储设备的经营和管理行业。

(3) 装卸业。由于装卸和搬运是紧密结合在一起的活动，因此，有时也将装卸业称为装卸搬运业，它是附属于运输业和仓储业产生的行业。

(4) 流通加工业。流通加工业是在流通过程中对商品进行加工的行业。由于流通加工是根据商品流通和具体的消费需要而进行的，所以，流通加工业的类型很多。物流产业中的流通加工环节实质上是为满足物流流动和市场销售而进行的简单加工。

(5) 邮政业。邮政业指以由各种运输工具和运输方式及营业网点组成的专用邮政网络，它实现收寄、承运和投递包裹、信件、机要、特快、印刷品。由于邮政业同其他任何物流业务一样，需要物流基础设施、物流设备、物流系统网络，有流体、载体、流向、流量和流程五要素，因此整个邮政行业也应属于物流行业的范畴。

(6) 物流信息业。它包括供应链信息在物流过程中的流动和停留，以及物流过程本身产生的信息流（包括物流业务信息、物流企业管理信息等）。

现代物流业建立在上述传统行业的基础之上，但又区别于传统行业。一般的现代物流业是由两个以上传统行业共同组成的。

2) 按物流业务组织化程度划分

按物流业务组织化程度划分，物流产业可以分为第一方物流（First Party Logistics）、第二方物流（Second Party Logistics）和第三方物流（Third Party Logistics）。

第一方物流组织的核心业务是生产和供应商品，为了自身生产和销售业务的需要进行物流自身网络及设施设备的投资、经营和管理。

第二方物流组织的核心业务是采购并销售商品，为了满足销售行业的需求而投资建设物流网络、物流设施和设备，并进行具体的物流业务运作组织和管理。

第三方物流组织是以物流业务为核心业务的组织，是独立的、同第一方物流和第二方物流组织相比具有明显资源优势的物流公司。

二、物流系统模型的内涵

1. 物流系统模型

为了实现物流系统的开发、计划、设计和应用，需要定量或定性地分析和掌握系统功能与特性。在物流研究中，定量的系统分析、系统综合已受到越来越多的重视，物流系统模型是开展这项工作的有效工具。

模型是对物流系统的特征要素、有关信息和变化规律的一种抽象表述，它反映了该系统的某些本质属性。模型描述了物流系统各要素间的相互关系、系统与环境之间的相互作用。物流系统模型更深刻、更普遍地反应所研究物流系统主体的特征。在物流系统工程中，对所研究的物流系统进行抽象模型化，反映了人们对物流系统认识的飞跃。

物流系统建模就是对物流系统中各个组成部分的主要特征要素及其变化规律、各组成部分之间的输入/输出关系建立系统模型，以便运用分析方法或计算机仿真方法得出物流系统的优化解。为了实现物流系统合理化，需要在物流系统的规划与运行过程中不断作出科学的决策。由于物流系统结构与行为过程的复杂性，只有综合运用定性和定量分析方法，才能建立恰当的物流系统模型，进而求得最佳的决策结果。因此，物流系统建模是物流合理化的重要前提。系统模型的作用如图 10.6 所示。

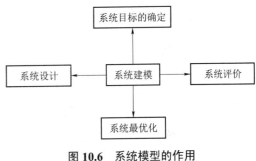

图 10.6　系统模型的作用

2. 物流系统模型的主要要求

在进行物流系统建模时，对所建立的模型有以下具体的要求：

（1）保持足够的精度。模型应把本质的东西反映进去，把非本质的东西去掉，但又不影响模型反映现实的真实程度。

（2）简单实用。模型既要精确，又要力求简单。模型过于复杂，一则难以推广，二则求解费用高。

（3）尽量借鉴标准形式。在模拟某些实际对象时，如有可能，应尽量借鉴一些标准形式的模型，这样可以利用现有的数学方法或其他方法，有利于问题的解决。

3. 物流系统设计

物流系统设计是指经过系统分析，完成物流系统硬件结构和软件结构体系的构想，形成物流系统组织结构设计和技术方案的过程。物流系统组织设计是技术设计的前提，它确定了技术设计的纲领和基本要求。

物流系统设计的基本原理，是从物流的需求和供给两个方面谋求物流的大量化、时间和成本的均衡化、货物的直达化及搬运装卸的省力化。实现这种目的的有效条件有运输、保管等的共同化，订货、发货等的计划化，订货标准、物流批量标准等有关方面的标准化和附带有流通加工和情报功能的扩大化等。物流结构即物流网点的布局构成，也泛指物流各个环节（装卸、运输、仓储、加工、包装、发送等）的组合情况。物流网点在空间上的布局，在很大程度上影响着物流的路线和流程。而物流各环节的内部结构模式又直接影响着物流运动的成效。

三、物流系统模型的分类

物流系统模型按结构形式分为实物模型、图式模型、模拟模型和数学模型。

1. 实物模型

实物模型是现实系统的放大或缩小，它能表明系统的主要特征和各个组成部分之间的关系，如桥梁模型、电机模型、城市模型、风洞试验中的飞机模型等。这种模型的优点是比较形象，便于共同研究问题；它的缺点是不易说明数量关系，特别是不能揭示各要素的内在联系，也不能用于优化。

2. 图式模型

图式模型是用图形、图表、符号等把系统的实际状态加以抽象的表现形式，如网络图（层次与顺序、时间与进度等）、物流图（物流量、流向等）。图式模型是在满足约束条件下的目标值的比较中选取较好值的一种方法，它在选优时只起辅助作用。当维数大于2时，该种模型作图的范围受到限制。其优点是直观、简单；其缺点是不易优化，受变量因素的数量的限制。

3. 模拟模型

用一种原理上相似，而求解或控制处理容易的系统，代替或近似描述另一种系统，前者称为后者的模拟模型。它一般有两种类型：一种是可以接受输入并进行动态表演的可控模型，另一种是用计算机和程序设计语言表达的模拟模型，例如物资集散中心站台数设置的模拟、组装流水线投料批量的模拟等。通常用计算机模拟模型内部结构不清因素复杂的系统是行之有效的。

4. 数字模型

数字模型是指对系统行为的一种数量描述。把系统及其要素的互相关系用数字表达式、图像、图表等形式抽象地表示出来，就是数字模型。它一般分为确定型和随机型、连续型和离散型。

四、物流系统的建模方法

物流系统的建模方法包括优化方法、计算机仿真方法、启发式方法、IDEF软件方法等。

1）优化方法

优化方法是运用线性规划、整数规划、非线性规划等数字规划技术来描述物流系统的数量关系，以便求得最优决策。由于物流系统庞大而复杂，建立整个系统的优化模型一般比较困难，而且用计算机求解大型优化问题的时间和费用太大，因此优化模型常用于物流系统的局部优化，并结合其他方法求得物流系统的次优解。

2）计算机仿真方法

计算机仿真方法是利用数学公式、逻辑表达式、图表、坐标等抽象概念来表示实际物流系统的内部状态和输入输出关系，得出数学模型，通过计算机对模型进行实验，通过实验取得改善物流系统或设计新的物流系统所需要的信息。虽然计算机仿真方法在模型构造、程序调试、数据整理等方面的工作量大,但由于物流系统结构复杂,不确定情况多,所以仿真方法仍以其描述和求解问题的能力优势成为物流建模的主要方法。

3) 启发式方法

启发式方法是针对优化方法的不足,运用一些经验法则来降低优化模型的数字精确程度,并通过模仿人的跟踪校正过程求取物流系统的满意解。启发式方法能同时满足详细描绘问题和求解的需要,比优化方法更为实用;其缺点是难以知道什么时候好的启发式解已经被求得。因此,只有当优化方法和模拟方法不必要或不实用时,才使用启发式方法。

4) IDEF 软件方法

IDEF 软件是一种流程图分析软件,可以非常容易地使用流程图来绘制和表述流程。它能够提供比传统流程图更多的信息。流程中包含的流程、流程约束、人和其他资源能够被整合到一起。

除了上述主要方法外,还有其他建模方法,如用于预测的统计分析法、用于评价的加权函数法、功效系统法及模糊数学方法、用于仿真的排队理论、petri 网、线性规划等。

一个物流决策问题通常有多种建模方式,同时一种建模方法也可用于多个物流决策问题。物流决策问题与物流建模方法的多样化,构成了物流系统的模型体系,见表 10.4。

表 10.4 物流系统的模型体系

决策问题	优化	启发式	计算机模拟	其他
系统效益水平			+	
系统布局与资源配置	+	+	+	
供货人、顾客、储运人选择			+	
库存策略		+		
运输车辆及路径选择		+		
运输计划	+			
生产计划	+			
采购	+			
预测			+	+
评价			+	+

注:"+"号表示相互对应。

复习思考题

1. 物流系统评价有什么现实意义?
2. 物流系统评价的方法有哪些?
3. 物流运作流程的含义是什么?
4. 物流系统模型设计应注意什么?

案例分析

国美电器的物流系统

国美电器仅用十三年的时间，就从街边一家小店发展成为今天在北京、天津、上海、成都、重庆、河北六地拥有40家大型家用电器专营连锁超市的大公司，从一个毫无名气的、只经营电视机的小门脸，发展到如今专门经营进口与国产名优品牌的家用电器、计算机、通信产品及发烧音响器材，影响辐射全国的著名电器连锁企业。2007年，国美电器更是凭借连番降价打破国内九家彩电厂商的价格联盟和相继抛出上千万与上亿元家电订单等壮举，使自己声誉更隆，以致经济学家惊呼"商业资本"重新抬头，开始研究近乎商界神话的"国美现象"。日益强大的国美电器也加快了奋进的脚步，提出建立全国性最大家电连锁超市系统的发展目标。

从供应链的角度看，国美电器的物流系统为三部分：采购、配送、销售，其中的核心环节是销售。正是在薄利多销、优质低价、引导消费、服务竞争等经营理念的引导下，依托连锁经营搭建起来的庞大的销售网络，国美电器在全国家电产品销售中力拔头筹，把对手远远抛在身后。凭借较大份额的市场占有率，国美电器与生产厂商建立起良好的合作关系，创建了承诺经销这一新型供销模式，以大规模集团采购掌握了主动权，大大增强了采购能力，能以较低的价格拿到令人满意的商品，反过来支撑了销售。而适应连锁超市需要的仓库与配送系统建设合理，管理严格，成为国美电器这一销售巨人永葆活力的血脉，使国美电器总能在市场上叱咤风云。正是因为国美电器供应链系统中，销售、采购、配送三大环节以合理的结构与定位相互促进，成就了其今日的辉煌。

销售是国美电器物流系统的关键。1987年1月，国美电器在北京珠市口繁华的大街边开张，经营进口家电，谁也没有想到，当时占地面积仅有100 m^2的毫不起眼的小店，会发展成为全国家电连锁销售企业的龙头。销售商层层加价转给下一层销售商，这是司空见惯的商业现象。而国美电器意识到，企业要想发展，必须建立自己的供销模式，摆脱中间商的环节，直接与生产商贸易，把市场营销的主动权掌握在自己手中。为此，国美电器经过慎重思考和精心论证，果断决定以承诺销量取代代销模式。国美电器与多家生产厂商达成协议，厂家给国美电器优惠政策和优惠价格，而国美电器则承担经销的责任，而且保证生产厂家相当大的销售量。

承诺销量风险极高，而国美电器变压力为动力，它将厂家的价格优惠转化为自身销售上的优势，以较低的价格占领了市场。销路畅通，国美电器与生产商的合作关系更为紧密，采购的产品成本比其他零售商低很多，这为销售铺平了道路。

统一采购，优势明显。国美电器刚成立时，断货现象时有发生，经常是店里摆着空的包装箱权充产品。如今，随着连锁经营网络的逐渐扩大，规模效益越来越突出，给采购带来许多优势。

首先，国美电器统一采购，降低进价。国美电器几十家连锁店都由总部统一进行采购，门店每天都将要货与销售情况上报分部，分部再将各门店的信息汇总，将分销的优势直接转变为价格优势，国美电器远远超过一般零售商的采购量，这使其能以比其他商家低很多的价格拿到商品。

其次，国美电器的谈判能力增强。凭借遍布全国的销售网点和超强的销售能力，任何上游生产厂家都不敢轻易得罪国美电器，唯恐失去国美电器就会失去大块市场。因此，在与厂家谈判时，国美电器掌握了主动权。再次，国美电器通过信息沟通保持与厂商的友好关系。国美电器与厂商互相信任，友好合作，共同发展，确保了所采购商品及时供应，及时补货，商品销售不断档。

思考题：

国美电器凭借什么实现它的宏伟蓝图？支持国美电器高速扩张的物流系统是如何运作的？

参 考 文 献

[1] 李云清. 物流系统规划 [M]. 上海：同济大学出版社，2011.
[2] 何明珂. 物流系统论 [M]. 北京：高等教育出版社，2012.
[3] 方仲民. 物流系统规划与设计 [M]. 北京：机械工业出版社，2004.
[4] 董维忠. 物流系统规划与设计 [M]. 北京：电子工业出版社，2006.
[5] 施李华. 物流战略 [M]. 北京：对外经济贸易出版社，2012.
[6] 蔡临宁. 物流系统规划——建模及实例分析 [M]. 北京：机械工业出版社，2011.
[7] 郝勇，张丽. 物流系统规划与设计 [M]. 北京：清华大学出版社，2008.
[8] 丁立言，张铎. 物流系统工程 [M]. 北京：清华大学出版社，2013.
[9] 李波. 现代物流系统规划 [M]. 北京：中国水利水电出版社，2010.
[10] 朱隆亮. 物流运输与组织 [M]. 北京：机械工业出版社，2012.
[11] 何倩茵. 物流案例与实训 [M]. 北京：机械工业出版社，2013.
[12] 曹前锋. 物流管理案例与实训 [M]. 北京：机械工业出版社，2011.
[13] 李玉民. 配送中心运营管理 [M]. 北京：电子工业出版社，2012.
[14] 齐二石，高举红. 物流系统规划与设计 [M]. 北京：清华大学出版社，北京交通大学出版社，2011.
[15] 李安华. 物流系统规划与设计 [M]. 成都：四川大学出版社，2013.
[16] 中国物流与采购联合会. 中国物流年鉴（2005）[M]. 北京：中国物资出版社，2009.
[17] 朱强，桂寿平. 基于系统动力学的区域物流建模方法的研究 [J]. 武汉理工大学学报，2003（4）.
[18] 吴清一. 现代物流概论 [M]. 北京：中国物资出版社，2011.
[19] 王转. 配送中心系统规划 [M]. 北京：中国物资出版社，2013.
[20] 徐泽水. 关于层次分析中几种标度的模拟评估 [J]. 系统工程理论与实践，2010（7）.
[21] 尤建新，朱岩梅，张艳霞. 物流系统规划与设计 [M]. 北京：清华大学出版社，2009.
[22] 孙焰，现代物流管理技术——建模理论及算法设计 [M]. 上海：同济大学出版社，2004.
[23] 李浩，刘桂云，物流系统规划与设计 [M]. 杭州：浙江大学出版社，2009.
[24] 孙东川. 系统工程引论 [M]. 北京：清华大学出版社，2013.
[25] Francis X. Diebold. Elements of Forecasting [M]. 北京：中信出版社，2013.